U0090719

中國學術思想 研究輯刊

三五編

林慶彰 主編

第 22 冊

彭紹升評傳

錢 寅 著

花木蘭文化事業有限公司

國家圖書館出版品預行編目資料

彭紹升評傳／錢寅 著 -- 初版 -- 新北市：花木蘭文化事業有
限公司，2022〔民 111〕
目 2+210 面；19×26 公分
（中國學術思想研究輯刊 三五編；第 22 冊）
ISBN 978-986-518-824-5（精裝）
1.CST：（清）彭紹升 2.CST：學術思想 3.CST：佛教哲學
030.8   110022437

中國學術思想研究輯刊
三五編　第二二冊　　　　　　　　　ISBN：978-986-518-824-5

彭紹升評傳

作　　者　錢寅
主　　編　林慶彰
總 編 輯　杜潔祥
副總編輯　楊嘉樂
編輯主任　許郁翎
編　　輯　張雅淋、潘玟靜、劉子瑄　美術編輯　陳逸婷
出　　版　花木蘭文化事業有限公司
發 行 人　高小娟
聯絡地址　235 新北市中和區中安街七二號十三樓
　　　　　電話：02-2923-1455／傳真：02-2923-1452
網　　址　http://www.huamulan.tw 信箱 service@huamulans.com
印　　刷　普羅文化出版廣告事業
封面設計　劉開工作室
初　　版　2022 年 3 月
定　　價　三五編 23 冊（精裝）新台幣 62,000 元　　版權所有・請勿翻印

彭紹升評傳

錢寅 著

作者簡介

錢寅，出生於 1986 年夏天的天津，祖籍河北獻縣。十八歲外出求學，轉益多師，先後於華中師範大學社會學院、四川大學文學與新聞學院、中國人民大學清史研究所、日本愛知大學中國研究科學習，現在河北工業大學人文與法律學院任教。

提　要

　　彭紹升是清代乾隆時期著名的佛教居士、理學學者、古文家、詩人和慈善事業家。作為一個淨土宗居士，彭紹升在傳播和弘揚淨土宗等方面有著卓越功績。彭紹升佛學著作頗多，不僅有《阿彌陀經約論》《華嚴念佛三昧論》等探討思想層次的哲理性論文，亦有《居士傳》《善女人傳》等疏理佛學源流、輯錄靈驗事蹟的作品。此外，彭紹升廣泛校刻佛經，凡經其整理流佈的經典基本上都錄有序、跋，詳述刊刻因緣和版本源流，這些文章大部分見收於他的佛學文集《一行居集》內。在行動上，彭紹升一直努力發揚佛教濟世度人的品格，大力興辦慈善事業，以鄉紳的身份資助鄉里。出身理學世家的彭紹升，一面承擔著佛教居士的義務，一面繼承家學發展理學思想。在彭紹升的思想中儒佛調和是一個非常重要的命題，其著作裏持論如此者頗多。而且他在與戴震的書信中，也多指出佛儒相通之處。彭紹升的理學著作，大多收在其外典文集《二林居集》中，當然很多思想也散見於他的佛學著作和詩文創作中。這些思想對後世公羊學派之產生可能也有著十分重要的意義。

　　本書試圖對彭紹陞進行深入、系統地研究。這應該是極有價值的。研究彭紹升是複雜且廣泛的。所以，本書試圖以文獻學為基礎，結合宗教學、史料學、社會學等社會人文學科的研究方法，對彭紹陞進行分析研究。本書寫作的中心思路是，通過考察社會和個人行為之間的聯繫，從而獲得關於人物思想、行為和歷史背景的全面認識。因此，本書將努力圍繞這一思路搜集文獻資料，以備考證之需。本書擬首先從彭紹升生平入手，作《冷淡生涯愛日長》一章，詳細勾勒彭紹升一生的軌跡，以求達知人論世之鵠。其次研究其佛學思想，作《圓融無礙一乘道》一章，通過爬梳文獻資料以揆其禪淨調和及唯心淨土觀。再次簡述其儒學理念，作《海青之上繫儒巾》一章，由彭紹升著述來考察其包容儒釋的思想以及對後世公羊學興起的伏筆。第四探討彭紹升學術交流，作《互答書信論儒佛》一章，選取其與袁枚、戴震論學書信簡做評析，以為思想研究之補充。第五考察彭紹升社會事業，作《開門羅漢即菩薩》一章。最後，以餘論部分簡單說明彭紹升著作的史料價值。

本書為 2021 年度河北工業大學基本科研業務費項目（人文社科類）成果

前　圖

彭紹升肖像

目
次

前　言

　　在清代著名學者戴震的《孟子字義疏證》一書中，收錄了與彭紹升論學的書信。這封信是戴震在人生最後一段時光中所寫的，洋洋灑灑五千言。《孟子字義疏證》是戴震一生十分重要的一部著作，而其弟子段玉裁認為正是因為有了與彭紹升論學的書信，《孟子字義疏證》的道理就更明白曉暢了。戴震之學固然可推為清代學者之榜樣，但是反過來分析一下，便可見得彭紹升之學亦不可等閒視之。《國朝宋學淵源記》《清史稿‧儒林傳》等學術史文獻，以及《書目答問》《中國近三百年學術史》等著述中，都出現過彭紹升的名字，惟惜大多如驚鴻一瞥般的寥寥數語而已，很難使我們真正認識這位兩百多年前的古人。

　　彭紹升生活在清代乾隆年間，在人生中他扮演過很多角色：從大家望族的公子哥兒，逐漸長成為待考的舉子；當考中進士之後又主動放棄了官位，遂成為江南地區有名的佛教居士、理學家、社會慈善家、詩人、古文家。在眾多身份角色中，最引人注目的要數佛教居士和理學家了。

　　彭紹升是一位虔誠的淨土宗居士。

　　公元一世紀之前，佛教已經在中國內地流傳〔註1〕。進入中國之後，佛教

─────────────

〔註1〕注：目前，關於佛教何時傳入中國這一問題，還有甚多不同聲音。佛教界內認為，佛教之進入中國大約在東漢時。最廣為人知的，是漢明帝永平年間「白馬馱經」的故事。而《後漢書》記載漢光武帝子楚王英「晚節更喜黃老，學為浮屠齋戒祭祀」。永平八年，國相詔報曰：「楚王誦黃老之微言，尚浮屠之仁祠。」牟融《牟子理惑論》、袁宏《漢紀》等記載永平年間漢明帝夜夢金人，使人赴天竺求法之事皆為詳其時間。是故東漢佛法恐早在社會上流行，不必強以明帝求法為始。關於佛教傳入中國的時間，學術界與佛教界略有不同。學術界以為西漢時佛法已經傳入。裴松之注《三國志》嘗引《魏略‧西戎傳》：

─1─

逐漸迎來了其黃金時代。經過魏晉南北朝的發展，到隋唐時期中國境內佛教極盛，宗派林立。世界佛教中心也由印度轉移到中國，許多朝鮮、日本的僧人紛紛前來中國求法。陵夷至清，滿族皇室為聯繫藏蒙鞏固統治，十分推崇喇嘛教。而對於漢傳佛教，在初期則有政策上的抑制，康熙之後政策鬆弛，創造了適合其繼續發展的土壤。「根據康熙六年（1667 年）禮部統計，全國共有大小寺廟 79622 所，其中包括敕建 12482 所，私建 67140 所。乾隆四年（1739年），從官府發出的度牒得知，僧尼總數超過 45 萬人。」〔註2〕而且清代前期的幾位皇帝大多對佛教有著很深的認識。坊間傳說中棄位出家的順治帝，曾經將多位大德高僧請入宮中內廷說法。雍正皇帝更是以「禪林宗匠」自居，自號「圓明居士」，輯錄《御選語錄》並創作了很多與禪宗相關的文章。乾隆皇帝即位之初，便完成了《龍藏》的雕刻。乾隆三十八年（1773 年）將其譯為滿文，隨後又將滿文、蒙文藏經雕刻。

在民間出於求福庇護的心理，佛教十分流行。但是，這種流行有著正反兩方面的功能：一則能夠促進佛教在民間的發展，一則佛教夾雜著若干民間信仰因子而逐漸遠離正信。在下層民眾的心裏，佛陀和菩薩更多地被認作眾多神靈之一，是祈求保祐的對象。因此這種信仰有著很強的功利色彩。筆者少年時喜歡讀清代沈復的《浮生六記》，記得是書卷三《坎坷記愁》有如此文字：

> （芸）偶能起床，適余有友人周春煦自福郡王幕中歸，倩人繡《心經》一部。芸念繡經可以消災降福，且利其繡價之豐，竟繡焉。而春煦行色匆匆，不能持久，十日告成。弱者驟勞，致增腰酸頭暈之疾。豈知命薄者，佛亦不能發慈悲也！繡經之後，芸病轉增，喚水索湯，上下厭之。〔註3〕

「昔漢哀帝元壽元年，博士弟子景盧受大月氏王使伊存口授《浮屠經》曰復立者其人也。……《浮屠》所載與中國《老子經》相出入，蓋以為老子西出關，過西域之天竺，教胡。浮屠屬弟子別號。」此外還有很多學者持佛教從海路或西南地區流入中國的觀點。杜繼文在《佛教史》中說道：「大月氏於公元前 130 年左右遷入大夏地區，其時大夏已信奉佛教。至公元前一世紀末，大月氏受大夏佛教文化影響，接受了佛教信仰，從而輾轉傳進中國內地，是完全可能的。」

〔註2〕趙雲田：《中國社會通史・清前期卷》，太原：山西教育出版社，1996 年，第202 頁。

〔註3〕〔清〕沈復：《浮生六記》，北京：人民文學出版社，1980 年，第 27 頁。

繡經也罷，抄經也罷，甚至刺血寫經，本都是佛教修行中尋常的行為，其目的本是積攢資糧，令自身拔脫苦海，獲得無上的成就。但是，芸的繡經與當時江南民間的風俗一致，添上了一層功利色彩，即希望通過繡經的行為讓佛陀施展神通把自己的病痛帶走。其所理解的「慈悲」，實際上是對神力的祈求。與其說這種祈求是來自於信仰，倒不如說是來自於一種理性的計算，是與佛陀的交易，也是對佛陀的討好。

清代佛教，禪宗地位逐漸被淨土宗取代，提倡念佛淨土的人越來越多。明代雲棲袾宏所主張的「禪淨合一」，得到了雍正的推崇：

> 其所著《雲棲法彙》一書，於本分雖非徹底圓通之論，然而已皆正知正見之說。朕欲表是淨土一門，使學人宴坐水月道場，不致歧而視之，誤謗般若。〔註4〕

淨土宗以其修行方式簡便，民間信眾逐漸增多，同時受到官方表彰，其勢力自然愈來愈強。

關於淨土宗，其信仰由來已久，「淨土觀念的產生約與空宗之興起同期共步」〔註5〕。淨土種類很多，有西方阿彌陀淨土、東方藥師佛淨土、阿閦佛淨土、彌勒淨土、文殊師利淨土，等等，按《佛說阿彌陀經》所言諸佛皆有自己淨土，「遍覆三千大千世界」〔註6〕。印順法師嘗言：「戒律與淨土，不應獨立成宗。這如太虛大師說：『律為三乘共基，淨為三乘共庇。』」〔註7〕此言誠是。單從淨土信仰來論，佛教任何宗派都不能擺脫對淨土的信仰。但若從宗派來說，流傳的淨土宗當僅以往生西方阿彌陀佛淨土為目的，以念佛、念法、念僧為法門。中國阿彌陀淨土信仰起源於兩晉時期，和其他各宗一樣在唐代達到鼎盛。中國的宗教一般都有著世俗的民間信仰和教內的正信兩種系統。相比其他宗派，淨土宗「偏重信仰性而少哲理性」〔註8〕，這樣更容易為下層信眾接受。因此在世俗的民間信眾不斷增多，甚至出現「家家阿彌陀，戶戶觀世音」的現象。

〔註4〕〔清〕愛新覺羅·胤禛：《御選語錄》卷十三序，卍續藏，臺北：新文豐出版公司印藏經書院版，第 119 冊第 463 頁下。

〔註5〕劉長東：《晉唐彌陀信仰研究》，成都：巴蜀書社，2000 年，第 2 頁。

〔註6〕〔姚秦〕鳩摩羅什譯：《佛說阿彌陀經》，（日）高楠順次郎等編：《大正新脩大藏經》，東京：大正一切經刊行會印，1934 年，第 12 冊，第 374 頁中欄。

〔註7〕印順：《淨土與禪》，北京：中華書局，2011 年，第 1 頁。

〔註8〕《晉唐彌陀信仰研究》，第 522 頁。

　　西方阿彌陀淨土，即極樂淨土。以阿彌陀佛為法王，大勢至菩薩和觀世音菩薩為左右脅侍。因此，阿彌陀佛、大勢至菩薩和觀世音菩薩並稱西方三聖。《佛說阿彌陀經》：「彼佛光明無量，照十方國無所障礙，是故號為阿彌陀。彼佛生命及人民，無量無邊阿僧祇劫，故名阿彌陀。」〔註9〕阿彌陀佛以無量得名，是一即一切、一切即一的果滿功德。而持念佛名的目的在於「心不顛倒，即得往生阿彌陀佛極樂國土」〔註10〕。關於「念佛」，《楞嚴經》之《大勢至菩薩念佛圓通章》言：

　　　　我憶往昔恒河沙劫，有佛出世，名無量光。十二如來相繼一劫，
　　　其最後佛，名超日月光，彼佛教我念佛三昧。譬如有人，一專為憶，
　　　一人專忘，如是二人，若逢不逢，或見非見。二人相憶，二憶念深。
　　　如是乃至從生至生，同於形影不相乖異。十方如來，憐念眾生如母
　　　憶子。若子逃逝，雖憶何為。子若憶母如母憶時，母子歷生不相違
　　　遠，若眾生心憶佛念佛，現前當來必定見佛，去佛不遠，不假方便
　　　自得心開。如染香人身有香氣，此則名為香光莊嚴。我本因地，以
　　　念佛心入無生忍，今於此界，攝念佛人，歸於淨土。〔註11〕

《大阿彌陀經》中法藏比丘所發四十八大願，其中有一願即：

　　　　我作佛時，十方無央數世界諸天人民，至心信樂欲生我剎，十聲
　　　念我名號必遂來生；惟除五逆誹謗正法。不得是願終不作佛。〔註12〕

　　佛法修行有依靠自力和他力兩種分別，念佛法門屬於依恃他力的一種。念佛所法門依靠的他力，是阿彌陀佛的願力〔註13〕。念佛，與佛教各宗皆有

〔註9〕〔姚秦〕鳩摩羅什譯：《佛說阿彌陀經》，第347頁上。
〔註10〕《佛說阿彌陀經》，第347頁中。
〔註11〕〔唐〕般剌密帝譯：《大佛頂首楞嚴經》卷五，大正藏，第19冊，第128頁上。
〔註12〕〔宋〕王日休校：《佛說大阿彌陀經》，大正藏，第12冊，第329頁下。
〔註13〕注：關於阿彌陀佛的願力，是法藏比丘成佛前的本願。有二十四願、三十願、三十六願和四十八願等異說。而由於四十八願最為詳瞻完備，故被世間公認。四十八願即：一、國無惡道願，二、不墮惡趣願，三、身悉金色願，四、三十二相願，五、身無差別願，六、宿命通願，七、天眼通願，八、天耳通願，九、他心通願，十、神足通願，十一、遍供諸佛願，十二、定成正覺願，十三、光明無量願，十四、觸光安樂願，十五、壽命無量願，十六、聲聞無數願，十七、諸佛稱歎願，十八、十念必生願，十九、聞名發心願，廿、臨終接引願，廿一、悔過得生願，廿二、國無女人願，廿三、厭女轉男願，廿四、蓮華化生願，廿五、天人禮敬願，廿六、聞名得福願，廿七、修殊勝行願，

聯繫。如禪宗東山法門有念佛禪，修行「一行三昧」便是將禪宗和念佛相結合，以念佛為方便。北朝曇鸞將念佛法門稱作「易行道」，就是因為念佛可以往生西方淨土，並且能夠「不退轉」〔註 14〕。這就比其他法門要好得多。念佛法門簡單方便、效果又極為明顯，因此接受的信眾（特別是在家信眾）愈來愈多，從而佔據了清代及以後佛教的重要地位。

　　居士在佛教內的角色越來越重要，這是清代佛教的另一個趨勢。居士，初見於《禮記·玉藻》:「居士錦帶。」鄭注謂:「居士，道藝處士也。」〔註 15〕本指有才華之賢者，後來一些文人為表示自己安貧樂道、淡泊名利的風流，也自稱「居士」，如「青蓮居士」、「六一居士」，等等。最初佛教在家信眾的譯名，男眾喚作「優婆塞」，女眾喚作「優婆夷」。隨著佛教在中國的發展，皈依三寶受持五戒的在家信眾一概被稱作「居士」。這樣的稱謂顯然比「優婆塞」、「清信士」之流要更符合中國的語言習慣。

　　大乘佛教的終極關懷仍在世間，所以佛教的修行也不一定要採取出家的形式。居士佛教，在中國有著相當大的勢力，也是大乘佛教發展的必然。特別是《維摩詰經》譯介入中國之後，將佛教世俗化歷程推向了一個新的高潮，在眾多在家信眾中產生了巨大影響。中國歷史上出現了很多著名的居士，如傅大士、龐居士、王維、白居易等等。這些居士都是一個時代的精英，有著良好的知識素養，因此更容易理解佛教、傳播佛教。

　　潘桂明先生認為，居士對佛教有很大的貢獻，但也有不足。其貢獻主要有三個方面:

　　　1. 在哲學思辨方面，它不僅促進了佛教義理的傳播發展，而且還推進了世俗哲學思辨水平的提高。2. 它具有從理性精神層面上認識佛教義理的功能，以表達積極進取的思想觀念和社會意義。3. 在

廿八、國無不善願，廿九、住正定聚願，卅、樂如漏盡願，卅一、不貪計身願，卅二、那羅延身願，卅三、光明慧辯願，卅四、善談法要願，卅五、一生補處願，卅六、教化隨意願，卅七、衣食自至願，卅八、應念受供願，卅九、莊嚴無盡願，卌、無量色樹願，卌一、樹現佛剎願，卌二、徹照十方願，卌三、寶香普薰願，卌四、普等三昧願，卌五、定中供佛願，卌六、獲陀羅尼願，卌七、聞名得忍願，卌八、現正不退願。

〔註 14〕退轉，即從菩薩果位退回阿羅漢。由於法藏比丘的四十八願中有「現正不退願」，因此往生西方淨土可得不退轉。

〔註 15〕〔漢〕鄭玄，〔唐〕孔穎達:《禮記正義》,《十三經注疏》,北京:中華書局，1980 年，下冊，第 1480 頁下。

佛教中國化的全部過程中，它曾起過決定性的作用。〔註16〕
但居士佛教的不足在於：

> 部分上層居士因缺乏必要的理智，以念佛往生取代智慧解脫，
> 背離傳統文化的基本形態，為社會普通民眾的佛教信仰提供了錯誤
> 的導向。在學佛目的和態度方面，部分上層居士出於私心，留下不
> 少缺憾乃至流弊。而基層居士則通常以俗信為起點，以功利為終結
> 從而不斷降低佛教的文化品位。〔註17〕

而譚偉先生指出居士佛教的作用、地位與價值：「一、居士佛教是佛教中國化
與復興的中堅；二、居士佛教是佛教生存與發展的重要支柱；三、居士佛教
是佛教社會化與世俗化的主要力量。」〔註18〕並且指出居士佛教成為未來佛
教發展的趨勢。

在明清兩代，統治者雖然並不反對佛教，但亦沒有刻意去扶持佛教。因
此，佛教僧伽的活動範圍也相對受到了一些限制。這樣一來明清僧人逐漸與
社會生活脫節，缺乏以往僧人的創新活力，這正給居士佛教的發展提供了一
個合適的環境。在明清兩代著名的佛教人物中，居士佔有絕對大的比重。特
別是王陽明將儒釋融合而產生的心學，曾為一時顯學。這無疑有助於將居士
佛教提高到一個新的地位。

潘桂明先生在其著作《中國居士佛教史》中將居士佛教的全盛時期推至
宋代，而清代則是「中國居士佛教的維繫時期」〔註19〕。明末清初一些不願
入清的遺民，他們避世逃禪的行為拉開了清朝居士佛教的序幕。這些逃禪的
遺民，將儒家倫理道德帶到佛教內，從而推動了佛教世俗化的進一步發展。

本書的「主人公」彭紹升，作為一個淨土宗居士，在傳播和弘揚淨土宗
等方面有著卓越功績。彭紹升佛學著作頗多，不僅有《阿彌陀經約論》《華嚴
念佛三昧論》等探討思想層次的哲理性論文，亦有《居士傳》《善女人傳》等
疏理佛學源流、輯錄靈驗事蹟的作品。此外，彭紹升廣泛校刻佛經，凡經他

〔註16〕潘桂明：《中國居士佛教與中國傳統文化》，載於《中國佛教研究》，1999 年，
　　　　第 23 頁。

〔註17〕《中國居士佛教與中國傳統文化》，第 23 頁。

〔註18〕譚偉：《中國居士佛教之歷史與未來》，載於《四川大學學報（哲學社會科學
　　　　版）》，2001 年第 2 期，第 130～132 頁。

〔註19〕潘桂明：《中國居士佛教史》，北京：中國社會科學出版社，2000 年，下冊，
　　　　第 797 頁。

整理刊布的經典基本上都錄有他寫的序、跋，介紹刊刻因緣和經典的版本源流，這些文章見收於他的佛學文集《一行居集》內。在行動上，彭紹升一直努力發揚佛教濟世度人的品格，大力興辦慈善事業，以鄉紳的身份資助鄉里。

同時，彭紹升是一個理學家。這與他的家學背景密切相關。

儒家學者內部對於佛教一直就存在著兩種態度：一種是排斥佛教，一種是援儒入釋或援釋入儒。排斥佛教的，一般認為佛教的出世精神與儒家倫理不相符合，甚至寺院的勢力太大會影響到統治。融合佛教的，大多數認為佛教和儒學本源相似，不該排斥。這兩種觀點都有很強的主觀性，缺乏通過客觀公允之態度所進行的分析。古代學者中反佛最出名的當屬韓愈，他曾上表唐憲宗反對迎佛骨舍利。因此得罪了皇帝，貶官潮州。而與他齊名的學者、文人柳宗元，則潛心鑽研於佛教。韓愈曾寫信給柳宗元，勸其不要沉迷於佛教，但柳宗元分析了儒佛兩家之說後並未聽從韓愈。他認為，「浮圖誠有不可斥者，往往與《易》、《論語》合。誠樂之，其於爽然不與孔子異道。」〔註20〕此二人可以視作對佛教持不同態度的兩種士林典型。然而客觀來講，佛儒二家的主張雖然各異，但是兩家所持精神則是可以互補的。

在宋明理學中也存在著對這樣的兩種態度。程朱是極力排佛的，他們都以韓愈為榜樣。這是由於唐代以後佛教勢力比儒學佔有優勢，而以孔門正統自居的知識分子自然不能袖手旁觀，所以極力想要將儒學振興，從佛教的陰影下走出。這就促使宋代理學極富有思辨性、哲理性。出於此種目的而立說的學者，自然不會主持調和兩家的觀點。但是佛教對他們的影響仍然是不能小視的。因為佛教的思辨性和哲理性不僅起源早，而且發展得相當成熟。要想從佛教哲學中脫離，談何容易。尤其是朱子，曾經學禪以明心。宋儒在吸收了佛教的營養之後便轉而排佛。到明代王陽明龍場悟道，發展心學，走的卻像是禪宗的路子。王陽明並沒有像洛閩先生那樣轉過頭來排佛，而是欲將禪儒結合，用禪宗的方法去點化、開悟儒生，令其頓悟心性道理。

陵夷至清，不少因循的學者依舊認為佛和儒難以兩立，比如清初的顏元一直力主反佛。他的《習齋四存編》之《存人編》就全是反對佛、道的。他以為但凡出家之人都是不得以才出家，出家後又廢了人倫，因此極力鼓吹僧人還俗，甚至希望西域僧人也還俗。這種言論就有點大而不當了。除了鼓吹僧人還俗，還想拆掉寺廟、念佛堂等。當然這與彼時一些歪門邪道打著佛教的

〔註20〕〔唐〕柳宗元：《柳河東全集》，北京：中國書店，1991年，第285頁。

幌子欺騙良善的現狀有關，但是這種想法還是過於大膽的。顏元如此思想的原因，應該是他對佛教的認識還比較淺薄。比如他說：

> 自漢明帝乃西迎以死教天下之妖鬼入我天朝，其號曰佛。五蘊皆空，是死其心及諸臟腑也；以耳目口鼻為賊，是死其身形也；萬象皆空，是並死山川草木禽魚也；推其道易天下，男僧女尼，人道盡息，天地何依？是並死世界宇宙也。〔註21〕

然而，佛教言空，斯何為空？並非萬物皆死盡亡盡。可見顏元只從表面對佛教進行膚淺地認識，便要排斥一切佛教。這種思想是立不住的。

清代另一種排斥佛教的思想，則不是直指佛教。而是指向宋明理學中雜糅的佛教思想，試圖將佛教和儒家學說相剝離，以便完成對理學反動的使命。藉以戴震的哲學思想為例。戴震認為理在人事之中，而程朱學派所謂的理是「得於天而具於心」〔註22〕的。面對這樣的認識差異，戴震批判道：「蓋其所謂理，即如釋氏所謂『本來面目』，而其所謂『存理』，亦即如釋氏所謂『常惺惺』。」〔註23〕戴震認為，宋儒及其後學所謂的理，是「別為湊泊附著之一物」〔註24〕，與老、莊、釋氏的「真宰」、「真空」是一樣的。對於程朱所力主的排佛，戴震尖銳地指出：「程子、朱子其出入於老釋，皆以求道也，使見其道為是，雖人以為非而不顧。」〔註25〕戴震的這些觀點並非是為了反佛而發，只是為了將沒落的理學從佛教影響下剝離出來，使其成為純粹的中國哲學。尤其需要說明的是，戴震所反對的不是應有的倫理，而是反對那些執著於空談天與心的迂腐的倫理。

清代大儒阮元對佛教的看法也頗有見地。他在給江藩的《國朝漢學師承記》所作的序中說道：「浮屠之書，語言文字非譯不明，北朝淵博高明之學士，宋、齊聰穎特達之文人，以己之說傅會其意，以致後之學者繹之彌悅，改而必從，非釋之亂儒，乃儒之亂釋。」〔註26〕這是阮元對於儒釋相互滲透所發表的意見。從骨子裏，阮元還是希望儒家學術恢復到漢代的狀況，因為那時還沒有受到宗教的影響。但是他又不同於以往那些激進的學者，認為佛教擾

〔註21〕〔清〕顏元：《習齋四存編》，上海古籍出版社，2000年，第195頁。
〔註22〕〔清〕戴震：《孟子字義疏證》，北京：中華書局，1961年，第13頁。
〔註23〕《孟子字義疏證》，第13頁。
〔註24〕《孟子字義疏證》，第15頁。
〔註25〕《孟子字義疏證》，第16頁。
〔註26〕〔清〕江藩：《國朝漢學師承記》，北京：中華書局，1983年，第1頁。

亂了儒學。他認為佛儒兩家實質上是在互相影響。儒家受了佛教的影響，喪失了兩漢時期的傳統；而佛教也受了儒家的影響，也不是它的本來面目。何況還是儒家的學者主動去譯經，主動去影響佛教呢！當然，阮元對於佛教經典的翻譯活動也是有不夠明瞭的地方。佛教的經典也不是全由漢地儒家學者來翻譯的，許多經典是由西域而來的胡僧翻譯。而中國本土的翻譯家也有著嚴格的翻譯原則，儘量不喪失佛教經典的本義。若說在翻譯過程中受到漢地文化的影響，確實也不可避免。這是佛教中國化過程中所必須經歷的。

　　總體來看，清代學者對佛教的態度一般來講還是比較開明的，儒釋關係漸趨緩和。正統學者，雖然不是皈信佛教，但也不會刻意地去反對。有所反對的，只是在於佛教對性理學說的影響，不是佛教本身。而少數極端反佛的學者，也是由於對佛教的認識不足，並不能影響主流。

　　出身理學世家的彭紹升，一面承擔著佛教居士的義務，一面繼承家學發展理學思想。彭紹升的思想中儒佛調和是一個非常重要的命題，在其著作裏表達了很多這樣的觀點。而且他在與戴震的書信中，也指不斷出佛儒相通之處。彭紹升的理學著作，大多收在其外典文集《二林居集》中，當然很多思想也散見於他的佛學著作和詩文創作中。這些思想對後世公羊學派之產生或許也有著十分重要的意義。

　　綜上所述，彭紹升是清代的學者，著名的居士，熱心的慈善家。然而近代以來對彭紹升的認識主要還是停留在居士佛教的方面。目前，有關彭紹升的專門研究成果甚微。

　　對於彭紹升的論述，首先是保留於各種學術史、佛教史中的隻言片語。如梁啟超所撰有關清代學術史的幾種著作中，就提到過彭紹升。以《論中國學術思想變遷之大趨勢》之《近世之學術（起明亡以迄今日）》一章為例，文中說：「乾、嘉間王學之絕已久，中間惟羅台山、汪愛廬、彭尺木，獨從王學入，而皆歸宿於佛門。台山、尺木，尤勇猛精進，大澈大悟，彼時代之一異色也。其學不光大，影響甚微。」〔註27〕任公之言對彭紹升之學已經給予相當的肯定，但是這僅僅是從王陽明學說傳承的角度來肯定的，並沒有對彭紹升展開深入的認識。

　　蔣維喬《佛教史》對彭紹升的介紹則相當精簡，這可能由於此書是介紹

〔註27〕梁啟超：《論中國學術思想變遷之大趨勢》，上海古籍出版社，2001年，第125頁。

整個佛教大勢的，因此對一個佛教居士就一筆帶過。然而從書中所提天津刻
經處對彭紹升著作刊刻最為完備這一點，可以看出彭紹升的佛教思想在廣泛
的時間、空間範圍內確實曾產生過相當大的影響。潘桂明先生的《中國居士
佛教史》，也對彭紹陞進行了簡要的介紹。由於此書是專講居士佛教歷史的，
所以對彭紹升的介紹要較他書詳細一些。但是由於通史的性質，故而也沒有
篇幅和精力去深入地瞭解此人。陳揚炯《淨土宗通史》裏面對彭紹升的敘述，
也和前兩部著作的情況差不多。張舜徽先生的《清人文集別錄》，通過對彭紹
升《二林居集》的評述，提出了對彭紹升學術源流和思想的一些看法。這些
都是很可貴的資料。

2008 年蘇州大學專門史專業區域社會研究方向的碩士葛慧燁，作了題為
《清代慈善家彭紹升研究》的碩士學位論文。該文對彭紹升的慈善事業進行
了詳細的探討。文章從歷史環境、社會環境以及彭紹升個人的思想素養入手，
分析了彭紹升大力推動慈善事業的原因，總結了彭紹升慈善事業的意義。這
無疑是對彭紹升研究範圍的一個拓展──從佛教方面轉移至社會史方面。但
是該文只圍繞彭紹升的慈善事業進行考察，這自然不能完備。對彭紹升的認
識應該是具體而立體的。他是一個人，他所作的一切行為都是有相互聯繫的。
他的思想和他的經歷，甚至他所處的時代、家世，都對其行為有著或深或淺
的影響。因此，只從一個方面入手，並不能完整地認識眼前這位古人。

涉及到彭紹升的單篇論文也比較少。趙玉敏的《乾嘉時期的儒釋關係研
究──以彭允初〈二林居集〉事件為視角》發表於 2009 年 10 月的《理論界》
刊物。文中主要考察的是清代的儒釋關係，彭紹升和其著作《二林居集》都
成為了研究的一個借力點。日本學者野田善弘的《袁枚的聖人觀──探討他
與彭紹升的往來書簡》發表於 1995 年第 6 期的《江蘇社會科學》，遺憾的是
這也是通過彭紹升而研究他人的文章，並沒有對彭紹升進行充分的認識。蘇
州大學社會學院胡豔傑的《彭紹升佛學思想探微》，發表於 2006 年第 2 期的
《蘇州大學學報（哲學社會科學版）》。文章提出了彭紹升佛學思想的四個主
要方面：「一、以淨土為歸，倡導淨土實修；第二、釋禪淨之爭；第三、通儒
釋之閡；第四、倡三教一原。」〔註28〕並且指出彭紹升的佛學思想對後世公
羊學派的影響。這篇文章對彭紹升進行了高度且客觀的評價。但是，對其佛

〔註28〕胡豔傑：《彭紹升佛學思想探微》，載於《蘇州大學學報（哲學社會科學版）》，
2006 年第 2 期，第 102 頁。

學思想的研究還有可以深入的地方。比如，彭紹升的淨土觀是什麼？他怎樣理解唯心淨土？他的念佛觀點是什麼？這些都是淨土宗研究中很關鍵的問題，相對來說文章所作出的解答還是不夠。另外，文章對於彭紹升信佛原因的解釋流於膚淺，沒有考慮到他所處的時代和所經歷的事件。

　　楊鴻源、范鵬的《論長洲理學別派的儒佛會通思想》，以彭紹升為主要考察對象，進而考察了江南一批同質學者的思想。文章認為，清代中期，隨著考據學的隆興，傳統儒學中「學」與「思」的路徑日益失衡，引發了一批學者對下學與上達之間斷裂情形的憂思。在這種情景下，由於晚明三教會通思想的影響，一些學者試圖從佛教中汲取相關資源來彌補當時儒學中「問學」與「德性」之間的緊張狀況。以彭紹升為中心的長洲理學別派，倡言儒佛會通，試圖用佛教的理事無礙思想和淨土終極關懷來重構儒學。同時，他們用華嚴學的圓融無礙來建構知識論形式，去面對可以思議和言詮的佛法與世間學說。用淨土思想來構架知識無法達到的彼岸，為有限的社會現實與超越的精神追求之間保持一個適當的距離，以使下學之道與上達之道得以一貫，從可以言說的此岸通達不可言說的彼岸。他們的這種努力在清末產生了重大影響，深刻影響了近代的佛學復興潮流。〔註29〕

　　本書試圖對彭紹陞進行深入、系統地研究。這應該是極有價值的。張之洞所撰的《國朝著述諸家姓名略總目》中把彭紹升劃歸入理學家和古文學家，並稱「理學而兼通釋典，此國朝理學別派」〔註30〕。清代著名思想家、公羊學大儒龔自珍，曾師從江沅，江沅則師從彭紹升。龔自珍也是佛教信徒，並且十分敬仰彭紹升。由於彭紹升自號知歸子，龔自珍則自名懷歸子。可知彭紹升對龔自珍的影響還是相當大的。所以研究彭紹升的思想和學術能夠深化對清代學術史的認識，甚至對近代啟蒙思想的起源也會有一定幫助。彭紹升生命基本上是和乾隆一朝相吻合的，如果對彭紹升的生平和社會事業進行詳細地考察，可能會得到關於乾隆朝蘇州社會的新認識。彭紹升古文筆法卓越，他曾經為清代名臣等做事狀，這為清代史的研究提供了寶貴資料。雖然出身理學世家又潛心佛教，但是彭紹升仍然長於訓詁和校勘，只是他多把這些工

〔註29〕楊鴻源、范鵬：《論長洲理學別派的儒佛會通思想》，《甘肅社會科學》2015 年第 5 期。

〔註30〕〔清〕張之洞著，范希曾補正：《書目問答補正》，上海古籍出版社，2001 年，第 265 頁。

夫用在了校刻佛教典籍之上，這對在佛教中是有弘法利生之功的，也為佛教文獻的整理作出了巨大貢獻。另外，值得深思的一點是，戴震對彭紹升的回信被視為其哲學體系論證圓滿的一個里程碑，而從另一個角度來思考，何嘗不是彭紹升的思想促成了戴震哲學體系的圓滿？假若彭紹升的來信水平不高，那又怎麼會出現所謂里程碑似的回信呢？有鑑於此，可以看出彭紹升這個人物是十分值得去研究的。

至於與彭紹升相關的著作和著述大抵成書於清代嘉、道至民國這一歷史階段，從時代上看距離今天並不算遠。從可信度上來看，這些文獻基本上沒有偽作混入之虞，可以作為開展彭紹升研究的基本材料。

研究彭紹升是複雜且廣泛的。所以，本書試圖以文獻學為基礎，結合宗教學、史料學、社會學等社會人文學科的研究方法，主要對彭紹升的生平和思想進行分析研究。本書寫作的中心思路是，通過考察社會現象和社會現象之間的聯繫，以及社會現象和個人行為之間的聯繫，從而獲得關於人物思想、行為和歷史背景的全面認識。因此，本書將努力圍繞這一思路搜集文獻資料，以備考證之需。

本書擬首先從彭紹升生平入手，作《冷淡生涯愛日長》，疏理彭紹升生平以及著作。其次研究其佛學思想，作《圓融無礙一乘道》，以揆其禪淨調和及唯心淨土觀。再次簡述其儒學理念，作《海青之上繫儒巾》，考察其包容儒釋的思想以及對後世公羊學興起的伏筆。第四探討彭紹升學術交流，作《互答書信論儒佛》，選取其與袁枚、戴震論學書信簡做評析，以為思想研究之補充。第五考察彭紹升社會事業，作《開門羅漢即菩薩》。最後，以餘論部分簡單說明彭紹升著作的史料價值。

第一章　冷淡生涯愛日長──
彭紹升生平與著述

　　彭紹升嘗有詩云：「冷淡生涯愛日長，隨身經卷伴爐香。龐家佛法無多子，但話團圞水一方。」〔註1〕可藉以理解其一生也。

第一節　家世溯源

　　彭姓，推源於上古彭祖。《史記索隱》：「彭祖即陸終氏之第三子，籛鏗之後，後為大彭，亦稱彭祖。」〔註2〕《國語》：「其後八姓於周未有侯伯。」〔註3〕韋昭云：「八姓，祝融之後。八姓：己、董、彭、禿、妘、曹、斟、羋也。」〔註4〕蓋依《國語》則彭姓出於祝融。又「大彭為商伯矣」，韋昭云：「大彭，陸終第三子，曰籛，為彭姓，封於大彭，謂之彭祖，彭城是也。」〔註5〕陸終氏，乃黃帝玄孫。大彭，即殷商時期諸侯國，今在江蘇徐州銅山。相傳後世彭姓，悉本於此。

　　彭紹升先世，元末自辦武裝練兵自衛，後入明。洪武初，由江西清江遷蘇州，世居長洲縣十泉街，值彭紹升時分隸元和。

　　四世祖彭瓏，字雲客，號一庵。任廣東長寧知縣，累贈光祿大夫吏部右

〔註1〕〔清〕彭紹升：《觀河集》，臺灣：文海出版社，影乾隆末年著者自定手稿本，第52頁。
〔註2〕〔漢〕司馬遷：《史記》，北京：中華書局，1959年，第1冊，第39頁。
〔註3〕〔吳〕韋昭注：《國語》，濟南：齊魯書社，2005年，第251頁。
〔註4〕《國語》，第252頁。
〔註5〕《國語》，第252頁。

侍郎加一級。瓏初以文學名，順治十六年舉進士。「初，瓏好佛，又喜道家言。」〔註6〕六十餘歲，「授以梁谿高氏之學，幼嘗師事湯斌。」〔註7〕篤信程朱，講學鄉里。卒年七十有六。「彭氏在明時，仕不過七品，自瓏以後，一門鼎貴，為三吳望族。」〔註8〕《國朝宋學淵源記》有傳。

曾祖彭定求，字勤止，又字訪濂，號止菴、南畇老人。〔註9〕任翰林院侍講，累贈光祿大夫吏部右侍郎加一級。定求秉承遺教，以道淑身。康熙十五年一甲一名進士，「後在翰林四年，即歸里不出。」〔註10〕卒年七十有八。著有《陽明釋毀錄》《儒門法語》《南畇文集》，輯《全唐詩》。《清史稿·儒林傳》有傳。

祖彭正乾，字存誠，號惕齋，為彭定求次子。國子監生，屢試省闈不第，年四十絕意仕途。生性簡樸，「食不重味，旁無媵侍，著一袴四十年不易」〔註11〕。需次〔註12〕州同知，封承德郎左春坊左中允，累贈光祿大夫吏部右侍郎加一級。

父彭啟豐，字翰文，自號芝庭，又號香山老人。雍正五年會試第一，殿試置一甲第三，清世宗親拔第一。歷官兵部侍郎、吏部侍郎、左都御史、兵部尚書等職，娶妻宋氏累封一品夫人。啟豐生於康熙四十年，卒於乾隆四十九年，終年八十四。有子五人：紹謙，舉人，官曹州同知，先卒；紹觀，進士，官翰林院侍讀學士；紹咸，增貢生，先卒；紹升，進士，需次知縣；紹節，殤。《清史稿》有傳。

彭紹升，字允初，法名際清，號知歸子，以二林居士、尺木居士稱。生於乾隆五年庚申（公元1740），卒於嘉慶元年丙辰（公元1796），享壽五十七歲。道光三十年因侄孫彭蘊章加贈光祿大夫。《清史稿》稱：「彭氏學兼朱陸，識兼頓漸，尊孔子而游乎二氏。此後江南理學微矣。」〔註13〕彭紹升出生之前，

〔註6〕《國朝漢學師承記》，第172頁。
〔註7〕趙爾巽等：《清史稿》，北京：中華書局，1977年，第43冊，第13116頁。
〔註8〕《國朝漢學師承記》，第173頁。
〔註9〕按，黃阿明點校《彭定求詩文集》（上海古籍出版社，2016），前言稱彭定求字勤止，號訪濂，又號復初學人，晚年自號止菴、南畇老人。《蘇州彭氏宗譜》記定求字勤止，又字訪濂，號止菴。
〔註10〕《清史稿》，第43冊，第13116頁。
〔註11〕（蘇州）《彭氏宗譜》卷二，清光緒刻本。
〔註12〕需次：舊時指官吏授職後，按照資歷依次補缺。
〔註13〕《清史稿》，第43冊，第13117頁。

清高宗御極三年（公元 1738 年）《龍藏》刻畢。

紹升自言：「彭氏自明中葉而降，以儒學傳家者百數年，入本朝而亦著。故江以東言門望者多推彭氏。」〔註 14〕

第二節　生平傳記

一、科舉少年濟世志

清高宗乾隆五年（1740），歲在庚申。四十歲的彭啟豐正處於仕途的上升期，是年六月轉翰林院侍讀，十一月遷右春坊右庶子。在此之前彭啟豐已有三子：紹謙、紹觀、紹咸。而在這一年，小彭啟豐一歲的妻子宋氏又為彭姓誕下一子，正是彭紹升。後來，江藩在撰寫《國朝宋學淵源記》時記云：「尺木居士，又號知歸子，名紹升，字允初，大司馬芝庭公之四子也。」〔註 15〕

此時的彭啟豐，仕途正順，官運亨通。乾隆六年（1741）秋，彭啟豐充江西鄉試副考官，遷翰林院侍讀學士。十一月遷右通政，再遷左僉都御史。十二月命提督浙江學政，遷左副都御史。轉年四月遷通政使。乾隆八年（1743）春，彭啟豐遷內閣學士兼禮部侍郎，領學政如故，十一月遷刑部右侍郎。

直至乾隆十年（1745），一直在官場忙碌的彭啟豐才回到蘇州家中。彼時彭正乾去世了，按照禮法在外做官的彭啟豐不得不回家為父親丁憂。六歲的彭紹升與父親和兄長們一起為祖父服喪，按禮制要服三年。彭紹升自出生以來，父親就從中央到地方四處履職。服喪期間回到故鄉，彭啟豐才真正得與自己的孩子相處。然而，祖父之喪尚未除，八歲的彭紹升由於意外「躓於戶閾，損一目」〔註 16〕。

乾隆十三年（1748）春，喪除，彭啟豐在蘇州虎丘新唐橋附近將其父安葬。彼時九歲的彭紹升迎來了一位新的朋友。彭紹升的姑父與姑姑早逝，留下十三歲的兒子陸內嘉和未出嫁的次女。彭啟豐夫婦將陸內嘉和其姐姐帶回家來撫養，此後彭紹升便與陸內嘉相伴讀書，兩人兄弟相稱。雖然彭紹升與陸內嘉在一處讀書，但是由於年紀有長幼，學業有先後，教授他們的師父也

〔註 14〕〔清〕彭紹升：《二林居集》卷十八《先考彭府君事狀》，嘉慶四年味初堂刻本。
〔註 15〕《國朝漢學師承記》，第 187 頁。
〔註 16〕《國朝漢學師承記》，第 187 頁。

非一人。在彭紹升的記憶中，陸丙嘉聰穎敏捷，要強於自己。他在日後為陸丙嘉寫的行述中，將這段共同讀書的經歷記載了下來：

> 陸君丙嘉與予為內外兄弟。君父母皆中歲棄世，遺君與女子未嫁者一人。吾兩大人為往紀其喪，挈君與其次姊以來。於時年十三矣，予少君四歲，呼君為哥。君讀書予家，與予異師。每師它出，予輒攜書就君所讀之，高下抗墜，若塡簾之交奏也。君性穎發，敏於文。予初學文，下筆苦澀。君閒潤飾之。師輒歎善。予因是不能一日離君也。君與予異師者三年，已而合，合者四年。君次姊既嫁王氏。君尋補諸生，還故居成室。〔註17〕

明年八月，適逢彭紹升的祖母周氏過七十大壽，彭啟豐尚在家中便為其母張樂三日，好不熱鬧。乾隆十五年四月，彭啟豐丁憂結束，又要重新開始仕宦生涯，離家赴京。回朝後，乾隆皇帝掛念舊臣，補吏部右侍郎仍值南書房。到了秋天乾隆皇帝巡狩，彭啟豐扈從至河南。

乾隆皇帝對彭啟豐非常重視，有一次彭啟豐進見時，乾隆皇帝得知周太夫人年高，便賜匾額題曰「慈竹春暉」。乾隆十六年八月，彭啟豐被委任為浙江學政，以主持恩科鄉試。在這一年的鄉試中，彭啟豐遇到了李繩。李繩，字勉百，也是長洲人，「年十九補長洲諸生，三十舉鄉試，五試禮部不弟，選雲南恩樂知縣」〔註18〕。在恩樂知縣任上只做了一年，李繩便告病辭官，在五華書院做了兩年先生，之後就回到家鄉。彭啟豐與李繩友善，充任鄉試主考時，招攬李繩以「校試文」〔註19〕。浙江、蘇州相鄰，在浙江學政任上彭啟豐時常能夠回家看看。乾隆十七年（1752），彭啟豐令彭紹謙等將宅後空地規整為花園，「因其潈為池，池廣可半畝，植以荷，稍續鯽鯉諸魚」〔註20〕。花園規整之後，便讓彭紹升讀書園中。彭紹升此時才剛十三歲，面對新建的池塘、荷花、小魚心中自然欣喜，常常「買市上魚縱之，玩其泳游以為樂」〔註21〕。為了督促和輔導彭紹升的功課，彭啟豐再一次想起自己的老朋友李繩。乾隆十八年（1753），彭啟豐從浙江任上調赴兵部左侍郎。此行又將離家上京，臨行之際彭啟豐延請李繩在家中坐館，教授彭紹升科舉之業。李繩教學成果

〔註17〕《二林居集》卷二十二《陸君丙嘉述》。
〔註18〕《二林居集》卷十一《李先生墓誌銘》。
〔註19〕《二林居集》卷十一《李先生墓誌銘》。
〔註20〕《二林居集》卷十《彭氏放生碑》。
〔註21〕《二林居集》卷十《彭氏放生碑》。

還是不錯的，兩年之後彭紹升至崑山應童子試，為諸生。

乾隆十九年（1754）彭啟豐陪著乾隆皇帝出行盛京等處，轉年春季便乞恩終養。這一年彭紹升要到崑山參加童子試，彭啟豐便讓彭紹觀去崑山探望弟弟。在崑山彭氏兄弟不時相伴遊玩，有一天兄弟逛街「見鈔本《亭林集》一帙」〔註22〕，彭紹觀慷慨買下並送給弟弟彭紹升閱讀。顧炎武在清代學者中有很重要的地位，彭紹升在十六歲的年紀上便接觸到顧炎武的著作，對其日後的學術發展有極為深遠的影響。

乾隆二十二年（1757），十八歲的彭紹升與兄長彭紹觀一起到京師參加會試，也是門楣榮耀，這一科彭紹升與彭紹觀雙雙中榜。〔註23〕這件事在當時是極引人注目。錢泳在《履園叢話》中記述道：「本朝同胞兄弟同登進士者：乾隆二十二年丁丑科長洲彭紹觀、彭紹升。」〔註24〕本科會試的主考官是學者盧文弨，盧氏治學重考據與校讎。按說彭紹升在李繩等師父的引導下，若僅僅專門研究科舉之文，是難以被當時學界巨擘盧文弨看好的。但是彭紹升所作的五篇策論，卻為盧文弨表彰，「以為是可與道古者」〔註25〕。對一般人來說，兄弟同榜是無比榮耀的事。但是彭啟豐「懷盛滿之懼」〔註26〕，讓年紀尚輕的彭紹升找個藉口回家了。彭紹升便以曾經傷目之疾發作為由，拒絕了殿試，「故紹觀入翰林而紹升以疾歸」〔註27〕。在南歸的路上，彭紹升賦詩明志：「桂樹鬱奇懷，能寒差自喜。殷勤謝東風，風吹不結子。」〔註28〕

彭紹升的舅舅宋宗元此時正在保定為官，歸途中彭紹升順便去探望舅舅並在那裡住了幾天。在宋宗元處寄寓的日子裏結識了同住的從舅瞻菉先生、

〔註22〕《二林居集》卷五《顧亭林先生餘集敘》。

〔註23〕《國朝宋學淵源記》云：「（紹升）早歲舉於鄉，乾隆己丑成進士，例選知縣，不就。」乾隆己丑乃乾隆三十四年，紹升三十歲，是年內紹升未曾有任何考試之舉。僅有司下詔紹升為七品官，不受。紹陞於乾隆丁丑十八歲中會試，以疾歸。至二十一歲時補殿試，授知縣，不就。若以殿試之年記之，則在庚辰，亦不在己丑。更所引錢泳《履園叢話》以及紹升自述，皆不言在己丑。故知江藩所記有誤，或刊刻之時「己」字訛。

〔註24〕〔清〕錢泳：《履園叢話》，北京：中華書局，1979年，下冊，第353頁。

〔註25〕《二林居集》卷十一《盧太公墓誌銘》。

〔註26〕李根源，曹允源：《民國吳縣志》，《中國地方志集成》，南京：江蘇古籍出版社，1991年，第2冊，第157頁上

〔註27〕《民國吳縣志》，第157頁上。

〔註28〕《觀河集》，第3頁。

嘉定張吾山，此二人與宋宗元一樣「俱好為詩」〔註29〕，彭紹升「因效為之」
〔註30〕，開始學習創作詩歌。是年秋，彭紹升還家，娶妻費氏。據彭紹升自
述，其初學作詩以漢魏以來古詩為榜樣，其云：

> 予年十八九始學為詩。讀漢魏以來諸作者詩，樂之為之。按其
> 音聲，窮其體態，夜以繼日。於己所作，必求如是焉而後止。既而
> 年益大，漸不暇為詩，暇則取古人之詩如己意所欲言者讀之。不知
> 古人之非己也，不知己之非古人也。〔註31〕

乾隆二十三年（1758），秋，彭紹升母親去世。彭紹升作《先妣宋夫人述》
云：「夫人姓宋氏，行一。年二十，歸於我公。……蓋紹升娶婦之明年而夫人
病，病半歲而遂以殂也。」〔註32〕又賦《苦哉無母兒行》：

> 苦哉無母兒，乃如萬里行。絕塞間嵯峨，冰雪高如山。足無
> 扉行，行十步，九步顛。四無人聲，號泣呼天。無母兒，泣下不
> 能止。我生無母，誰恃行，寢門跪薦晨餐。戚戚永晝，但聞悲
> 風正酸。搴帷叫阿母，阿母不能言。阿母在時，汝抱、汝絜、汝
> 誨、汝恤、汝長、汝室。逮汝今日兮母力竭，忽窈冥兮魂馳，見
> 阿母兮夜臺。上不睹日與星，下不識徑與遠。兒前抱母，問母何
> 不歸。憶昔兒病病且死，阿母謂當死殉兒。母今何處去，不令兒
> 相隨。母聽兒言，及今歸來。嗟嗟阿母忍忘我，為天泛愛群生訑。
> 蚑行蠢蠢，百卉羅羅。我生何罪，遘此療瘵。上堂拜阿爺，阿爺
> 謂兒善事我，勿復長苦嗟。兒生不樂，願從阿母早去地下。苦哉
> 無母兒！高飛無羽，伏不得哺。噫嘻乎籲戲！秋聲肅肅烏夜啼。
> 黃泉無路，兒當安之。〔註33〕

由於家中女主人的去世，父親彭啟豐開始自己管理家務事。彭啟豐督理
家政第一件事便是析田八百畝分授四子，俾分竈而爨。明年八月，逢祖母周
氏八十壽誕，彭啟豐為太夫人祝八十壽，張樂三日。十二月〔註34〕，太夫人
舊疾復發，數日而卒。彭啟豐居喪旦夕不離殯側，斷吟詠、絕遊宴，直到喪禮

〔註29〕《二林居集》卷三《敘文》。
〔註30〕《二林居集》卷三《敘文》。
〔註31〕《二林居集》卷五《四字詩錄敘》。
〔註32〕《二林居集》卷二十二《先妣宋夫人述》。
〔註33〕《觀河集》，第8頁。
〔註34〕以陰陽曆算當在公元1760年。

完畢才回房間休息睡眠。於時，啟豐日跪幕前，頌《金剛般若經》，如蔬至小祥。見父親哀傷思慮，彭紹升便檢禮經「六十不毀」之文來勸慰他，在紹升的安慰下彭啟豐才開始進食一點肉類。明年十月，祖母周氏與祖父同知公彭正乾合葬。

人生的頭二十年，正是彭紹升意氣風發的二十年。父居高官，家境殷實。彭紹升本人亦聰明穎達。此時的彭紹升存志濟世，嘗慕東林黨人之品格。其在後來的《蓼語示諸兄子》中說：「予年二十餘，早有兼善之懷，於天下事，蓋嘗一一復之胸中，思得一當以既厥志。」〔註35〕在《跋楊忠烈遺劄》中說：「予早歲志慕東林諸君子。」〔註36〕在《知歸子傳》中說：「知歸子年未冠，用儒言取科第。嘗慕古抗直士如洛陽賈生之為人也。思欲考鏡得失之故，陳治安之書，赫然著功名於當世。」〔註37〕在《周忠介遺墨跋》中說：「予年二十時，以志節自勵，讀《周忠介公年譜》及《燼餘集》，輒慷慨激昂，恨不獲生公之時。」〔註38〕江藩在《國朝宋學淵源記》中也評價其：「初慕洛陽賈生之為人，思有建白，樹功名。」〔註39〕

二、觀問內心萌慧芽

乾隆二十五年（1760）二十一歲的彭紹升再一次參加了殿試，按照慣例選為知縣，但是彭紹升辭官不任。明年冬，彭啟豐入京祝皇太后萬壽，並重新留京為官。是年，薛起鳳二十七歲，舉鄉試。薛起鳳是彭紹升最要好的朋友之一，同時也是對彭紹升日後信奉佛教影響最大的朋友之一。薛起鳳，字家三，「少為長洲縣學生」〔註40〕，當時與其同學的有余蕭客、汪元亮等學者，日後同郡同學結社詩文唱和，見稱於當時。然而，薛起鳳的家境沒落，少年而孤，由其當和尚的舅舅撫養長大成人。薛起鳳歿後，彭紹升為其撰寫行述，云：

> （薛）家三，名起鳳。少孤依其舅比丘廣嚴福公。福公傳磬
> 山宗，既退揚州法雲寺，居吳門，隱於卜，得錢資家三從師問學。

〔註35〕《二林居集》卷三《蓼語示諸兄子》。
〔註36〕《二林居集》卷八《跋楊忠烈遺劄》。
〔註37〕〔清〕彭紹升：《居士傳》卷五十六，卍續藏，第149冊，第1009頁下。
〔註38〕《二林居集》卷八《周忠介遺墨跋》。
〔註39〕《國朝漢學師承記》，第187頁。
〔註40〕《國朝漢學師承記》，第183頁。

閒與家三論佛法。家三輒領解。福公喜屬家三曰：「末法眾生，不識心原，儒佛互諍。子誠欲見儒者身說法，要以見性為宗。真能見性，何儒佛之有？」家三終身誦之。予初未識佛，家三數與予言佛。予笑曰：「吾與子遊方之內者也，安事佛？」家三曰：「子欲自外於佛，而不知佛之無外也。子且何以為內哉？」予瞿然有醒。家三年二十七舉於鄉，會試輒黜，尋主沂州書院者三年。乾隆三十九年九月，自沂州歸越。四旬而卒，年四十一。天性愷悌，雖居貧能急人之困。〔註41〕

可見薛起鳳佛根早種，因此二人的交往對彭紹升歸心佛教有著至關重要的影響。

乾隆二十七年（1762）四月，彭啟豐補吏部左侍郎。秋，啟豐充浙江鄉試主考官，彭紹升「自家往省」〔註42〕。浙江鄉試結束後，彭紹升陪伴父親來到京城，並侍奉左右。居京期間，彭紹升又結識了另外一個意義非凡的朋友——羅有高。羅有高，字台山，寧都瑞金人。當年，羅有高因「舉優貢生」〔註43〕而來到京師。彭紹升在京城侍奉父親之餘，也經常走訪朋友，「一日過編修彭衣春，得台山試卷，奇之，遂造訪焉。已而文字往來日密」〔註44〕。

當年會試之後，彭紹升與座師盧文弨常有書信往還。彭紹升有所論述或有所研學計劃，會向盧文弨陳述，乞請意見。乾隆二十六年，彭紹升曾將所作雜文寄予盧文弨評閱，並言擬研習諸經，打算由《詩經》著手。盧文弨復書與之論學云：

去歲得手書，見所著傳記雜文四篇，命意高遠，毅然以古人自期待，不以目前之得失為欣戚，此固與流俗之見殊矣。又聞將盡研諸經，首先致力於《詩》。以年兄之才之年之境，固所憂為，第恨不能合併，無由共相劘切耳。鄭氏《詩譜》本有圖，今所見者，歐陽氏所補者耳。然歐公既自為書於後，乃自謂於絳州得見鄭氏本，則圖固未亡也。周、召、邶、鄘、衛、檜、鄭、齊、魏、唐、秦、陳、曹、豳、王，此鄭氏《詩譜》次第也。有明刻本俱各置當篇之首，

〔註41〕《二林居集》卷二十二《薛家三述》。
〔註42〕《二林居集》卷十一《奉直大夫翰林院編修徐君墓誌銘》。
〔註43〕《國朝漢學師承記》，第184頁。
〔註44〕《二林居集》卷二十二《羅台山述》。

今本合而集之為一卷。皆今詩之次第，而非《鄭譜》之次第已。此何異朱子《易本義》元依古本，與程《傳》之從王弼本者本判然不同。後人既以《本義》散附於程《傳》之後為一書已，又復抽出《本義》單行，其次第仍依程《傳》，無復區別。凡此皆鹵莽之過，亟當正之，勿使疑誤後學。鄭氏圖於今可得見否？江南多藏書家，幸為訪之何如？〔註45〕

乾隆二十八年（1763）六月，彭啟豐遷兵部尚書，充經筵講官。此時彭紹升沒有進一步按照盧文弨的意見研習諸經，轉而有志於宋明理學，其開始「發憤讀宋明諸老先生論學書，因以上窺孔曾思孟之恉」〔註46〕。彭紹升嘗與宋道原論學，云：「紹升二十四始有志於學，以為學者求其在我者而已。於朱陸二家書惟取其切於身心者，反觀而默識之。至彼此異同之故，則不暇致辨。」〔註47〕宋道原治學尊崇宋五子，因為羅有高的介紹彭紹升與之相識。羅有高早年嘗從宋道原問學，與彭紹升相會時常常表彰宋道原學行。後來，彭紹升在記錄羅有高生平時，將這段往事重墨而書：

> 台山少而儁偉，年十六，補諸生，明年寓雩都蕭氏別業，遍讀所藏書。因慨然慕古劍俠者流，習技勇，治兵家言，視同學生蔑如也。久之，有道雩都宋道原之為人者，治先儒書，謹繩尺，躬孝悌之行，君子人也。台山聞，心動欲一見道原。會學使按贛州，台山偕同舍生以行。試雩都日度道原必在，往訪果得之。自陳所學，道原不許。台山盛氣力辯之。道原曰：「幸少安，為子剖其理。昔橫渠先生見范文正公，言兵事，公弗善也。授以中庸。足下之學視橫渠何如？吾弗敢知。使如橫渠，固非儒者所尚也。況未必如也。天生烝民，有物有則。視聽貌言思，物也；聰明恭從睿，則也。能全是理而後能有其身。能有其身而後閨門順敘而家齊。達而行之，若有源之水，有根之木。滂沛條達，無湮塞夭折之患。及其成也，身亨而道泰，故足樂也。今察足下氣浮而言疾，神明擾擾，常若有營。以此行於世，得免刑戮，毋累父母兄弟足矣。尚求有濟於天下乎？」台山面赤汗沾背，四肢局縮不自容。請曰：「何以教我？」道原曰：

〔註45〕〔清〕盧文弨：《抱經堂文集》，北京：中華書局，1990年，第260頁。
〔註46〕《二林居集》卷五《二林居制義第三敘》。
〔註47〕《二林居集》卷三《答宋道原》。

「子反而求之，宋五子其師也。」嗣後過從甚密。一日，道原屏人
肅衣冠，跪而泣曰：「子蔽錮深矣。誠不忍以子相愛之誠，聽子淪墮
也。」台山亦跪而泣曰：「何以教我？」道原乃出其所作「持敬」、
「主一」二銘，曰：「勉為之。」已而道台山見贛州鄧先生，鄧先生
名元昌，篤於儒。道原所師事者也。台山於是幡然棄所學，遍讀先
儒書，尤喜明道、象山、陽明、念庵諸先生之論學也。因諸先生之
論，以上窺六經孔孟之文。旁推曲證，多枘獲之旨。年二十餘謁寧
化雷公貫一，遂受業於門。每有陳說，雷公曰：「子忒殺聰明，然譬
諸活水銀，吾懼其流也。」〔註48〕

最終，羅有高並沒有和宋道原走上同一條治學道路，而是轉向陸王之
學。同樣，彭紹升亦「反覆於中庸之書，乃益信陸子之學，其為聖人之學無
疑也」〔註49〕。

乾隆二十九年（1764）七月，清高宗巡狩木蘭圍場，彭啟豐隨駕而往。
彭紹升侍父同行，遊盤山，有詩多首，如：

《熱河寓館雜句》：玉疊秋高萬馬驤，偶隨豹尾著輕裝。苦毫懶
續長楊賦，願誦卷阿第一章。〔註50〕

《登盤山絕頂》：絕壁臨無地，浮生一羽毛。始知天宇闊，未
覺此身高。積翠紛如幻，寒禽靜不囂。盤中人已去，得意在吾曹。
〔註51〕

同年，彭紹升開始受持不殺戒。明年，彭紹升在京師結識了韓夢周。韓
夢周，字公復，號理堂，山東濰縣人。早在乾隆二十二年時，彭紹升與韓夢周
「同舉禮部試」〔註52〕，直到乾隆三十年二人方正式相交往。韓夢周學宗程
朱，法守陸隴其的「居敬窮理」，「其學以存養、省察、致知三者為入德之資。
每跬步必以禮，以恥求聞達為尚。」〔註53〕韓夢周在來安做知縣，政聲斐然，

〔註48〕《二林居集》卷二十二《羅台山述》。
〔註49〕《二林居集》卷三《答宋道原》。
〔註50〕《觀河集》，第26頁。卷阿，《詩經‧大雅》篇名。詩序認為「召康公戒成王
也，言求賢用吉士也。」朱子認為「公從成王遊歌於卷阿之上，因王之歌而
作此以為戒。」彭紹升蓋用此典以云帝王出遊之事，並有勸諫君主求賢之義。
〔註51〕《觀河集》，第28頁。盤山，京東名山，今屬天津薊縣。
〔註52〕《二林居集》卷十《韓長孺墓表》。
〔註53〕《清史稿》，第43冊，第13130頁。

彭紹升曾讚譽「其治來如元魯山」〔註54〕。

同年八月，彭啟豐任順天鄉試主考官。此科羅有高得中，出啟豐門下。發榜之前，彭紹升曾邀有高「靜習於蘇州會館」〔註55〕，持「《圓覺經》一部、《莊子》一卷，或趺坐之幽幽，或說空之侃侃」〔註56〕。

乾隆三十一年（1766）冬，彭啟豐兵部中蔣、史兩侍郎產生矛盾，在清高宗面前蔣氏狀告史氏，稱其在同僚中詆毀彭啟豐。清高宗召問彭啟豐詳情，彭啟豐回應說不知詳情，只得奉旨斥責罷免史氏。清高宗因彭啟豐治理屬下不嚴，吏情不察，將其降為兵部右侍郎。年底，彭紹升南還歸家。轉年羅有高不第，往蘇州尋訪彭紹升，同修淨業，「閉關七旬」〔註57〕，「讀《首楞嚴》，參究上乘」〔註58〕。

乾隆三十三年（1768），京察，彭啟豐以兵部尚書銜致仕。彭紹升此年始斷肉食、絕淫慾，並作兩偈云：「我身爾身，爾肉我肉。大德曰生，與爾並育。」〔註59〕「從妄有愛，萬死萬生。猛然斫斷，天地清寧。」〔註60〕又作《體仁錄》云：

> 年二十五始持不殺戒，惟食市上肉。得懷中虱輒放之，終以儒自解，不肯斷肉食。又四年，忽自省曰：「儒者恒言以萬物為一體。一體云者，謂其不二本也。戕物以自肥，是猶割四體以飫口，其痛一也。不知痛者，是一體而二之也。是風痺失心者也。且假手於他人而殺之，我不居殺之之名，不親殺之之勞，而坐享其殺之之實，是律所謂造意指使者也。視如刃其頸者，罪有甚焉。」自是遂斷肉食。夫予之斷肉食，非有怵於釋氏人羊報復之說也，凡以行吾心之所安而已。〔註61〕

乾隆三十四年（1796）彭啟豐於家之東偏別建祠堂，為四龕，祀同知公彭正乾以下。冬，總督高晉攝巡撫事延請彭啟豐主持紫陽書院。是年，朝廷

〔註54〕《清史稿》，第43冊，第13130頁。
〔註55〕《二林居集》卷二十二《羅台山述》。
〔註56〕《居士傳》卷五十六，第1010頁上。
〔註57〕《二林居集》卷二十二《羅台山述》。
〔註58〕《國朝漢學師承記》，第184頁。
〔註59〕《居士傳》卷五十六，第1009頁下。
〔註60〕《居士傳》卷五十六，第1009頁下。
〔註61〕《二林居集》卷六《體仁錄敘》。

有詔選調彭紹升為七品官，紹升不受，並作偈語云：「綠草庭前，好風林下。樂我太平，無冬無夏。」〔註62〕「來無所從，去無所至。極樂非遙，當念即是。」〔註63〕

在這十年之間，彭紹升先從宋明諸老入，後反求內心。在宗教上，彭紹升早年學道家長生術，後來有志於佛。彭紹升在《玉壇記》中回憶說：「紹升年二十餘，往來斯壇，諷誦靈文，心鏡日朗。」〔註64〕按，玉壇，康熙十三年蘇州羅澄立於其家，像設玉皇以諸天祔，會三壇為一。康熙二十二年，同壇諸子，始建公壇於天心橋之西，金淵鼎主之。「自建壇以來，學侶雲集。其所修習，內則守中抱一之傳，外則禳災祈福饗天度幽之事。頃者因緣會遇，佛光加被，特闢淨土法門。於是別除一閣安西方三聖像，供奉大乘諸經。霞軒雲洞間，往往聞唱佛聲。」〔註65〕引彭紹升入道家者，是當時的道士明陽子趙耕非〔註66〕。彭紹升在《問津錄敘》中說：「頃之有清遠壇弟子趙耕非者，事純陽真人，慕長生術，要予閉關文星閣中，習丹訣。」〔註67〕又《明陽子畫像敘》云：「予初未識明陽子。一日訪予於文星閣中，遂定交，屢為予言長生之術。」〔註68〕

彭紹升在《知歸子傳》自述：「或告以道家修煉術，習之三年不效。其後讀佛書心開，以為道之所歸在是矣。」〔註69〕又《真諦寺同戒錄敘》中言：「予年二十餘，始知發心向道，出入於儒與仙者且十年。乃克一心歸佛，深觀大乘經典，默契法源。」〔註70〕又《問津錄敘》言：「予年二十餘，有離世之志。覽昔人所傳飛昇尸解之事，輒心慕之。其後讀先儒書，頗究性命之旨。」〔註71〕《淨土聖賢錄續編》中記載彭紹升的內心歷程言：

> 忽自省曰：「吾未明吾心奈何？」或告以道家修煉法，習之三年不效。後讀佛書，爽然曰：「道之所歸在是矣。」始信向佛乘。慕梁

〔註62〕《居士傳》卷五十六，第1009頁下。
〔註63〕《居士傳》卷五十六，第1009頁下。
〔註64〕《一行居集》卷五《玉壇記》，佛教教育基金委員會影印清刻本。
〔註65〕《一行居集》卷五《玉壇記》。
〔註66〕明陽子，姓趙，名公柱，一名耕非，長洲人。
〔註67〕《一行居集》卷三《問津錄敘》。
〔註68〕《一行居集》卷三《明陽子畫像敘》。
〔註69〕《居士傳》卷五十六，第1009頁下。
〔註70〕《一行居集》卷三《真諦寺同戒錄敘》。
〔註71〕《一行居集》卷三《問津錄敘》。

　　谿高忠憲、廬山劉遺民之為人，故又號曰「二林」，以兩公修學地同
　　名東林也。〔註72〕

三、弘法常行菩薩道

　　乾隆三十五年（1770），彭紹升三十一歲。這一年彭啟豐再次入京祝萬壽，
羅有高也再次赴京會試。羅有高自京師歸來的時候，又往彭紹升家中與之相
會，二人互為唱和。日後，這些唱和的詩篇結集為《二林唱和詩》，乾隆四十
一年羅有高再次來彭紹升家中做客時，彭紹升將唱和詩集拿給他看。羅有高
為之作跋云：

　　　　乾隆四十一年，有高自浙東過蘇州。故人彭君，出是冊示予，
　　且命校其字之違古甚者，得一再讀之。悲響玲瓏，儼然迦陵頻伽二
　　六時中和雅音也，芬然曼殊娑華新好華片也。獨念予今去作詩時六
　　年，尚癡癡迷迷，流落人間。〔註73〕

　　後來，羅有高「尋遊廣東」〔註74〕，彭紹升開始立志撰寫《居士傳》。
　　乾隆三十七年（1772），清高宗下詔修纂《四庫全書》，上諭曰：

　　　　今內府藏書，插架不為不富。然古今來著作之豐，無慮數千百
　　家，或逸在名山，未登柱史，正宜及時收集，匯送京師，以彰千古
　　同文之盛。其令直省督撫會同學政等，通飭所屬，加意購訪……庶
　　幾副在石渠，用儲乙覽。〔註75〕

　　此時彭紹觀以日講起居注文淵閣直閣事翰林院侍讀學士之職充任四庫編
纂武英殿提調官，事見《辦理四庫全書在事官員職名》〔註76〕。表兄陸丙嘉
「舉江南鄉試」〔註77〕，但是其日後「一上公車不第，歸而教授里中」〔註78〕。
羅有高亦「復入京會試」〔註79〕。是年，彭紹升購得楊漣、魏大中、繆昌期、
周宗建、周順昌等蘇州先賢的遺墨。彼時常有人死後無錢安葬而暴屍野外的

〔註72〕〔清〕胡珽：《淨土聖賢錄續編》，卷二，卍續藏，第135冊，第425頁上。
〔註73〕〔清〕彭紹升：《二林唱和詩》，卍續藏，第110冊，第693頁上。
〔註74〕《二林居集》卷二十二《羅台山述》。
〔註75〕〔清〕永瑢等：《四庫全書總目》卷首，北京：中華書局，1965年，第1冊，
　　　　第1頁上。
〔註76〕《四庫全書總目》卷首第12頁中。
〔註77〕《二林居集》卷二十二《陸君丙嘉述》。
〔註78〕《二林居集》卷二十二《陸君丙嘉述》。
〔註79〕《二林居集》卷二十二《羅台山述》。

情況，鄉紳們為了周濟貧寒創辦了施棺局，聘請頗有聲望的彭紹升為之監理。日後，彭紹升為體恤孤寡，又創辦恤嫠會，並依照施棺局的財務措施設置了「近取堂」。所謂「近取堂」，是為「近取諸身」之義，彭紹升為之作《近取堂記》，述其本末云：

> 乾隆三十七年，里人既創施棺局。請予為之監。予慮其事之不易繼也，舉一會，人輸十金至百金，其得千八百兩有奇。將以十年為斷，取十一之息償所輸。用其本買田以供用。舉會之日，有願勿償者，得四百金。時方募金闢放生池，建流水禪院不足。取前會二百金以佐之，而收其餘息給僧守院者。頃之，復與會有沈浴鯨謀謂，古稱窮無告者，惟鰥寡孤獨，而孤寡較鰥獨尤窮。士族之孤寡者較之小戶又甚焉。遂為會以周之。三年所散者千金，所周者百有三十餘家。其費之所由出，司事者募金充之。予復謀之李禹定、吳崧蕃，圖所以久遠者。集友十餘人續舉一會，亦以十年為斷。釀金五千金，其法略如前會而稍加其息。會集長洲學宮之東文星閣。予顏其堂曰「近取」。〔註80〕

乾隆三十八年（1773），為了編修《四庫全書》，清高宗詔訪天下遺書。彭啟豐在紫陽書院總理事務，勤勤懇懇工作了一年，訪得遺書一千八百餘部，奏進御覽。此時，彭紹升自號「知歸子」，追隨香山老人受菩薩戒，從此「不復近女色」〔註81〕。香山老人，「諱實定」〔註82〕，即是清代蘇州華藏庵聞學禪師，「晚居江陰香山寺，故號香山老人」〔註83〕。菩薩戒是佛教在家信眾所能稟受的最高戒律，不僅是對信眾修行的要求，也是對信眾修為的肯定。受戒之後，彭紹升「嘗言志在西方，行在梵網」〔註84〕，「一意禪那，迴向淨土」〔註85〕。

乾隆三十九年（1774）九月，好友薛起鳳回到故鄉，僅過了一月餘便溘然長逝。早在清康熙年間，彭紹升的曾祖彭定求便在蘇州文星閣組織放生會。今年，彭紹升在放生會的基礎之上，又在文星閣南園木杏橋處開闢了一灣放

〔註80〕《二林居集》卷九《近取堂記》。
〔註81〕《一行居集》卷首《知歸子傳》。
〔註82〕《一行居集》卷三《聞學禪師語錄敘》。
〔註83〕《一行居集》卷三《聞學禪師語錄敘》。
〔註84〕《一行居集》卷首《知歸子傳》。
〔註85〕《一行居集》卷三《問津錄敘》。

生池，「畜生魚為獨盛」〔註86〕，而「閣中別藩隙地，養羊豕雞鶩之屬」〔註87〕。明年秋，記錄歷代居士的《居士傳》終於完稿。當時蘇州轄內有個叫沙河唐的地方，「土曠人居少」〔註88〕，凡是「邑中貧者死不克葬，輒委棺焉」〔註89〕。年代久遠，「木腐骸骼出，狗析而食之。既互三四里，暴棺至數千邑人。」〔註90〕縣學生黃林路過見到此番情形心中大哀，遂相約彭紹升和同鄉李蕙紃、沈浴鯨等一起，「集金四百買地橫山之麓，舉而瘞之」〔註91〕，並且「請僧誦佛經、施瑜伽法食」〔註92〕。遺憾的是，提倡此事的縣學生黃林，一年之後竟然去世了。

　　乾隆四十一年（1776）春，清高宗巡幸山東，彭啟豐趕到泰安恭迎聖駕。高宗降詔重新啟用彭啟豐，恢復其尚書的職銜。七月，表兄陸丙嘉病中仍憶念彭紹升，可惜不久即身故，享年四十一歲〔註93〕。彭紹升為之作行述。是時羅有高過再次到訪，邀約彭紹升同遊洞庭西山，彭紹升作《遊洞庭西山記》，述此事本末云：

　　　　乾隆四十一年春二月，羅台山自寧波來，館於流水禪居。居一月，將與予遊洞庭山。三月乙未，山中蔣氏使者以曹履開書至，具舟迎。丁酉，予要台山、陸佩鳴、僧唯然出封門，度太湖，入消夏灣，晤蔡資萬。蔡、蔣出也，宿飛仙山文星樓下。厥明，蔣九章來晤予。翼日飯罷循山而東可一里，聞水聲。即之，得澗深丈許，廣倍之中有磐石，水出石罅。同行者五六人，躍而下，趺坐石上。予首唱西方佛名，從而和者三四人。殷殷若雷轉，而水聲寂矣。頃之，石氣沁骨，遂反。明日，又往唱佛名。又明日，登縹緲峰，陵峰頂極望千里，俯瞰諸山若垤。予語唯然：「忉利天人踞須彌山，視四大洲若此矣。」又明日，棹舟過龍渚。緣崖行，峰敧徑坼，猿引下上，僅乃得度，濱湖多巨石，與水相搏，若萬馬馳突。稍前，得平坡小

<hr>

〔註86〕《二林居集》卷七《文星閣重整放生會引》。
〔註87〕《二林居集》卷七《文星閣重整放生會引》。
〔註88〕《二林居集》卷十《縣學生黃君墓誌銘》。
〔註89〕《二林居集》卷十《縣學生黃君墓誌銘》。
〔註90〕《二林居集》卷十《縣學生黃君墓誌銘》。
〔註91〕《二林居集》卷十《縣學生黃君墓誌銘》。
〔註92〕《二林居集》卷十《縣學生黃君墓誌銘》。
〔註93〕據乾隆十三年所引，紹升少陸丙嘉四歲，故知陸丙嘉卒於四十一歲，正紹升三十七歲。

憩，忽失台山。俄聞經聲出洞中。即之，台山在焉。路既窮，復從
道還。水行數里，至石公山，入歸雲洞。洞有觀世音像，斫石為之。
旁有石中空，擊之聲如木魚。繞山行，穿一線天，坐明月坡，登大
悲閣。台山樂之，有卜居之志。已再入歸雲洞。台山跪石像前，誦
普賢行願品。予和之。資萬叩石為節，盡一卷。是日唯然別予去。
薄暮，道陽塢，還飛仙。明日為四月朔壬寅，與九章遊包山寺。過
林屋洞，洞有潦。九章言：「水涸時可入。」入者蛇行，稍前可仰立，
行一二里，有石屋頗寬廣。壁有隔，凡二字不知和人書，予為徘徊
久之，遂上洞頂，踞最高處，四顧而嘯。謂九章曰：「是又一縹緲等
也。」明日遊上方寺，遇雨。有明日，雨不止。又明日，予度湖歸，
後旬餘，佩鳴歸。聞台山自飛仙移石公，居大悲閣，面太湖焚香誦
佛經，將卒歲云。〔註94〕

　　彭紹升曾以場屋制義之學撰寫文章，輯為《二林居制義》一書。對於《二
林居制義》，彭紹升頗為自得，分別寄呈與盧文弨、戴震等學者。乾隆四十二
年，盧文弨就此書以及其他問題向彭紹升回信，信中言：

　　　　年兄以「擬傳」二字無本，欲改為「行狀」。前愚作此傳時，私
　　念為大臣作傳，乃史官之職，非某所敢僭也。湯潛菴先生有《擬明
　　史稿》其書首署姓名擬。此雖近時人，然文正乃大賢，其所行即足
　　以為世法，是以用擬字。且古今文中所用甚廣，不獨擬古人也。……
　　年兄精於古人行文義法，彈射不少假借，誠余亮直之益友也，則所
　　自為文必矜慎可知已。乃去年寄來《二林居制義》一冊，開卷見自
　　序，即有大不愜意者。夫年兄之深於禪學，夫人而知之，即己亦不
　　自諱也。僕自相識以來，至今已二十餘年，交情益熟而未嘗與年兄
　　論禪，亦未嘗砭年兄之為禪。……吾但取年兄之恬潔直諒而已。今
　　者以時文詮孔子、孟子之言，而序乃託於夢中之二境以標明旨趣，
　　固已褻越而不尊矣。乃一則夢為老師擁皋比，闡義、文、周、孔之
　　教，圜而聽者百千人，而樂之已；又夢為衲子，空山趺坐，六根蕭
　　寂，五蘊廓然，則又樂之；何年兄此中之紛而不靜也！夫夢成於因，
　　年兄有自賢之見，而以為百千人皆莫己若也，是以夢之中有此一境
　　也。若衲子殆似所云鳳根者，今但未祝髮耳。使於斯而詮《金剛》、

〔註94〕《一行居集》卷五《遊洞庭西山記》。

釋《楞嚴》也者，吾又何責？乃今以冠四書義之篇，豈其倫哉！……
夫吾儒有吾儒之虛實，彼家有彼家之虛實，吾儒非執有，彼家亦自
謂非頑空也。……僕在鍾山不得已而看時文，講時文，實非性之所
樂。以年兄之才，沉潛於義理之中，以輔經而翼傳，何不可自成一
書。既幸而早離場屋之累矣，及髮將頒白，顧復頫首以傚舉業家之
面貌，何屑屑也！如欲自喻所樂，則吟風弄月亦何在不得「吾與點
也」之趣，而必為是乎？年兄欲兼有其樂，政恐坐是交喪也。……
夫作四書義，代聖賢語氣，細意體認猶恐粗而不精，有負當代文明
之盛，乃年兄駁雜而堅於自信，加之貴公子，有才學，友朋間非素
直諒不撓者，孰肯以言賈人之怒。僕觀所載評語，皆仿年兄詞意而
為之，安知非陽是而內實不然。既不欲因此取憎，又恐言出而為士
林中所責誚，故作此種筆墨，使見者皆曉然於有所不得已而出於此
也。今為年兄計，莫若擇其大害理者亟火之。能決然捨其舊習而唯
吾儒是從，斯大勇也。否則，慎無為騎墻之見。《詩》有之，「涇以
渭濁，湜湜其沚」。知言者自能辨之。惜年兄以有用之財，災梨禍棗，
為此不急之務，而轉取不韙之名，是以面晤時微露其端，而不欲著
之於文字之間。今既見詢，不可以不盡所懷，故輒陳之如右。〔註95〕

從信中文句可見，盧文弨對《二林居制義》多有不滿，蓋因其為場屋之
習作，又參雜釋老陸王之學，與盧文弨本人的治學旨趣大相徑庭。至於《二
林居制義》到底寫了些什麼，目前的文獻不足以徵。所能見到的是彭紹升為
《二林居制義》所作的三篇敘文，依此並對應盧文弨之文，或可大致看出彭
紹升所作的內容。其一敘云：

予嘗夢為老師，擁臬比，闡義、文、周、孔之教，圜而聽者百
千人，莫不心開而意得也；又夢為衲子，趺坐空山，幽澗時鳴，輪
珠時轉，六根蕭寂，五蘊廓然，予又樂之。居閒無事，偶為經義積
二十餘首，復觀之，時似老師說法，侃侃如也。時復似空山趺坐，
泊如也，曠如也。二者之夢，其不相謀矣。然予之樂，豈有閒哉？
世有知予者謂之說夢焉可也，謂之自道其樂焉亦可也。〔註96〕

此則盧文弨信中言「年兄此中之紛而不靜」、「以為百千人皆莫己若也」

〔註95〕《抱經堂文集》，第260頁。
〔註96〕《二林居集》卷五《二林居經義敘》。

之所由發。其二敘云：

> 歲在上章困敦季秋之月，知歸子臥疾於秋陽閣。始病熱，已而
> 氣逆上，四肢腫，腹瀉。醫家多言不可治，知歸子適然安之。及過
> 長至，病稍閒，偶檢閱有明諸先輩四書文於鄭氏謙止自訂稿，執復
> 之不厭，為題詩曰：「寂寞空山奏九韶，微風脫葉木蕭蕭。三閭哀怨
> 龍門憤，總向維摩默處消。」鄭氏選一代文，尤心折者，為鄭氏定
> 宇、楊氏復所。因取二家文覆觀之，題鄭稿曰：「識得昭文不鼓琴，
> 寒崖古木證同心。一聲鍾動知何處，山自高高水自深。」題楊稿曰：
> 「雲淨長空見月圓，焚香點筆獨超然。曹溪半偈通心法，重向尼山
> 一假年。」不覺興之所至，自為文二十餘篇，而病且脫然矣。所為
> 文大抵得之枕上為多，次則趺坐之餘，用遣昏散而已。〔註97〕

此蓋盧文弨所言「詮《金剛》、釋《楞嚴》」之處。至於其第三敘，乃云省
觀入京時於舟中得制義十餘篇，「其於諸先輩為文之恉，有當乎，抑其無當乎？
要之審虛實之機，反其所不足，不徒恃學問以為能。」〔註98〕此即盧文弨批
評「以實歸儒，以虛歸釋」之處。彭紹升嘗自云：「益信陸子之學，其為聖人
之學無疑也。」〔註99〕故宗主陸王學問，自然與朱子相反。然而彭紹升寄給
盧文弨的信中說了什麼？今之文獻尚不足徵。彭紹升《二林居集》中僅存一
首《復盧紹弓先生書》，乃領盧文弨之命而校《有道集》之議論。但是，可以
看出師生二人交往甚多。

乾隆四十二年（1777）正月，皇太后昇遐，彭啟豐再次赴京。這次赴京，
彭紹升陪伴在父親左右。進京後彭紹升與當時學術界的明星人物戴震見了一
面，且呈《二林居制義》向戴震求教，戴震則向彭紹升出示了自己的新作《原
善》《孟子字義疏證》。戴震撰寫《原善》《孟子字義疏證》是其通過考據學的
方法來建構一套新的儒家哲學體系，其中明辨了程、朱、陸、王學說中混淆
儒、釋的錯誤，是對宋明理學傳統的割席。這與彭紹升的思想相違，於是彭
紹升便作書與戴震探討，其云：

> 承示《原善》、《孟子字義疏證》二書，其於「烝民」「物則」「形
> 色」「天性」之旨，一眼注定，旁推曲暢，宣洩無餘其文之切深奧衍，

〔註97〕《二林居集》卷五《二林居制義第二敘》。
〔註98〕《二林居集》卷五《二林居制義第三敘》。
〔註99〕《二林居集》卷三《答宋道原》。

確然《戴記》之遺；漢唐諸儒言義理者，未之或先也。紹升懵於學問，於從入之途，不能無異，要其同然之理，即欲妄生分辨，安可得邪！顧亦有大端，不安於心者，敢質其說於左右。〔註100〕

戴震對自己的哲學體系自得自滿，見彭紹升來信商榷甚至質疑，遂作五千言長文以回應。其在《答彭進士允初書》中說：

日前承示《二林居制義》，文境高絕！然在作者不以為文而已，以為道也；大暢心宗，參活程朱之說，以傅合六經、孔、孟，使閎肆無崖涘。孟子曰：「資之深則取之左右逢其源。」凡自得之學盡然。求孔孟之道，不至是不可謂之有得；求楊、墨、老、莊、佛之道，不至是亦不可謂之有得。〔註101〕

戴震在回覆彭紹升之後，僅過了一個月便與世長辭了。後來，戴震高足段玉裁在為其作年譜時，特意詳述了這段學術公案，並認為戴震給彭紹升的回信作用非比尋常，「有此而《原善》《孟子字義疏證》之說愈明矣」〔註102〕。《年譜》中敘述這段往事時說：

先生丁酉四月，有答彭進士紹升書。彭君好釋氏之學，長齋佛前，僅未削髮耳，而好談孔孟程朱，以孔孟程朱疏證釋氏之言。其見於著述也，謂孔孟與佛無二道，謂程朱與陸王、釋氏無異致。同時有羅孝廉有高、汪明經縉倡和其說。先生以所作《原善》、《孟子字義疏證》示之，彭君有書與先生，先生答此書：「以六經孔孟之恉，還之六經孔孟，以程朱之恉，還之程朱，以陸王佛氏之恉，還之陸王佛氏，俾陸王不得冒程朱，釋氏不得冒孔孟。」其書幾五千言。〔註103〕

可見在段玉裁的描述中，彭紹升即是一位留著頭髮的僧人，其所行及其所言都是佛教之義，並且將儒家之學與釋家之學混而為一。這代表了乾嘉漢學界對當時雜糅二氏之言的理學、心學諸儒的普遍看法。關於彭紹升與戴震之間的學術差異，後文將闢專章探討，此處僅述其梗概。

彭啟豐這次因皇太后去世而赴京，在京中逗留不久，很快便南還回家了。

〔註100〕《二林居集》卷三《與戴東原書》。
〔註101〕《孟子字義疏證》，第161頁。
〔註102〕〔清〕戴震：《戴震文集》，北京：中華書局，1980年，第240頁。
〔註103〕《戴震文集》，第240頁。

同年秋，彭紹升約汪縉等友人在杭州遊賞西湖。與此同時，羅有高「偕海圖入京」〔註104〕，相傳彼時京中大夫多與論學，其「應機析理，發抒心得，聞者莫不暢然」〔註105〕。羅有高此番進京，主要是為了參加乾隆四十三年（1778）的會試，卻依然無功而返，更加不幸的是又羅患風疾，日漸消損。為了籌錢治病，羅有高只好把所攜「海圖」變賣，換錢醫治，病才稍稍見愈。秋季，羅有高南歸，再次做客彭紹升家。在彭紹升家住了兩個月，疾病再次發作，症狀更加嚴重。轉年正月，羅有高回到自己家，不久便去世了，其時僅四十六歲。同年五月，彭紹升的舅舅宋宗元去世，年七十，後葬於吳縣。

乾隆四十五年（1780），彭紹升開始撰寫重要的佛學理論著述《一乘決疑論》，此後過了十一年才完成〔註106〕。是年春，清高宗南巡，彭啟豐迎至龍泉莊。秋，彭啟豐又赴京祝萬壽，路過濟寧時身染重病不得已而還家。十二月〔註107〕，彭啟豐滿八十歲。彭紹升為了求神佛庇祐父親早日康復，遂在文星閣設立道場，並作《為家君八十初度建道場文》，云：

> 今十二月十一日，為八十初度之辰。先期十日，在本縣文星閣祇延淨侶，肅建道場，誦《無量壽經》，唱阿彌陀佛，歸命蓮臺，直趨寶所。更於道場滿日，放瑜伽斛食一壇，普拔三塗，同登九品。伏願慈光加被，願網宏張。俯念丹誠，長垂紺眼，俾我慈父菩提力，念念增明。功德池流，心心清淨。長謝五衰之相，早登不退之程。〔註108〕

乾隆四十八年（1783）冬十二月〔註109〕，四十四歲的彭紹升撰寫了《華嚴念佛三昧論》。汪縉讀過此論後盛讚其為「淨土正因，華嚴正信」〔註110〕。

乾隆四十九年（1784）春，清高宗再次南巡，彭啟豐再至龍泉莊迎駕。見到股肱舊臣，清高宗遂令其在當年年底進京參加千叟宴。彭啟豐謝恩還家，途中忽然感覺頭暈，一病便至六月中旬。六月十六日晨，彭啟豐在彭紹升正服侍其起身之時，突然與世長辭。彭啟豐享壽八十四，死後消息遂傳至熱河

〔註104〕 《二林居集》卷二十二《羅台山述》。
〔註105〕 《二林居集》卷二十二《羅台山述》。
〔註106〕 〔清〕彭紹升：《一乘決疑論》，卍續藏，第 104 冊，第 166 頁上。
〔註107〕 以陰陽曆算當在公元 1781 年。
〔註108〕 《一行居集》卷一《為家君八十初度建道場文》。
〔註109〕 以陰陽曆算當在公元 1784 年。
〔註110〕 〔清〕彭紹升：《華嚴念佛三昧論》，卍續藏，第 104 冊，第 177 頁上。

行在。彭紹升夫妻僅生二女，身後恐無所託。值父喪之際，彭紹升作《蓼語示諸兄子》，其文云：

記有之：父母在，不敢有其身。予生年四十五矣，其在四十五年之前，一父母之身也。父母之命東焉而東，西焉而西，南焉而南，北焉而北，無私適也。自吾母既逝，吾父歸休以來，日侍左右，未嘗信宿離，謂「可百年長保此樂」。乃至於今，則遂已矣。追慕呼號，邈無及矣。念此身之屬於予也，斷自今始。雖事親之責稍釋，而吾所以自事其心者，方日新而未有已也。然則學之一事，蓋將盡吾生焉。前此者亦嘗出入儒釋之間，然而溯其流矣，未窮其原；涉其樊矣，未窺其奧。故不可以言學也。古人之言學也，曰「既竭吾才，如有所立卓爾」，曰「不專心致志則不得也」。此豈乍前乍卻，載沉載浮，所能冀其實獲者哉？道亦有言「絕利一原，用師十倍」，佛亦有言「制心一處，無事不辦」。然則誠欲究竟斯學，豈無所以善處其身者乎？夫家居則宿習絆之，塵務撓之，俗物𪒠之。一齊眾處，入道良難。若乃離喧憒場，入清涼宅，深山蘭若，寂歷安居，目無異見，耳無異聞，念茲在茲，夜以繼日，客塵既淨，天明自還。百工居肆以成其事，其不謂此乎？如或譏之曰「逃禪」，或議之曰「絕物不見」，是而無悶，吾誠有以處此也。吾之學也，近或一里或十里，遠不過五百里。然諸兄子不須以吾之遠近為意。其近也，不可以事關之；其遠也，亦不可使人跡之。使吾去住自由，了無牽掛，工夫易成，片段到得，動靜一如，即居家亦無不可。否則不能安吾之心，且遂不能安吾之身。鴻飛冥冥，殆將驅我於天台雁蕩間矣。吾之學也，暫或一月，或三月，或三年，或五年，願諸兄子謹持門戶，精治文史，荒蕪於嬉，以廢厥業，更宜審邪正之幾，嚴義利之辨，安貧砥節，承先澤，保家聲，於是乎在大要。家之所以興，名之所由立。一言以蔽之，曰「諸惡莫作，眾善奉行」爾矣。弗為以小惡為無傷而弗去爾矣。吾設近取堂，不獨為鄉黨推暨之門，亦為吾家保將來之祚。即今規模麤立，諸兄子能踵而成之，俾被其澤者無終窮焉。即吾家之祚與之為無終窮矣。如或垣墉具矣，莫與塗暨茨者，吾恐斯堂之廢亦非彭氏之福也。予年二十餘，早有兼善之懷，於天

下事蓋嘗一一復之胸中，思得一當以既厥志。已而閱歷世途，稍
知進退，自度量淺而才疏，終不能適用於世。一有蹉跌，且貽老
人之憂。故自奉部檄以來，韜隱家衖者，又十有五年。其在家亦
思尊修禮法，化導鄉黨，而誠意未孚。一門之中，已多隔礙，求
其及遠也難矣。子曰：「射有似乎君子，失諸正鵠，反求乎其身。」
予不能已於反求，其尚敢輕言一出乎？諸兄子年力方強，他日程
途，未可量。然其出也，果有濟於世而無損於己，又何難焉！不
然，富貴而失其身者多矣。吾願諸兄子之慎之也。古之立後者，
大要有承祧之責者也。若彼子則不盡有後。《禮記》曰：「喪有無
後，無無主。」六朝高士，往往預敕族屬，俾無立後，傳之正史
以為美談。予既脫屣世緣，予妻亦潛修淨業，□□六朝高士之風，
心竊慕焉。且吾宗自尚書公以下諸兄子林立，類皆克守家風。誠
能體先人敦樸之遺，啟後世詩書之澤，出則有濟於時，處則不失
乎己。予懷渺渺，夫亦可少慰焉。孟子曰：「不孝有三，無後為大。」
亦為有承祧之責者言也。豈一身之思計乎哉？或曰「古之居喪者，
未葬不離殯側；既葬不離木主」，今予未屆祥禫遽捨而之它，不已
急乎？曰：「此喪之末節也。吾受命於天而不知命之所由立，吾受
形於父母而不知形之所由踐。若是者，謂之風痺不仁。風痺不仁
之人，雖使日僵臥於苫蕢之間，畢三年而不懈，其於孝猶無與也。
古之人有去親而遊學者，有居喪而赴講會者，亦各有當而已矣。」
誠於此沉船破釜，血戰一番，掃盡群魔，此心端拱，命由此立，
形由此踐，天地古今，通一無二。況於父母，豈有以存亡遠近間
者哉？〔註111〕

　　觀此文，即彭紹升決意專心佛學、不務塵業之「檄文」。父親彭啟豐歿後，
彭紹升則不必再為父母擔憂，正可以潛心閉關，精進佛法，《蓼語示諸兄子》
之立意便不離此。王芑孫《書〈蓼語〉後》云：「蓼語者，苦語也，亦了語也。
白沙子曰：『千休千處得，一念一生持。』未到千休，安知一念？此了語所由
作也。一念既了，則此語亦為贅疣矣。」〔註112〕又云：

　　《蓼語》知歸子居憂述志之所為作也。始知知歸子有飄然遠引

〔註111〕《二林居集》卷三《蓼語示諸兄子》。
〔註112〕《二林居集》卷三《蓼語示諸兄子》。

之志，眾皆疑之，予獨憂之。及今讀《蓼語》，反覆千餘言，涼涼
孤影，沉沉絕照，有非意言所能盡者，然後知知歸子之飄然而遠引
也。〔註113〕

又據《國朝宋學淵源記》所言：「乾隆四十九年，大司馬卒後，往深山習
靜，參就向上第一義，自云：『沉船破釜，血戰一番，掃盡群魔以還天明。』」
〔註114〕可知彭紹升至此往後，更求佛學上的精進，不再過多留意俗世之務。

四、死生擱下升蓮華

乾隆五十年（1785）正月，四十六歲的彭紹升在「吳縣九龍塢之原」〔註
115〕安葬完四十四歲的族父彭績〔註116〕之後，春季閉關於文星閣，並撰《一
行居閉關記》，云：

乾隆五十年春，知歸道人屏居文星閣，顏所住處曰「一行」。佛
語文殊師利，欲修一行三昧，繫心一佛，專稱名字。即是念中，能
見過去現在未來一切諸佛。〔註117〕

是年六月，蘇州遭遇了罕見的大旱，正在文星閣閉關的彭紹升為了助鄉
人求雨遂結三七期，唱誦《大悲咒》並加持西方佛名，而期滿之時果真得雨
半尺。彭紹升倍感佛力加持，因果不虛，於是賦詩《六月蘇州大旱，二林居士
彭紹升在蘇州文星閣結三七期唱誦〈大悲咒〉並加持西方佛名斷午後食期滿
得雨半尺》云：

凶年不到蓮華國，慈濟長懷紫竹林。分得斯人饑半日，枝頭點
滴也成霖。〔註118〕

正如彭啟豐去世之後，彭紹升所發願一般，這一年裏他幾乎無時不在閉
關修行。到了寒冬年底，彭紹升在文星閣繼續閉關禪課，「禪課之餘，提起儒
門公案，輒拈頌六十餘首」〔註119〕，是為《儒門公案拈題》。六年之後，即乾
隆五十六年（1791），五十二歲的彭紹升再次「閉關如故，重披舊稿，筆削再

〔註113〕《二林居集》卷三《蓼語示諸兄子》。
〔註114〕《國朝漢學師承記》，第189頁。
〔註115〕《二林居集》卷十《秋士先生墓誌銘》。
〔註116〕彭績，字其凝，後字秋士，《清史稿》有傳云：「長洲人，品詣孤峻。乾隆末
　　　　年窮而客死，無子，年四十四。」
〔註117〕《一行居集》卷五《一行居閉關記》。
〔註118〕《觀河集》，第13頁。
〔註119〕《一行居集》附《儒門公案拈題》。

周」〔註 120〕。《儒門公案拈題》至此方成完帙，這是一部以禪宗公案的形式輯錄理學學者對話的文獻，是禪儒互為表裏、互相融合的一次嘗試。其實，在這幾年裏，彭紹升還整理重訂了《省菴法師語錄》、《西方公據》等佛教典籍。

在清代的蘇州，佛教信仰在民間從未缺席過，甚至相當繁盛。乾隆五十五年（1790）二月裏的一天，彭紹升路過天寧庵、翠筠庵，聽到庵中住持講經說法，盛況空前，遂撰寫《翠筠庵主心經說敘》一文，文中記載了當時的景象：

> 庵主方開堂集眾，與馬塞巷。道人茶罷，出門西向。折而南，
> 至竹墪翠筠庵。微雨乍過，經聲出院中。〔註 121〕

同年九月八日，彭紹升妻子費氏去世，享年五十三歲。費氏生前因為肺病，時常嘔血，容顏消損。在彭紹升的影響下，費氏也虔誠信佛，「平生偶有私蓄，輒作佛事」〔註 122〕。在病重時「遂詣文星閣，請祥峰和尚，受優婆夷戒禮，誦益虔」〔註 123〕。據說，在費氏將自己的積蓄全都用完之後，則「屬居士詣雲棲建水陸大齋，願與一切有情，同生淨土。啟經之日，家中人皆聞異香」〔註 124〕。病危彌留之際，費氏每天向西禱告「阿彌陀佛，當來迎我」〔註 125〕，彭紹升得知妻子將不久於人世遂從杭州趕回家中，勸慰妻子「資糧已具，撒手便行，勿戀此殘生也」〔註 126〕。最終，在九月八日半夜，費氏「忽朗唱『南無阿彌陀佛』，可十聲，頃之遂逝」〔註 127〕。

妻子去世之後，彭紹升自杭州回到長州繼續閉關。乾隆五十七年（1792），彭紹升的好友汪縉去世。汪縉，字大紳，吳縣諸生。其生前與彭紹升交好，彭紹升認為汪縉「平生志趣，殆不可測」〔註 128〕。彭紹升回憶汪縉的去世，說：「臥疾數日，口不及家事，所茗盡兩甌，連稱『好好』而逝。時乾隆五十七年六月五日也。」〔註 129〕後來，彭紹升作《告汪子大紳文》，云：

〔註 120〕《一行居集》附《儒門公案拈題》。
〔註 121〕《一行居集》卷三《翠筠庵主心經說敘》。
〔註 122〕《淨土聖賢錄續編》卷四，第 445 頁下。
〔註 123〕《淨土聖賢錄續編》卷四，第 445 頁下。
〔註 124〕《淨土聖賢錄續編》卷四，第 445 頁下。
〔註 125〕《淨土聖賢錄續編》卷四，第 445 頁下。
〔註 126〕《淨土聖賢錄續編》卷四，第 445 頁下。
〔註 127〕《一行居集》卷七《亡妻費孺人述》。
〔註 128〕《二林居集》卷二十二《汪大紳述》。
〔註 129〕《二林居集》卷二十二《汪大紳述》。

唯乾隆五十七年七月望，同學友彭紹升謹告於汪子之靈，曰：兄之為人，亦狷亦狂。兄之為文，或偕或莊。摩尼在握，萬影難藏。入佛入儒，縱橫莫當。削除繩墨，廓徹封疆。寥寥藝苑，孰與頡頏。我與兄交，如宮如商。亦如攻堅，磨厲相將。兄今逝矣，寂寞為鄉。人間天上，何處彷徉。臨行有贈，樹上生薑。高山流水，坐斷千霜。嗚呼尚饗！〔註130〕

江藩在《國朝宋學淵源記》中，亦嘗論述及汪縉生平和學術，云：

先生諱縉，字大紳，吳縣諸生。少孤，程太孺人撫以成立。幼入塾讀書，性不善記；年十六，試為文，數百言立就。其文在荊川、百川之間；至於發揮經旨，唐、方二家所不及也。喜為詩，以陳子昂、杜少陵為則。後見寒山、拾得詩，喜其字字句句皆從性海流出，於是以詩作佛事，有空山無人，水流花開之妙境，非王安石之句摹字擬也。尤工古文，人所不能言者能言之，人所不敢言者能言之，人所不能暢者能暢之，人所不能曲者能曲之。其出儒入佛之作，則言思離合，水月圓通，有不可思議者。尺木居士許之曰：「噓氣成雲。」尺木居士謂先生之論儒佛，一彼一此，忽予忽奪，似未深知先生者。先生落落寡合，往來最密者，尺木居士一人而已。曾主來安建陽書院，以正學教諸生，緣歲飢，輟講歸。又嘗應浙江寶學使聘，校試文，非所好也。歸而閉戶習靜，不復應科舉，作《無名先生傳》曰：「先生講學，不朱不王；先生著書，不孟不莊；先生吟詩，不宋不唐；先生為人，不狷不狂；先生處世，不圓不方。」復作歌曰：「先生有耳聽清風，先生有眼看明月，先生有身神仙人，先生有家山水窟。先生於事無不有，人慾說之壁掛口。」自述孤往也如此。以食廩歲滿，貢太學，未得教官。卒年六十八。臥疾數日，口不及家事，索茗盡兩甌，曰「好好」而逝。〔註131〕

乾隆五十八年（1793）春，江東遭遇大規模降雨，禾麥皆爛在田裏。入夏之後，雨水仍然不停。此時，彭紹升回到長洲，見米價騰湧，遂著力平抑米價。其作《平糶記》大致記載了此事：

乾隆五十八年春，江東大雨水，麥盡爛。入夏，雨如故。禾不

〔註130〕《二林居集》卷二十四《告汪子大紳文》。
〔註131〕《國朝漢學師承記》，第186頁。

得插，米價騰湧，每一石至三千錢。予從湖上還家，會公私所儲，得五百石。每一升減錢六，合減三十萬錢。盡散諸糶者。始五月乙卯，乞六月辛卯，晦。凡三旬有七日。〔註132〕

此年十月，從子彭希涑歿。彭紹升有二女而無子，從子彭希涑和自己志趣品行最為相近，因此彭紹升對待彭希涑尤為用心。《淨土聖賢錄》這部著作就是彭紹升和彭希涑兩人合作完成的。值彭希涑之喪，彭紹升為其作《從子希涑述》，記錄彭希涑生平與志向：

希涑，彭姓，字樂園，蘇州元和人，先尚書公之孫，贈員外郎應山先生第四子也。希涑少通敏，讀書數過即成誦。年十六，補府學生，為文氣昌而才贍，試輒與高第。尋補廩膳生。年二十六，舉於鄉，累赴禮部試不第。自謂遲速有時，亦不以介意也。少喜蔬食，成童後，即長齋五年。已而娶婦，得咯血疾，始開肉禁。然因病發心，遂信向佛乘，持六齋，誦《華嚴經》，日課西方佛名，求生淨土。雖舟車南北，未嘗廢忘。……乾隆五十八年十月三日，病瘧且利，自房中出就母寢，絕口不及家事。日唯勸母念佛，曰：他日西方好相見也。先歿前三日，請澄谷和尚至床前，設几案受三皈五戒。懺悔發願，益加懇至。自言一二日間淨念現前，寶池蓮華，宛然可掇也。十三日早，命家人張接引佛像，移榻向西，仍請澄谷和尚至，曰：煩師助我念佛。至晚，口喃喃誦佛名，右脅而逝，異香滿室中。年三十三。〔註133〕

乾隆五十九年（1794），彭紹升五十五歲，此時其父、其妻、其從子乃至諸位好友相繼離世。彭紹升的人生亦走入末期，他想起彭啟豐「舊刻詩十六卷，文八卷，久行於世」〔註134〕，於是請門人江沅「釐正、點畫，付諸刻工」〔註135〕。經過一年之後，彭啟豐文集終於刊刻完成。

乾隆六十年（1795）夏，彭紹升旅居太湖之濱潛心修習淨業。期間偶而會有一兩位僧人到訪，向其為各自著述「索題」〔註136〕。是年秋季，彭紹升

〔註132〕《二林居集》卷十《平糶記》。
〔註133〕《一行居集》卷七《從子希涑述》。
〔註134〕《二林居集》卷八《書先尚書公集後》。
〔註135〕《二林居集》卷八《書先尚書公集後》。
〔註136〕《一行居集》卷二《題崇孝錄後》。

回到長洲，身患痢疾，此時仍閉關居住在文星閣，「日有程課，不以病輟」〔註137〕。彭紹升一生有「詩古文集凡四種，手自編定」〔註138〕，在刊刻完彭啟豐集之後，彭紹升又將自己的文集交由江沅校而刊之。入冬之後，精神日益損耗，「將諸善會貲，一一屬付其姪祝華，令以後永久勿替」〔註139〕。時有僧人真清來訪，問彭紹升是否見到瑞應。彭紹升對其言道：「有何瑞應？我大事在來年開印日耳。」〔註140〕大修行人或真能知自己生死哉！

清高宗在位六十年，於1796年讓位於清仁宗，是為嘉慶元年。是年正月二十日清晨，五十七歲的彭紹升「終老於文星閣」〔註141〕，作辭世偈云「出沒閻浮塵點身，流離瑣尾竟何因，而今驀直西方去，瞥眼收回萬劫春」〔註142〕，遂向西念佛而逝。彭紹升生前無子嗣，因此「族議以六弟希萊為嗣」〔註143〕，並且先將「二林居文集刊行」〔註144〕。二十多年後，「希萊子蘊策復以《測海》《觀河》兩種詩集刻之」〔註145〕，道光四年再將「《一行居集》刊行」〔註146〕。

縱觀彭紹升一生，出入儒釋，晚年究竟歸於佛家。在生命最後的十餘年，光影寥落，妻子、摯友先後喪去。彭紹升壯年之際，即受菩薩戒，斯真大丈夫也。唯獨可憐其膝下無子，晚年孤獨，僅有二女：阿環、阿瑩，先後嫁人。世俗皆以無子嗣煩惱，而作為修行人的彭紹升卻不以無子為病。其作《憫客》示世人曰：

> 客有患無子者，知歸子憫之。告之曰：「子有三，盍捨其一而取二乎？」客曰：「何謂也？」知歸子曰：「凡夫以子為子，聖賢以聖賢為子，佛以一切眾生為子。以子為子者，子其身者也；以聖賢為子者，子其心者也；以一切眾生為子者，眾生之身即吾身，眾生之心即吾心也。夫唯聖賢能不子其子，是故堯以舜為子，舜以禹為子，

〔註137〕《一行居集》卷首《知歸子傳》。
〔註138〕《一行居集》彭祝華跋。
〔註139〕《淨土聖賢錄續編》卷二，第416頁下。
〔註140〕《淨土聖賢錄續編》卷二，第416頁下。
〔註141〕《一行居集》卷首《知歸子傳》。
〔註142〕《淨土聖賢錄續編》卷二，第416頁下。
〔註143〕《一行居集》彭祝華跋。
〔註144〕《一行居集》彭祝華跋。
〔註145〕《一行居集》彭祝華跋。
〔註146〕《一行居集》彭祝華跋。

孔子以顏淵為子。朱均之不有天下，伯魚死而不曰『天喪予』，此其
微也。佛告須菩提，若卵生，若胎生，若溼生，若化生，若有色，
若無色，若有想，若無想，若非有想非無想，我皆令入無餘涅槃而
滅度之。而諸大菩薩現身六道歷劫度生，視慈父母之愛其子，不啻
同之。然則以子為子者，私其子者也。私其子者，不能以聖賢為子
矣。不能以聖賢為子，又安能以一切眾生為子哉！」〔註147〕

又揆諸清代學人脈絡統緒，著《國朝漢學師承記》《國朝宋學淵源記》之
江藩，嘗師從汪縉、薛起鳳，此二人皆是彭紹升至密之友。大儒江聲之孫江
沅，師從彭紹升，又師從段玉裁。後來被視作啟蒙思想家的龔自珍，乃段玉
裁之外孫，江沅之學生。蓋龔自珍可以看作是彭紹升的再傳弟子。彭紹升一
世雖未曾騰達，卻無時無刻不實踐其「兼善」的志向。他和睦鄉里，弘揚佛
法，旨在救人救世，並不是僅僅追求自己的解脫。因此，龔自珍極為推重彭
紹升，故自號為「懷歸子」。龔自珍作《知歸子贊》云：

懷歸子曰：震旦之學於佛者，未有全於我知歸子者也。佛之徒
吾能言之，大都夙生所造，糾纏至煩重，其生也，必抱民生絕幽苦
之一境，所苦不同，要皆今古無比例，語言文字所窮，以為其根本，
於以束其靈異智慧之心，而不得試於外，則尚不知有佛也，乃遁而
之於惆悗、曲屈、淒異、幽靈、孤譎之一境。語言文字所窮，以為
其徑竇，久久而自知其不得以試於世，乃姑蓄之而佯與世謀。於是
食萬斤之牛，建摩天之旗，以號於天下曰：吾當即世謀。自義炎以
來，文字無不受也；日星河海之行，帝王、妃后、臣宰、農工、徒
隸之法無不籀也；當世人民、鳥獸、龍魚、昆蟲之情狀，無不隨也；
身命色力，畢耗於是，久久而自思其何所返？且求諸外，且索諸內，
皆不厭吾意。於斯時也，猝焉而與其向者靈異智慧之心遇；遇而不
逝，乃決定其心，蓋三累三折之勢，知有佛矣。之人也，設震旦之
人，從而尸祝之，則徒能見其中央而已矣。其學於佛也，又以其十
之四習密部，以祈其災而澹其憂，其為第一大事謀，十之六耳。惟
知歸子不然，初亦不然，中亦不然，終乃愈全。豈非大菩薩度世示
現者哉！合十翹誠而制贊曰：有美一人不可測，色究竟天三昧出，
示來震旦往淨域。眷屬如意名聞昌，眾生大福一身當，之人尚然思

〔註147〕《一行居集》卷二《憫客》。

故鄉，汝何人斯戀一方？重曰：有美一人兮青蓮之華，美人思我兮

無以為家。嗚呼！我如肯思兮亦既有家。〔註148〕

前文言及段玉裁曾作《戴東原年譜》，其中大有譏諷紹升佞佛的話語。但是從他外孫龔自珍的視角來看，卻又稱讚有加，可見龔自珍對彭紹升的推崇，亦能見出清代士林人物基於不同視角而對彭紹升產生的多重評價。

第三節　著述提要

《二林居集》二十四卷（嘉慶四年味初堂刻本）

是集見錄於《清史稿・藝文志》。彭紹升讀古人書，「慕梁谿高忠憲公之為人已而無所試，有出塵之思，復慕廬山劉遺民之為人也。兩先生往來修學地同名東林，知歸子因題其居曰二林。」〔註149〕此二林之名所由來也。張舜徽《清人文集別錄》云：「昔人分別朱、陸者，謂朱主道問學，而陸主尊德性。紹升論學，則力言二者之不可分。是集卷二《中庸章句疑》，卷四《與林生衍原書》，皆暢發其旨。紹升會試時，出盧文弨之門，又獲交戴震，往復論學，故其一生，雖不沉潛於考證，而亦博習經傳子史，說經尤好與朱子立異。是集卷二所載《論語集注疑》、《大學章句疑》、《中庸章句疑》、《孟子集注疑》諸篇皆是也。」〔註150〕此乃紹升學術風格。然紹升熟稔清朝掌故，嘗撰《二林居名臣事狀》、《良吏述》、《儒行述》，盡收於《二林居集》中。集中亦收往來書信、傳記、行狀、墓誌銘等文若干。大抵紹升生平所為外典文字，悉在是集之中。嘉慶四年味初堂刻本《二林居集》藏於南京圖書館，現影印收於《續修四庫全書》。

又《二林居名臣事狀》、《良吏述》、《儒行述》皆有單行本傳世。《二林居名臣事狀》，收於《正覺樓叢書》，光緒六年仲春重刊。始以李瀚章《二林居名臣事狀序》，結以《彭啟豐事狀》。《良吏述》、《儒行述》咸為世楷堂藏板，收於《昭代叢書》之中。

《一行居集》八卷附《儒門公案拈題》一卷（清刻本）

是書乃彭紹升談內典之作，前人評其「字字從性海流出」。此言良是。

〔註148〕〔清〕龔自珍：《龔自珍全集》，上海：中華書局，1959 年，下冊，第 396 頁。
〔註149〕《二林居集》卷三《二林居說》。
〔註150〕張舜徽：《清人文集別錄》，北京：中華書局，1963 年，第 222 頁。

紹升所居為「一行居」。《一行居閉關記》云:「乾隆五十年春,知歸道人屏居文星閣,顏所住處曰『一行』。佛語文殊師利,欲修一行三昧,繫心一佛,專稱名字。即是念中,能見過去現在未來一切諸佛。」此一行之所由來,大抵雲精誠專一不亂之行。誠為修道之人耳。此本乃紹升弟子江沅於道光四年校刊。書末有跋,為紹升從子所作,稱是書為紹升「生平佛門大著作,所以闡念佛法門而燈傳無盡」。其中「願文」十一首,「書後」四十二首,「讀古」三首,「敘」三十八首,「書問」三十五首,「跋引」十一首,「記」十四首,「銘傳」十五首,「書事」七首,「祭文」四首,「題偈」十三首。合為八卷。紹升之佛學思想於此書中甚為該備。其《讀論語別》、《讀中庸別》諸篇,皆可見其調和儒釋:緣釋解儒、以儒附釋的思想。其《書重刻禪宗秘密修正了義經後》諸文,又可考其息禪淨之諍的立場。其餘宣揚佛法、廣弘蓮宗、刻經校經之作亦盡收集中。故是書對於探討彭紹升佛學思想以及佛教事業有重大意義。

又所附《儒門公案拈題》一卷,收絕句六十五首。紹升自序云:「乙巳歲冬,知歸子閉關文星閣下,禪課之餘,提起儒門公案,輒拈頌六十餘首。其後六年,自錢塘歸里,閉關如故,重披舊稿,筆削再周。破格之談,每多駭俗;遊方之外,罕遇知音。離此二途,畢竟是誰家鼓笛,咄,漏逗不少。」其意大抵以禪宗語錄參悟《論語》諸儒書。其中如「子曰:朝聞道,夕死可矣。知歸子曰:道是何物,聞個甚麼?」其後即絕句:「笊籬終日漉西風,漉盡西風兩手空。古路行人留不住,杜鵑啼破夕陽紅。」由是觀之,其《儒門公案拈題》似荒誕不經處甚多,恐禪課之餘遊戲之作,故均附錄與他書之後。

《觀河集》四卷附《儒門公案拈題》一卷(清乾隆末年著者手定底稿本)
此為彭紹升詩集。所收古今體詩,大都生平自撰感物興懷之作也。紹升自序云:「予年十八,始為詩。積二十餘年,所作既多,編為二集:一為《測海集》,專錄列朝聖德詩,及思賢諸詠;一名《觀河集》,大都感物興懷,永言成韻。其間天倫之離合,人事之進退,道術之從違,具可考而知焉。」又云:「佛在祇桓精舍,為波斯匿王說法,問:『汝今觀此恒河,與昔童時觀河之見。有童耄否?』答言:『不也。』佛言:『變者受滅,彼不變者原無生滅。云何於中受汝生死,且奚獨童之與耄哉?由是而百年千年,一劫十劫,乃至無量阿僧祇劫,見性不遷,非童非耄,不離當念,直證菩提。』是詩之作,無作者,無無作者。其為觀也,若是而已矣。子在川上曰:『逝者如斯夫,不捨晝夜。』

其為觀也,亦若是而已矣。」紹升所述譬喻故事,見於《首楞嚴經》卷二。清趙翼亦有「觀河性自空」詩句。故「觀河」之名,蓋本於斯。

又所附《儒門公案拈題》見《一行居集》提要。

又有《觀河集節鈔》一卷,收於卍續藏第 110 冊。是書乃彭紹升弟子自其詩集《觀河集》中節鈔。

《測海集》 六卷（清刻本）

《測海集》紹升自序云:「竊撰本朝聖德詩七首,附以思賢詠百六十首,題曰《測海集》。夫海之不可測也,猶天之不可知也,測之奈何?」集中詩歌皆為詠唱國朝賢士而作,中有名臣亦有隱士。可與紹升《名臣事狀》《儒行述》等相為表裏。

又有《測海集節鈔》一卷,收於卍續藏第 110 冊。是書亦彭紹升弟子自其詩集《測海集》中選抄。

《體仁要術》 一卷（卍續藏第 107 冊）

是書所錄紹升《文星閣重整放生會引》、《放生會迴向文》、《南園放生池碑》、《彭氏放生池碑》,以及薛起鳳《文星閣建放生會書》。按薛起鳳,字家三,彭紹升摯友。紹升從其聽聞佛法。《周易》:「君子體仁足以長人。」張子云:「仁體萬事而無不在也。」紹升先學宋明諸老,後入釋教,其學問在於緣釋解儒、以儒闡釋,致力調和兩家。觀是書,其所謂體仁之要,莫離於不殺生。紹升另有《體仁錄》,見收於《二林居集》內,亦宣揚不殺生之理。文星閣,現存於蘇州。紹升曾祖彭定求在文星閣創立放生會,至紹升之時已過數十年。故紹升號召鄉里重整放生會,並定八條規章,冀求率度有情同生淨土。

《二林唱和詩》 一卷（卍續藏第 110 冊）

是書輯彭紹升與羅有高、汪縉、汪元亮、竹香子等友人唱和詩歌共二十首。末有羅有高跋,云:「乾隆四十一年,有高自浙東過蘇州。故人彭君,出是冊示予,且命校其字之違古甚者,得一再讀之。悲響玲瓏,優然迦陵頻伽二六時中和雅音也,芬然曼殊娑華新好華片也。獨念予今去作詩時六年,尚癡癡迷迷,流落人間。」云云。推知羅有高與紹升相和,當在乾隆三十五年。彭紹升,文章詩歌具有佳作,一度為後世推崇。清末張之洞告諸生作文榜樣時,嘗並舉彭紹升和姚鼐、曾國藩等人。書中紹升詩云:「人生繫閣浮,大患癡與戀。誰收一戰功,萑苻坐清宴。蘭若足安棲,伊蒲好共薦。遠公課六時,

殘漏聲聲禪。」是其詩亦未脫離佛教也。

《無量壽經起信論》 三卷（卍續藏第 32 冊）

《佛說無量壽經》，亦稱《大阿彌陀經》，乃淨土宗之基本經典。淨土宗有五經一論：《無量壽經》、《觀無量壽佛經》、《阿彌陀經》、《大勢至菩薩念佛圓通章》、《普賢菩薩行願品》、《往生論》。其中《無量壽經》、《觀無量壽佛經》、《阿彌陀經》所述乃淨土緣起。按無量與阿彌陀本為一義，在梵語念做阿彌陀，在漢語意為無量。彭紹升以為「不開念佛之門，孰識歸家之路」，又因「佛說淨土諸經，約有四五，語其該備，莫此為先。惜乎諸師疏解，未及闡揚」，故撰《無量壽經起信論》三卷。體例分為五部分：「一明教體，二明教相，三明歸趣，四別釋經文，五迴向極樂。」「總名起信論者，破空有之邪執，明圓頓之正宗，廓諸師未被之機，救龍舒妄刪之失，庶幾開佛知見，示佛知見，悟佛知見，入佛知見，廣引群生，同歸極樂云爾。」其中「一明教體」，又分四義：「一、自他不二義；二、性相不二義；三、因果不二義；四、生佛不二義。」「二明教相」，則開四門：「一信門、二願門、三念門、四行門。」「三明歸趣」，分言「無信信」、「無願願」、「無念念」、「無行行」。「四別釋經文」，又開四分：「一釋題名、二釋序分、三釋正宗、四釋流通分。」「五迴向極樂」，則繫以七言偈。書前有乾隆四十年羅有高序，後有乾隆三十九年汪縉序。觀其全書，始終著意於淨土念佛法門，逐章發明經文則用力最深。汪縉云：「是能旋轉萬流，歸於淨土者乎！」斯言允矣。

《觀無量壽佛經約論》 一卷（卍續藏第 33 冊）

《觀無量壽佛經》亦淨土五經之一。彭紹升為之解讀。其「釋此經時，略開四分：一題名、二敘分、三正宗分、四流通分。」淨土宗中，《無量壽經》誠乃教義根本，紹升嘗將《無量壽經》比作中本《華嚴》。其淨土宗思想在《無量壽經起信論》中敘述已備，故此僅詮釋經文，名為「約論」。天台宗以為此經為頓，彭紹升為之調和。書中云：「此經雖屬漸門，亦攝頓教。雖明權乘，尤尚圓修。如觀佛章既直指心宗，上品章又頻提大乘。是故聞者，或得無生法忍，或發無上道心，皆由此經功德不可思議，阿彌陀佛威神加被，亦不可思議。」又「諸經中，純談實相為頓，曲施方便為漸。漸即屬權，頓乃名實。然漸中有頓，權中有實，但了一心，更無餘法。天台所判，故有深指。」其見解確在普通信眾之上，無愧居士楷模。

《阿彌陀經約論》 一卷（卍續藏第 33 冊）

《阿彌陀經》亦淨土五經之一。彭紹陞於五經中最推重《無量壽經》、《觀無量壽佛經》、《阿彌陀經》，故為此三經詳做論釋。紹升自云：「釋此經時，略開四分：一明經中要領，二明往生利益，三別申問答，四說偈迴向。」紹升論《阿彌陀經》：「是經以一心為宗，以持名為行，以信願為導，以不退為程，以阿耨多羅三藐三菩提為究竟。」此正是經文要領，足見紹升深得其中三昧矣。

《一乘決疑論》 一卷（卍續藏第 104 冊）

彭紹升自云：「予初習儒書，執泥文字，效昌黎韓氏語，妄著論排佛。然實未知佛之為佛，果何如者也。」按紹升年少時懷濟世之志，後受友人指引，聆聽法音，終歸佛門。其學術頗具根底，尤善訓詁，故稱「執泥文字」。紹升嘗用陸象山、程明道等性理之說證以佛語，自以為往往相合，僅僅世出世間表述不同，故論世間道理無非一乘。又「以易係無方中庸無倚之旨，遊於華嚴藏海，世出世間，圓融無礙。始知此土聖人多是大權菩薩。方便示現，乃以名字不同」。是書，旨以通儒釋之閫，不離紹升一貫宗旨。採二程、張子、朱子、陸子等人之說，比之於佛理。或以佛明諸子之論，或駁諸子斥佛之言，雖有所得，然亦有牽強之處。此論末尾有紹升自題：「此論作於重光赤奮若之冬，閱今十一年矣。初脫稿時，汪子大紳評為決定說。又謂『不獨佛氏之圓宗，亦儒門之了義』。而刪去戒殺生一節及論老莊一節，其意在和同三教，不欲有所軒輊於其間。又刪去末後兩節：一則謂法法無根，才費分疏，已成死句；一則謂心言直故，無諸委曲，直收直放，一往快然。」落款「乾隆五十六年九月晦際清題」。故此論初創於乾隆四十五年，卍續藏所收乃紹升乾隆五十六年定稿也。卷終有《題一乘決疑論後》七言詩偈一首，未署名。其中有「小子復何知，屢次蒙開論」，恐為紹升學生學友而作。

《華嚴念佛三昧論》 一卷（卍續藏第 104 冊）

淨土宗以念佛法門為要，認為借念佛之力可證三昧，往生淨土。《華嚴經》，乃諸宗皆奉之大乘要典，介紹佛教世界觀最為詳細，享譽「經中之王」。彭紹升云：「念佛法門，諸經廣贊。約其總貫，略有二塗：一普念、一專念。如《觀佛相海經》、《佛不思議境界經》等，但明普念；《藥師琉璃光如來經》、《阿閦佛經》、《無量壽經》等，特明專念。今此《華嚴》，一多相入，主伴交融，即自即他，亦專亦普。」紹升斯論，標明五義：「一念佛法身：直指

眾生自性門。二念佛功德：出生諸佛報化門。三念佛名字：成就最勝方便門。四念毗盧遮那佛：頓入華嚴法界門。五念極樂世界阿彌陀佛：圓滿普賢大願門。」俗人念佛大多只知持珠念「阿彌陀」，紹升依《華嚴》作論大明念佛真義，以調釋禪淨之諍，可謂有至偉之功於蓮宗耳。卷前有甲辰三月王文治敘，大抵闡發其禪淨並修之道，並質之紹升以求教。末尾有紹升乾隆五十六年六月題記，稱是論作於乾隆四十八年冬十二月，汪大紳評之為「淨土正因、華嚴正信」、「五念一念、一念無念」。楊仁山《書〈華嚴念佛三昧論〉後》云：「彭二林居士撰《華嚴念佛三昧論》，以五門分疏，可謂盡善盡美矣。唯後之問答第四章內，謂方山吃緊提倡，在十住初心，即成正覺，若依自力，積劫薰修，程途尚遠。此語與華嚴圓頓門似覺有礙。何則？方山宗旨，唯是一時一處法門，不立日劫遠近之見。二林見地圓明，當不至以時量為實法，想是偶失檢點耳。」〔註 151〕

《重訂省菴法師語錄》二卷（卍續藏第 109 冊）

省菴法師生於康熙二十四年八月初八日，卒於雍正十二年，春秋四十九，僧臘二十五。「諱實賢，字思齊，一號省庵。常熟時氏子，世業儒。師生即不茹葷，總角時有出塵志。父既早殞。母張氏知其夙具善根，命為釋氏子，七歲禮清涼庵僧容選為師。」省菴法師修淨土宗，「著淨土詩一百八首，注西方發願文，續往生傳，東海若解，舍利涅槃諸懺」。法師遺稿，向有流通。此為彭紹升重訂本，分上下二卷。上卷收錄法師所作文、偈、銘、說、辯、讚、敘、書、規約等，下卷所錄乃詩、偈、頌等。末附省菴法師傳，乃西庵律然和尚述於乾隆十年也。上卷首有紹升乾隆五十一年元日所作之敘，言其發願重訂《語錄》之緣。又有同治十二年三月種瓜道人悟慧之敘、同治十二年秋張悟基敘、同治十一年臘月陳悟候敘。下卷末有道光十九年貝墉跋。可見省菴法師，於淨土學人中影響之大。

《重訂西方公據》二卷（卍續藏第 109 冊）

《西方公據》乃乾隆初年吳門信眾發願自輯，為在家信徒指點津梁之書。「公據」一名，蓋本蘇軾：「東坡南行，以阿彌陀佛畫像自隨，曰：此軾往生公據也。」乾隆五十七年，欲重刊，故託彭紹升校其得失。紹升見其書「所繪

〔註 151〕〔清〕楊仁山：《楊仁山集》，見收於黃夏年主編《近現代著名佛教學者文集》，北京：中國社會科學出版社，1995 年，第 79 頁。

諸圖，誘掖之意頗勤；而於古德遺文，信手攗拾，都無倫次。其詞句亦間有謬誤，不可不正也」。故「芟煩補闕，釐為七門，由淺既深，背小向大，庶乎淨土之指南矣」。此書上卷分為五部分：一起教大綱、二淨業正因、三淨課儀式、四西方境觀、五往生功行。下卷分為蓮宗開示、往生現果，蓋輯錄他人之言、之事也。上卷首有紹升乾隆五十七年自敘。下卷往生現果中，將紹升亡妻費孺人事綴錄於尾。

《念佛警策》二卷（卍續藏第 109 冊）

彭紹升纂輯是書，以明念佛之要。全書輯經、論二藏和高僧、居士之文集、語錄、詩偈中有關念佛之論為一編。最後有《示禪者念佛》一首，云：「一句彌陀，頭則公案。無別商量，直下便判。如大火聚，觸之則燒。如太阿劍，攖之則爛。八萬四千法藏，六字全收。千七百則葛藤，一刀斬斷。任佛他不喜聞，我自心心憶念。請君不必多言，只要一心不亂。」其用意大概可揣測而知也。

《淨土聖賢錄》九卷（卍續藏第 135 冊）

此書所錄乃淨土宗源流。目次分為淨土教主第一、闡教聖眾第二、往生比丘第三、往生比丘尼第四、往生人王第五、往生王臣第六、往生居士第七、往生雜流第八、往生女人第九、往生物類第十。彭紹升推崇阿彌陀佛為淨土宗教主，而以觀世音菩薩、大勢至菩薩、普賢菩薩、文殊師利菩薩、祈婆迦尊者、馬鳴尊者、龍樹尊者、天親論師、覺明妙行菩薩為闡教聖眾。教主與聖眾同錄於第一卷。自第二卷始訖於第六卷，皆錄往生比丘和往生比丘尼。其中，所錄往生比丘者，始自東晉慧遠、終於清代僧人佛安，凡三百餘人；所錄往生比丘尼者，始自劉宋慧木、終於清代朝音，凡十一人。第七卷錄往生人王與往生人臣。往生人王者，僅烏萇國王一人而已。往生人臣者，凡三十三人，其中不乏文彥博、袁宏道之輩。第八卷錄往生居士，自迦維羅衛國差摩竭至清代王恭，凡七十人。第九卷錄往生雜流、往生女人及往生物類。往生雜流者，自張鍾馗至梁維周，凡十七人，皆荒誕不經之人皈依淨土得以往生者也。往生女人者，自舍衛國王頻婆娑羅夫人韋提希至清朱穎符妻余氏，凡七十九人。往生物類者，錄鸚鵡、鴝鵒、白鸚鵡三者，皆禽獸歸心而得往生者也。書中事例大抵採自僧傳、佛祖統紀諸書，紀錄之尾皆標明出處。紹升為文長於敘事，故是書敘事有法，長短精當，堪為佳作。第一卷前有乾隆

四十八年孟春紹升自敘，講述發心源起諸事。又有全書凡例，末尾云：「右
鄙見數條，當是錄草創之始，即口授希涑。每一篇成，輒為隨手勘定，全帙
既具，大旨無乖，復筆之簡端以告來者。」又有彭希涑所作《淨土聖賢錄偈》。
按彭希涑乃紹升之姪，字樂園，號蘭臺，元和廩生，亦是淨土宗居士。紹升
欲作此書時，甫發其凡，希涑便欣然任之。故是書之成，蓋彭氏叔姪二人之
力也。

　　《居士傳》五十六卷（卍續藏第 149 冊）

　　彭紹升以為自古傳記僧尼之書甚多，而在家信眾能傳者則少。故是書收
錄古今居士，凡三百餘人。始自漢牟融，訖於清知歸子。按，知歸子，彭紹升
自號也。其中有顯名者如劉彥和、昭明太子、傅大士、龐居士、顏清臣、王摩
詰、白樂天、蘇子瞻、晁無咎、袁了凡、李卓吾諸賢，亦有名跡不顯者。紹升
一概論為居士，恐有失於牽強。前有汪縉敘，云：「知歸子現居士身說法，著
《居士傳》。」故紹升作書之旨在於弘法傳教，自度度人。書前發凡云：「是書
始事於庚寅之夏，削稿於乙未之秋。中間辨味淄澠，商量去取，則吳縣汪子
大紳之助為多。瑞金羅子台山往來，過蘇每相切磋，訂其離合。最後書成，婺
源王子顧庭諷誦一周，讚歎歡喜，捐金付刻。」蓋是書成於乾隆四十年秋，集
汪大紳、羅有高諸君之力。紹升為居士作傳，皆錄其與佛法相關之事，有長
有短。長者自為一卷，短者數人合為一卷。每卷之末，或有「知歸子曰」、「汪
大紳云」，蓋紹升與汪大紳評語也。此乃仿太史公之例。書後乾隆四十八年王
廷言跋曰：「採其言行，比以史法。……真法門班馬也。」信非空言。楊仁山
《書〈居士傳〉汪大紳評語後》：「《居士傳》內汪大紳評語，直截痛快，實具
宗匠手眼。但其中每引程朱為契合，似覺不類。度其意無非欲引理學家究明
心宗耳。然理學家既程朱，決不信有此事。是汪君援引之意，不能令儒者生
信，反令儒者易視禪宗，以為不出程朱心學矣。甚哉！立言之不可不慎也，
予願他日重刻此傳，將評語內與儒家牽合者節去，未始非護法之一端也。」
〔註152〕按汪縉與彭紹升思想大致相同，皆深明理學而欲調和儒釋者，楊仁山
以成見衡之，恐有失。卷五十六《知歸子傳》，為彭紹升自傳，簡要自述生平。
傳後有羅台山讚語，大抵述二人相交。又有紹升所作《題居士傳偈》，刻於目
錄之前。現有張培鋒先生點校本由中華書局出版。

〔註152〕《楊仁山集》，第 122 頁。

《善女人傳》二卷（卍續藏第 150 冊）

是書收錄一百三十餘人，或為皇后嬪妃，或為凡夫妻女。彭紹升自云：「予既集《居士傳》，已而為二女子授諸大乘經。因續採古今諸善女人得入法流者，凡百三十許人，合為傳。授二女子，俾傳而習之。」蓋其為女兒所設，令其傳習者也。書中所錄諸善女人，皆為古來婦女篤信三寶且傳有嘉譽者也。紹升文字尚質，故發凡中云：「諸書所載感應事蹟，每經引用，遞有增加，寖失其本。今一以原書為據，但削其繁文，易其俚句，俾毋傷體要而止。若乃文過其質，以偽亂真，蹈稗官小說之習，吾所不敢。」又云：「傳中所採，如《冥祥記》、《報應記》、《淨土節要》諸書，俱未見完本，雜出於《太平廣記》、《琅環記》中，今悉標原書之名，識所自也。其他可以類推。」蓋書中所記，皆有本源，非紹升自己虛言妄語。

第二章 圓融無礙一乘道——
彭紹升佛學思想

第一節 彭紹升信佛原因與佛學淵源

一、信佛原因考論

彭紹升出身世家，家門理學背景深厚。彭紹升本人早年亦懷有濟世之志，少年及第，可謂意氣風發。彭紹升學問精通，在訓詁章句方面也頗有造詣，與盧文弨、戴震、袁枚等一時達人均有書信交流。張舜徽先生言：「紹升會試時，出盧文弨之門，又獲交戴震，往復論學，故其一生，雖不沉潛於考證，而亦博習經傳子史。」〔註1〕但是其並沒有追趕當時風尚，走樸學之路，二十餘歲皈信釋教。個中原因不可不明辨也。

（一）乾隆時期政治環境

眾所周知，由於君主專制體制的高度發達，以及少數族統治多數族的原因，清代思想和學術控制十分嚴酷。自康熙到乾隆三朝，統治階層雖有一定的學術功績，如編修《康熙字典》、纂修《古今圖書集成》、《四庫全書》等。然女真居九五之位，以異族臨天下之心理長存，女真皇室十分擔憂漢人反抗，故加緊思想控制。如此則以文字造罪者，幾近無數；因言論毀家者，恐有萬千。又鑒於明人空談而誤國，自明末清初諸老已試圖扭轉學風。因此，學界

〔註1〕《清人文集別錄》，第 222 頁。

士人不敢亦不喜於高談闊論，轉而鑽入故紙堆，潛心訓詁考據之學，終有乾嘉樸學之盛。

彭紹升年少聰穎，「年十六為諸生，明年舉於鄉，又明年捷南宮，以名進士終於家」〔註2〕。其早年舉業順暢，本不信佛，「好世間文字，志存利濟」〔註3〕。可知其內心必有一番大抱負。彭紹升自述生平時，亦云：

> 知歸子年未冠，用儒言取科第。既益治古經注疏及世間文字，窮晝夜不自休。嘗慕古抗直士如洛陽賈生之為人也。思欲考鏡得失之故，陳治安之書，赫然著功名於當世。〔註4〕

其志在於報國家之恩，成抗直之人。此亦儒門之傳統，即張子所謂：「為天地立心，為生民立命，為往聖繼絕學，為萬世開太平。」〔註5〕又彭紹升曾以東林黨人為榜樣，以「二林居士」自號，即因「慕梁谿高忠憲公之為人已而無所試，有出塵之思，復慕廬山劉遺民之為人也。兩先生往來修學地同名東林，知歸子因題其居曰二林」。〔註6〕可見其節操標榜之趣。然乾隆朝文網嚴酷，清代最烈；斯志雖壯，卻非其時。其四十五歲時做《蓼語示諸兄子》則云：「予年二十餘，早有兼善之懷。於天下事蓋嘗一一復之胸中，思得一當以既厥志。已而閱歷仕途，稍知進退。自度量淺而才疏，終不能適用於世。」〔註7〕是言轉移學問焦點於內心德性，鮮言天下之事。

清朝皇室自認異族，於政治上有遏止漢人勢力之謀。故清制但凡要職，均為滿漢並立之復職制，往往漢人居次。此唯恐漢官勢力坐大，滿人勢單不可收拾。如是政體，官場之上能保無虞已是大幸，若求馳騁發奮則難矣。至於漢人子孫相襲、綿延永年，則近於癡妄之想。彭紹升之父啟豐，位居高官，生平無大過，得以善終，朝中政治必為熟稔。彭紹升少年進士，卻未能參加殿試奪元，其中應有彭啟豐之謀也。

「本朝同胞兄弟同登進士者：乾隆二十二年丁丑科長洲彭紹觀、彭紹升。」〔註8〕是為彭門一大幸事，世人多所羨慕。然彭紹升忽以目疾告罷，放棄殿

〔註2〕《淨土聖賢錄續編》卷二，第415頁上。
〔註3〕《淨土聖賢錄續編》卷二，第415頁上。
〔註4〕《居士傳》卷五十六，第1009頁下。
〔註5〕〔宋〕張載：《張載集》，北京：中華書局，1978年，第376頁。
〔註6〕《二林居集》卷三《二林居說》。
〔註7〕《二林居集》卷三《蓼語示諸兄子》。
〔註8〕《履園叢話》，下冊，第353頁。

試。考之彭紹升之目疾，非在殿試之時所染。《國朝宋學淵源記》載：「八齡，躓於戶闑，損一目。」〔註9〕至科舉之日，已逾十年耳。奈何偏在此時抱病而歸？蓋彭啟豐深諳「滿招損」之理，「懷盛滿之懼，故紹觀入翰林而紹升以疾歸。」〔註10〕彭紹升不與殿試之後，賦詩一首：

> 桂樹鬱奇懷，能寒差自喜。殷勤謝東風，風吹不結子。〔註11〕

按，桂樹，《爾雅注》：「桂樹葉似枇杷而大白華，華而不著子，叢生巖嶺，枝葉冬夏常青，間無雜木。」〔註12〕《楚辭補注》：「茝蘭桂樹鬱彌路只。注：言所行之道皆羅桂樹、茝蘭、香草，鬱鬱然滿路，動履芳潔，德義備也。」〔註13〕《事類賦注》：「古詩曰：桂樹秋不實〔註14〕，黃雀巢其顛。」〔註15〕東風，《毛詩箋》：「東風，生長之風也。」〔註16〕可見彭紹升此詩實言自己身負才華、品行高潔，本可借生長萬物之東風而有所作為，然惜是桂樹「華而不實」，不能「結子」。此時蓋有牢騷充溢其胸也。

彭紹陞於此種特定政治局勢下，不得不逐漸放棄少年意氣，順應時代。然而，其與一時顯儒皆有往來，又博覽經史，何以不順從風氣而治考據學問？蓋因家學背景，早已播下「尊德性」之種。是故彭紹升轉而探求內心性理之學。

（二）理學與佛教內在淵源

理學與佛教，內在淵源頗深。自北宋周敦頤起，理學與佛教便不可分割。濂溪名篇《愛蓮說》，雖以標榜氣節為旨歸，實則取題於佛教。蓮花，乃佛教之聖物。《長阿含經》：「猶如蓮華，水所不著，世尊無染，至大善見。」〔註17〕《七佛經》：「亦如紅蓮華，塵垢不能染。」〔註18〕《佛本行集經》：「不生染

〔註9〕《國朝漢學師承記》，第 187 頁。
〔註10〕《民國吳縣志》，第 2 冊，第 157 頁下。
〔註11〕《觀河集》，第 3 頁。
〔註12〕〔晉〕郭璞，〔宋〕邢昺：《爾雅注疏》，《十三經注疏》，下冊，第 2636 頁下欄。
〔註13〕〔宋〕洪興祖：《楚辭補注》，北京：中華書局，1983 年，第 224 頁。
〔註14〕注：《冊府元龜》卷八百九十四引作「桂樹華不實」。
〔註15〕〔宋〕吳淑：《事類賦注》，北京：中華書局，1989 年，第 406 頁。
〔註16〕〔漢〕鄭玄，〔唐〕孔穎達：《毛詩注疏》，《十三經注疏》，上冊，第 459 頁中欄。
〔註17〕〔姚秦〕佛陀耶舍譯：《長阿含經》卷一，大正藏，第 1 冊，第 10 頁中欄。
〔註18〕〔宋〕法天譯：《七佛經》，大正藏，第 1 冊，第 154 頁上欄。

著，猶如蓮華處於濁水。」〔註19〕此等皆與《愛蓮說》旨趣相近。又《妙法蓮華經・法師品》：「是法華經藏，深固幽遠，無人能到。」〔註20〕按：法華，即妙法蓮花簡稱。此以蓮花比喻佛教最上經典。其「深固幽遠」極類「香遠益清」、「可遠觀而不可褻玩」〔註21〕之境界。而其遊覽大林寺、經古寺等處，也都有詩歌傳世。其《題大顛壁》一首：

> 退之自謂如夫子，原道深排佛老非。不識大顛何似者，數書珍
> 重更留衣。〔註22〕

按，韓愈以儒者自居，深排佛老，實乃不明佛理，至其貶官潮州時，深深服膺大顛和尚，甚至傳聞其頻繁禮敬和尚。此詩明示濂溪對崇儒而抑釋之人不甚滿意，故其能吸收釋老思想，成一代思想之宗。

朱子雖然排佛，然其於佛教教義與軌儀吸收不少。此前人論述頗備，故不再贅言。而心性之學發展至明，王陽明龍場悟道，一家獨大。王氏之學實出於禪宗。王氏為反動程朱道學末流，必採取與其相反之立場。程朱排佛，故王氏從禪宗教義中抽取精神，以對抗道學。後來李贄諸人皆是如此，檢尋思想武器於禪宗以反對程朱之道。由是可知，佛教與性理之學，無論排斥還是吸收，二者皆有著天然之聯繫。

彭紹升家族以理學名世。彭紹升曾祖彭定求：

> 康熙二十五年一甲一名進士，授翰林院修撰。歷官國子監司業、翰林院侍講，充日講起居注官。前後在翰林才四年，即歸里不復出。作高望吟七章，以慕七賢。七賢者，白沙、陽明、東廓、念庵、梁溪、念臺、漳浦也。又著《陽明釋毀錄》、《儒門法語》、《南畇文集》。嘗與門人林雲龍書云：「有原進於足下者有二：一曰無遽求高遠而略庸近。子臣弟友，君子之道。至聖以有餘不足為斤斤，孟子以堯、舜之道孝悌而已。然則捨倫常日用事親從兄之事不為，而鉤深索隱，以為聖人之道有出於人心同然之外者，必且流於異端堅僻之行矣。一曰無妄生門戶異同之見，騰口說而遺踐履。朱子之會於鵝湖也，傾倒於陸子義利之說，此陽明拔本塞源之論，致良知之指，一脈相

〔註19〕〔隋〕闍那掘多譯：《佛本行集經》卷五十二，大正藏，第 3 冊，第 892 頁下欄。

〔註20〕〔姚秦〕鳩摩羅什譯：《妙法蓮華經》卷四，大正藏，第 9 冊，第 31 頁下欄。

〔註21〕〔宋〕周敦頤：《周敦頤集》，北京：中華書局，1990 年，第 53 頁。

〔註22〕《周敦頤集》，第 67 頁。

承。其因時救弊，乃不得已之苦衷，非角人我之見。僕詠遺經，蕩滌瑕滓，因有儒門法語。足下有志聖賢，當以念臺《子人譜》、《證人會》二書入門，且無嘵嘵於紫陽、姚江之辨也。」〔註23〕

彭定求父彭瓏，「初以文學名，晚而篤信程朱。講學鄉閭，興起者眾。」〔註24〕更是「授以梁溪高氏之學，又嘗師事湯斌」，可謂儒風久披。

彭紹升，「成童之歲，侍府君於家。府君親授以朱子《近思錄》，為講說其文。」〔註25〕彭紹升既受家族理學之風，故於舉業成就之後發憤治學。《二林居制義第三敘》：「年二十四始發憤讀宋明諸老書，因以上窺孔曾思孟之恉。」〔註26〕故《清史稿・儒林傳》稱：「頗傳家學。」〔註27〕彭紹升論學立場，在王陽明一邊。其所作《論語集注疑》諸篇，皆疑朱子而發。蓋「深於陸王之學，故於朱子不能無疑」〔註28〕。

理學所探討之宇宙、人生、本體等終極問題，宋明諸老詳述殆盡，清代學者實承續舊說，難再有所發揮。因佛教與理學淵源之深厚，故彭紹升能秉承家學而入於佛教。況其家族亦有學佛之風。如彭瓏，初「好佛，又喜言道家言；至六十餘，得梁溪高顧二家書讀之，始潛心儒術，一以主敬律身」〔註29〕。彭啟豐晚年亦篤信佛教，嘗持《金剛經》。此等皆為彭紹升由儒入佛提供了思想基礎。故《清史稿》於《彭紹升傳》末喟歎：「此後江南理學微矣。」〔註30〕

（三）清代蘇州佛教的流行

清代佛教本不為禁，蘇州地區佛教尤其盛行。「民國 13 年（1924 年）統計，吳縣有寺廟庵觀 370 座。」〔註31〕而塔幢、碑刻、造像等遺址亦不少。

乾隆年間《長洲縣志》所載當時僅長洲僧坊就有近六十所：南禪寺、集雲寺、大雲寺、天王寺、大林庵、正覺寺、通元寺、報恩講寺、祥符寺、普門

〔註23〕《清史稿》，第 43 冊，第 13115 頁。
〔註24〕《二林居集》卷十八《先考彭府君事狀》。
〔註25〕《二林居集》卷十八《先考彭府君事狀》。
〔註26〕《二林居集》卷五《二林居制義第三敘》。
〔註27〕《清史稿》，第 43 冊，第 13116 頁
〔註28〕《國朝漢學師承記》，第 189 頁。
〔註29〕《國朝漢學師承記》，第 172 頁。
〔註30〕《清史稿》，第 43 冊，第 13116 頁
〔註31〕詹一先：《吳縣志》，《江蘇省地方志》，上海古籍出版社，1994 年，第 981 頁。

禪寺、普薰庵、寶光講寺、禪興寺、妙嚴尼寺、永定講寺、廣生庵、寶積教寺、大弘寺、歸源寺、覺林教寺、甑山教寺、尊相禪寺、澄照教寺、靈澱教寺、蓮花教寺、興國教寺、迎湖教寺、白蓮教寺、正覺庵、慈泰寺、慈孝庵、永福庵、臻福庵、福壽庵、藥草庵、正信庵、幻在庵、圓明庵、得成庵、普光庵、廣濟庵、善慶庵、廣慧庵、陸香庵、慶慈庵、真如庵、奉光庵、觀音庵、妙智庵、濮陀庵、崇福庵、覺池庵、菩提庵、積善庵、同葉庵、蓮花庵、無量壽院等。

又《元和唯亭志》云：

> 吳中佞佛，自吳赤烏時孫權母夫人始。殆梁天監中，崇信尤甚。

琳宇梵宮，遍處相望，名區之勝，半為二氏占矣。〔註32〕

此足見當時佛教在蘇州一帶之盛況。

在民間，佛教與民間信仰緊密結合，依附傳播，其流傳範圍所能及者甚廣。漸而信佛成當地之俗，「因士類顯名於歷代，而人尚文；因僧徒倡法於群山，而人尚佛。」〔註33〕蓋信佛已然成蘇州民俗之一大特色。

彭紹升世居蘇州，必不能免於鄉俗。至於其所結交，最要好者咸為佛教信徒。汪縉，「見寒山、拾得詩，喜其從性海流出，因是為學務通儒釋。」〔註34〕彭紹升稱其「論儒佛，一彼一此，忽予忽奪」，又稱「先生落落寡合，往來最密者，尺木居士一人而已。」〔註35〕故彭、汪二人相交最深，能同出入儒釋。羅有高，「為性命之學，兼參竺乘」〔註36〕。後出彭啟豐門下，與紹升交好，「屢至吳門，主其家，同修淨業，閉關七旬，讀《首楞嚴》，參究上乘。嘗言東西二聖人權實互用，門庭迥別。」〔註37〕汪縉、羅有高，雖為彭紹升同修摯友，而非引領彭紹升入佛門之人。惟薛起鳳最早對彭紹升介紹佛教。《薛家三述》：

> 予初未識佛法，家三數與予言佛。予笑曰：「吾與子遊方之內者也，安事佛？」家三曰：「子欲自外於佛，而不知佛之無外也。子且

〔註32〕〔清〕沈藻采：《元和唯亭志》，北京：方志出版社，2001 年，第 57 頁。

〔註33〕胡樸安：《中華全國風俗志》，上海：科學技術文獻出版社，2008 年，上冊，第 61 頁。

〔註34〕佚名：《清史列傳》，北京：中華書局，1987 年，第 18 冊，第 5924 頁。

〔註35〕《國朝漢學師承記》，第 186 頁。

〔註36〕《清史列傳》，第 18 冊，第 5924 頁。

〔註37〕《國朝漢學師承記》，第 184 頁。

以何為內哉？」予瞿然有省，則問曰：「輪迴之說信乎？」家三曰：「日月之行，嬗乎晝夜矣。寒暑之運，代乎春秋矣。其昭然於天地之間者，未嘗或息也。奈何疑人心之有息乎？」予撫几而歎，悔聞之之晚也。予之向佛，蓋自此始矣。〔註 38〕

　　清代蘇州一帶佛教旺盛，與民間風俗難分難解。故世人多有信佛者，蓋一時潮流也。而彭紹升世居其間，自不能避免。而所交往至深者，皆為佛教中人。言談往來，相互感染，於是彭紹升能從儒入佛也。

（四）地獄信仰的熟落

　　地獄，本非震旦所有，蓋與佛教同從西域傳入。地獄，梵語作 Naraka 或 Niraya 等，譯為不樂，可厭，苦具，苦器，無有等。因依處地下，故謂之地獄。地獄乃十惡果報。《長阿含經》云：「殺生、盜竊、邪婬、兩舌、惡口、妄言、綺語、貪取、嫉妒、邪見者，身壞命終，皆入地獄。」〔註 39〕

　　隨佛教在中國境內流傳日久、遍布愈廣，佛教種種思想亦隨之播散。自魏晉以來，志怪小說多敘述地獄報應的故事。由於志怪故事更易於傳播，故地獄說最為深入人心。不論是否是信仰佛教之人，總會瞭解有關地獄惡報之事。此亦與中國傳統固有報應思想相關。《周易》：「積善之家必有餘慶，既不善之家必有餘殃。」〔註 40〕《老子》：「天道無親，常與善人。」〔註 41〕故地獄報應之思想來自天竺，而獎善罰惡之思想根源中國，二者相合則傳播迅速，受眾豐富。

　　地獄與中國本土儒道思想結合，便衍生一種獨特民間信仰——地獄信仰。此信仰雖依託佛教，卻與佛教差異甚大。敦煌寫卷《佛說十王經》乃為亡佚已久的偽經。其間所述即為中國本土思想中地獄景象。P.287《佛說十王經》記述有秦廣王、初江王、宋帝王、五官王、閻羅王、卞城王、太山王、平等王、都市王、五道轉輪王。墮落地獄之人須依次通過此地獄十王，並接受相應苦刑與拷問。而俗世所有在人滅後做七齋、百齋等法事之習俗，實以求亡者免受此地獄業報為目的。

　　因有如此構建的地獄，故教化世人行善積德就方便許多了。自唐代以後，

〔註 38〕《二林居集》卷二十二《薛家三述》。
〔註 39〕《長阿含經》卷七，第 43 頁上欄。
〔註 40〕〔宋〕朱熹：《周易本義》，北京：中華書局，2009 年，第 47 頁。
〔註 41〕樓宇烈：《老子道德經注校釋》，北京：中華書局，2008 年，第 188 頁。

無論佛僧俗講、道士教人，抑或世人之間相互勸誡，悉可以地獄為警。唐傳奇以「遊冥」為題材的故事甚多，敦煌寫卷亦有《唐太宗入冥記》《大目干連冥間救母》等此類文字。宋代岳飛忠義故事中，也頗多描寫秦檜等於地獄受苦之景象。

地獄思想在民間不斷發展完善。時至明代，地獄信仰逐漸成熟，《玉曆寶鈔》一書逐漸流行。一般認為此書最早成書於宋代，見收於《藏外道書》，專寫地獄之事，在民間產生了很大的影響，至今仍然不絕。是書圖文並茂，其中圖畫有觀世音菩薩、地藏菩薩、黑白無常、牛頭馬面、城隍、土地、日夜巡遊以及十殿閻王等佛神鬼吏。其中地獄體系相當完備，一殿地獄之下仍設若干小地獄。其十殿順序與《佛說十王經》大體相似而略有不同：一殿秦廣王，二殿楚江王，三殿宋帝王，四殿五官王，五殿閻羅天子，六殿卞城王，七殿泰山王，八殿都市王，九殿平等王，十殿轉輪王。尤其閻羅天子，「原居第一殿，因憐屈死，屢放還陽伸雪，降調司掌大海之底東北沃燋石下，叫喚大地獄，並十六誅心小地獄。」〔註42〕此誠見其構想之趣味。

清承明代，地獄信仰依舊興盛。無論蒲松齡《聊齋誌異》中「席方平」等等地獄故事，還是《閱微草堂筆記》中所記載地獄果報諸條，皆為地獄信仰在俗世百姓中之體現。世人皆知地獄之苦，唯恐亡後墮落地獄，故多尋求宗教之庇護。此即體現於極其興盛的超度亡人之法事，亦體現於皈信宗教的行為。因此，出於遠離地獄之功利心理而入佛教之人甚多。民間多認為，死亡之後所往無非二處，與地獄相對即為淨土。因是淨土宗之興盛亦與地獄信仰成熟相關。地獄愈恐怖，則淨土愈興旺。

彭紹升身處當時，雖非下層寡知百姓，然亦不能免受地獄思想影響。故其轉信佛教，應有與大眾相同之心理。其所歸依的淨土宗，正是以求生淨土來對治地獄。只是彭紹升見聞淵博，非徒以求庇護之心而信仰，實乃漸明佛教教義，誠心皈依。

地獄信仰成熟，世俗之人尋求庇護而投信宗教。然能解地獄之苦者，非僅佛教一門。彭紹升早年曾潛心修道。「或告以道家修煉術，習之三年不效。」〔註43〕按領彭紹升修煉道術之人應為趙耕非。趙耕非，一名公柱，號明陽子。

〔註42〕佚名：《玉曆至寶鈔》，光緒十六年刻本。
〔註43〕《一行居集》卷首《知歸子傳》。

《明陽子畫像敘》云：「明陽子與予交止四年。屢為予言長生之術。」〔註44〕

　　然彭紹升於道家長生之術心存疑惑。其云：「道果在長生乎？」〔註45〕而明陽子不以彭紹升之言為然，自信益堅，數要紹升結侶入山，云：「閉關十二年飛昇立可待也。」〔註46〕可惜明陽子之結局，仍未能跳出紅塵，年五十四而亡。故道教以神仙、長生化人，而人皆能辨其虛誕妄作。大抵中人之下，鮮有能長生不死者。俗人皆願長生，亦皆知不能長生。佛教以涅槃為大寂靜，不持長生、飛昇之論，所以認同之人愈多。特別是淨土宗講彌留之時十念彌陀，便得三聖接引，能往生彌陀淨土。雖言死不言長生，然更易為大眾所接受。

　　因此佛教將躲避地獄之苦的工夫做在生時行善、死後往生之上，而不是白日飛昇，就更加實際了。彭紹升早年修習三年道家長生之術而無傚之後，「讀佛書心開，以為道之所歸在是矣。聞西方有無量壽佛，放大光明，接引五濁眾生往生淨土，意怤然慕之，而日面西而拜焉。」〔註47〕

　　又淨土宗主張實修，不僅應精進念佛，更要持戒布施，廣積善行。這一點上與彭紹升最初兼懷天下、立志濟世的初衷有契合之處。故其終歸佛教，弘揚淨土。

　　總之，一個個體所採取的社會行為，必非單純一方面原因所能引起。考察其行為之產生，一定要將其置於整個社會並結合其自身內部原因來分析。總結上述五點，可以得知：彭紹升之所以走進佛教，是由於內外原因交互而成。在乾隆時期政治環境下，彭紹升同眾多士人一樣不可能順利地踐行其濟世之志向。又由於彭門家學中崇尚心性之學的風氣濃重，故彭紹升未能同主流士人一樣治訓詁考據之學。理學與佛教之間所存在的密切聯繫，為彭紹升由儒轉佛打下了思想基礎。而蘇州地區的佛教流行和俗世普遍存在的地獄信仰，又為彭紹升皈信佛教的行為提供了重要的社會環境。最後，彭紹升為探明己心時徘徊於佛道兩家，但由於相比之下佛教更勝於道教，彭紹升終於走進佛教。

二、佛學淵源考論

　　彭紹升之佛學，大抵繼承明末四大高僧：雲棲袾宏、紫柏真可、憨山德

〔註44〕《一行居集》卷三《明陽子畫像敘》。
〔註45〕《一行居集》卷三《明陽子畫像敘》。
〔註46〕《一行居集》卷三《明陽子畫像敘》。
〔註47〕《一行居集》卷首《知歸子傳》。

清和藕益智旭。潘桂明在其《中國居士佛教史》中說到：「在讀到真可《紫柏全書》後，彭紹升正式歸心佛法。後又廣覽袾宏、德清、智旭等高僧著作。」〔註48〕

雲棲袾宏，字佛慧，自號「蓮池」，即蓮池大師。俗姓沈，浙江杭州人。三十一歲投性天理和尚出家。既而於杭州昭慶寺受具足戒，學華嚴，參禪要，歷遊諸方，遍參知識。三十七歲回杭州，見雲棲山水幽寂，即結茅安居，日久漸成叢林。同門因尊稱他為雲棲大師。他住持雲棲寺四十餘年，施衣藥，救貧病；終身布素，修持禪、淨；披閱三藏，注釋經典；嚴持毗尼，制定規約；弘宗演教，修訂焰口、水陸和課誦等儀。著述編成《雲棲法彙》，其內容分釋經、輯古和手著。釋經有《戒疏發隱》和《彌陀疏鈔》等；輯古有《具戒便蒙》和《禪關策進》等；手著有《楞嚴經摸象記》和《竹窗隨筆》等共三十多種。他在《竹窗二筆》中有《儒佛交非》、《儒佛配合》條，前者主張儒佛不該互非；後者認為「儒主治世，佛主出世」，不宜分歧，亦不必合。主張佛教各宗並進，戒為基礎，彌陀淨土為歸宿。清守一《宗教律諸祖演派》排他為華嚴圭峰下第二十二世；但他提倡淨土最力，門人尊他為蓮宗第八祖。〔註49〕

雲棲袾宏，實承華嚴宗法脈，而潛心於淨土宗念佛法門。其主張各宗並進，禪淨合一。清雍正皇帝，自命「禪門宗匠」，亦十分推崇雲棲袾宏的《雲棲法彙》，以為淨土一門應極力表彰。雲棲袾宏諸宗並進之主張，蓋與華嚴宗教義相關。華嚴宗以為宇宙萬法、有為無為、色心緣起時，互相依持，相即相入，圓融無礙，如因陀羅網，重重無盡；並用四法界、六相、十玄等法門，來闡明無盡緣起的意義。華嚴宗講宇宙萬有事法，本有差異；而諸法又有平等的理性，即真如。因此，有差別的事法與平等的理性可以互相溶融無礙，而一切各有差別的事法，由於理性同一，故能一一稱性融通。這樣，諸法融通，相即自在，一即一切，一切即一，重重無盡。由於這種圓融無礙的學說背景，故云棲袾宏能力主並進各宗。

彭紹升於其所著《蓮池大師文錄敘》中云：

> 蓮池大師宗華嚴圓旨，闡西方之教。著《阿彌陀經疏鈔》十餘

〔註48〕《中國居士佛教史》，下冊，第815頁。

〔註49〕羅竹風等：《中國大百科全書‧宗教卷》，北京：中國大百科全書出版社，1988年，第557頁左。

萬言，博大精深，三根普攝，從上蓮宗說法要者，蓋未有先之者也。
其他應機說法，唯斯一乘，無二無三。讀其書可以慨然而發迴向心
矣。予年三十許閱大師文，即知以淨土為歸。〔註50〕

紫柏真可，字達觀，俗姓沈，吳江人。「十七歲到虎丘雲岩寺出家，閉
戶讀書。二十歲受具足戒後，廣研經教。對修寺、刻經，頗有業績。始自楞
嚴寺，終至雲居寺，復興梵剎計十五所。萬曆七年，他為流通大藏，謀易梵
為方冊。萬曆十七年，方冊藏始刻於五臺山，四年後，南遷至浙江徑山，其
門人如奇等主持其事，貯藏經版於化城寺。他提倡發願禮拜十方三世一切
佛法僧和西天東土歷代傳宗判教，並翻傳秘密章句諸祖菩薩等，對佛教採
取各宗並重的態度。後被閹黨構陷，萬曆三十一年卒於獄中。生平律身至
嚴，一衲無餘。著作有《紫柏尊者全集》三十卷和《紫柏尊者別集》四卷及
附錄一卷。」〔註51〕

紫柏真可不僅主持諸宗並重，更倡儒、釋、道三教一致。紫柏真可曾深
究相宗，又隨華嚴宗匠徧融、禪門老宿笑岩、暹理諸人參學問道，後往嵩山
少林寺常潤上堂處參悟公案。有如此經歷，故能造就諸宗並重之思想。

紫柏真可在世之時，曾與一名叫王宇泰之人論禪淨。彭紹升《一行居集》
內收有《評紫柏老人與王宇泰書》。王宇泰以為，「修禪不易，若只將心等悟，
縱任貪瞋，廢漸修之功，豈不兩成耽誤。」彭紹升評曰：

此緣不識參禪路頭，妄生異見。豈知果能息心參究，一句話頭，
如倚天長劍，佛魔具斬，有何貪瞋可縱？妄想坐斷，真積力久，本
明自發，又何用將心等悟耶？〔註52〕

紫柏老人復書中令王宇泰「自家討個分曉」，又論淨土，云：「見地不透徹，
淨土豈能親切。」彭紹升認為，此如腦後一鎚，對念佛人最為吃緊。但是，

在方便門中，未可概論。見地徹時，自他不隔，匪移跬步，遍
往十方。此在法身大士所證，上品諸輩，殆庶幾焉。至中品以降，
但使信願堅強，十念功成，俱登彼岸。〔註53〕

憨山德清，字澄印，俗姓蔡，安徽全椒人。「十九歲禮云谷出家，專心念

〔註50〕《一行居集》卷三《蓮池大師文錄敘》。
〔註51〕《中國大百科全書・宗教卷》，第522頁左。
〔註52〕《一行居集》卷二《評紫柏老人與王宇泰書》。
〔註53〕《一行居集》卷二《評紫柏老人與王宇泰書》。

佛,當年入冬受具足戒。明萬曆元年去五臺山,見憨山奇秀,遂取作別號;又到京東等地參訪。三年,於五臺山以麥麩、野菜充饑,精進修禪。十一年,於東海牢山(今山東青島嶗山)結廬隱居。德清行持重在參禪,恢復南華寺之功業尤大,後人尊他為曹溪的中興祖師。他精通內外學,不立門戶,主張各宗並進,禪淨雙修,儒、釋、道互相補充,認為『不知《春秋》,不能涉世,不精老、莊,不能忘世,不參禪,不能出世』。主要著作有《觀楞伽經記》、《華嚴經綱要》、《大乘起信論疏略》等經論注疏共一百二十一卷;外典注釋和詩文等著作合十九卷。入滅後,門人編輯《憨山老人夢遊集》四十卷(今流通本為五十五卷)。」〔註54〕

憨山德清,與雲棲袾宏、紫柏真可諸位名僧皆有交往。因曾探究法藏要義,故其思想融合禪與華嚴,倡導禪淨無別、三教歸一。曹溪自唐以後,禪法廣播,而祖庭逐漸衰落,時至明末荒廢已久。憨山德清重新經營,始復舊貌,故被譽為中興祖師。憨山德清教人坐禪,則云:

> 所云坐禪,而禪亦不屬坐。若以坐為禪,則行住四儀,又是何事?殊不知禪乃心之異名,若了心體寂滅,本自不動,又何行坐之可拘?苟不達自心,雖坐亦剩法耳。〔註55〕

他教人念佛,則云:

> 然佛者覺也,即眾生之佛性。以迷之而為眾生,悟之即名為佛。今所念之佛,即自性彌陀;所求淨土,即唯心極樂。諸人苟能念念不忘,心心彌陀出現,步步極樂家鄉,又何必遠企於十萬億國之外,別有淨土可歸耶?〔註56〕

教人禪淨兼修,則云:

> 參禪看話頭一路,最為明心切要。但近世下手者稀,一以根鈍又無古人死心,一以無真善知識決擇,多落邪見。是故獨於念佛參禪兼修之行,極為穩當法門。〔註57〕

彭紹升三十餘歲時,嘗讀《憨山老人夢遊集》。其所作《憨山大師文錄敘》云:

〔註54〕 《中國大百科全書・宗教卷》,第82頁左。
〔註55〕 〔明〕德清:《憨山老人夢遊集》卷十五,卍續藏,第127冊,第411頁下。
〔註56〕 《憨山老人夢遊集》卷二,第234頁下。
〔註57〕 《憨山老人夢遊集》卷五,第267頁下。

憨山大師宗說兼通，以弘法為己任。其所釋經，直指心原，絕
諸依傍。而《夢遊》一集，隨緣應感，波委瀾翻，浩無崖涘。要其
真實為人，不外參禪念佛而已。蓋大師早歲修西方淨觀，感三聖現
身。已而習靜五臺，發明本有。中年南徙，恢復曹溪，晚而結社廬
山，追遠公遺躅。智悲雙運，行解兩圓。……有志斯事者，得是編
而熟復之。或參禪，或念佛，一門深入可也，兩輪並進亦可也。誠
能發大菩提心，以文殊智，修普賢行，迴向西方極樂，一生取辦。
坐寶蓮華，登不退地，斯為不負大師赤心片片。其說法音聲熾然無
間，直至眾生成佛盡而未有窮矣。〔註 58〕

由此可見，彭紹升受憨山德清影響之深又推崇之至也。

蕅益智旭，俗姓鍾，自號「八不道人」，江蘇吳縣人。幼年崇儒而闢佛，
自十七歲讀雲棲袾宏，思想轉變，於二十四歲時出家。「他繼承真可、袾宏、
德清等學說和思想，主張儒佛一致。為了融合儒佛思想，他曾著《周易禪解》、
《四書蕅益解》。在佛教理論上提倡性相融合，實踐上主張禪、教、律三學
統一。宣稱禪是佛心，教是佛語，律是佛行，同歸一念。《阿彌陀經要解》
一書，是他晚年以天台宗解釋《阿彌陀經》體現淨土思想體系的著作，著重
提倡持名念佛，並以此經總攝佛教，又以信願行收攝此經宗旨。同時，在他
其他著作中又散見有禪、教、律歸入淨土的思想。後來臺家講教大多依據他
所釋的經論，因而形成了合教、觀、律歸入淨土的靈峰派，一直延續至今。
清代以來，淨土宗奉他為第九祖。著作分宗論與釋論兩類。前者即《靈峰宗
論》十卷；後者包括《阿彌陀經要解》、《楞伽經義疏》、《般若心經略解》、
《法華經會義》、《梵網經合注》等經、律、論、疏及其他共四十七種，一百
九十一卷。」〔註 59〕

蕅益智旭，廣閱經藏，綜學法相、禪、律、華嚴、天台、淨土諸宗，主張
三教歸一。於繼承延壽、梵琦、真可禪法之後，會歸天台教觀。他重視持戒實
修，融禪、律諸宗於淨土一門，大唱念佛。「其思想之總結為三學攝歸一念，
以念佛總攝釋迦一代時教。」〔註 60〕

〔註 58〕　《一行居集》卷三《憨山大師文錄敘》。
〔註 59〕　《中國大百科全書·宗教卷》，第 525 頁左。
〔註 60〕　星雲，慈怡等：《佛光大辭典》，北京：書目文獻出版社，據臺灣 1989 年第 5
　　　　　版影印，第 5019 頁。

　　以上明末四大高僧〔註61〕，彭紹升嘗為之作《四大師傳》，收於《一行居集》。其末評曰：

> 知歸子曰：予之究心佛乘也，自紫柏老人集始。其後讀雲棲書，遂傾心淨土；讀憨山、蕅益書，而西歸之願益堅。甚哉四大師之善牖我也。不然，予之束於名教也久矣。其遂能決町畦而窮域外之觀乎？既讀其著書，爰論次其行事，為之傳，俾後來者知所其效焉。〔註62〕

　　除受明末四大高僧影響之外，與彭紹升往來之當代僧人亦多諸宗並進之人。其中交往最密者如旅亭禪師、聞學禪師、昭月禪師諸人，皆一代大德名僧。

　　旅亭禪師，自天目山過蘇州時，嘗應彭紹升之邀住文星閣，「修念佛三昧」。旅亭禪師曾對彭紹升言道：「在西方庵二年，一切風聲水聲鳥聲蟲聲，悉皆作念佛聲。」〔註63〕彭紹升也與禪師一同臨池觀魚，他嘗對禪師說：「可知此魚但知經行，不解念佛。」禪師答曰：「居士聞否？」〔註64〕由此可見，彭紹升所主念佛、修禪並行，為旅亭所支持。

　　聞學禪師，即為彭紹升授菩薩戒之香山老人。聞學禪師提倡念佛，並作偈云：

> 念佛念自心，念體元空寂。當念了無依，心心無別佛。〔註65〕

　　此已顯露禪宗歸心之義，故能攝淨歸禪，即土即心。其嘗云：「君有淨土心，悟心方知土。」〔註66〕彭紹升從其學佛，應能承其思想。

　　昭月禪師，嘗依揚州高旻寺了凡聖和尚，「參不是心不是佛不是物是個什麼」〔註67〕。久不能入，一日放香之後，偶舉話頭，身心忽空，覺內外了無一物。大和尚令其坐香，昭月禪師反問坐甚麼香。至其年老，則日誦西方佛

〔註61〕注：梁啟超在《近三百年學術史》中認為蓮池、憨山、蕅益三人具有反動精神，他們覺得「調弄機鋒靠不住，自然回過頭來研究學理」，反對禪宗束書不觀之習，「回到隋唐人做佛學的途徑」。參看梁啟超《近三百年學術史》，收於《民國學術文化名著》，嶽麓書社，2010年，第10頁。

〔註62〕《一行居集》卷六《四大師傳》。

〔註63〕《一行居集》卷三《旅亭禪師語錄敘》。

〔註64〕《一行居集》卷三《旅亭禪師語錄敘》。

〔註65〕《重訂西方公據》卷二，卍續藏，第109冊，第692頁下。

〔註66〕《重訂西方公據》卷二，第692頁下。

〔註67〕《一行居集》卷六《揚州高旻寺昭月禪師傳》。

名，直至圓寂。昭月和尚與彭紹升過往甚密，嘗令其侍僧寄語彭紹升云：「彭居士弘揚淨土，普利三根，今正是時，勿更他求也。」〔註68〕彭紹升將他們之間的關係比作「龐老之參馬祖」〔註69〕，其中影響可見一斑。

　　另外，與彭紹升友人、同修之間，亦多主持兼修並行之輩。眾人在往復論學、頻繁交流的過程中互相影響，也促成了彭紹升諸宗融合、三教合一的佛學主張。

第二節　融匯諸宗歸淨土

　　彭紹升發願歸命淨土宗，故以實修篤行為要。其嘗與同學書云：「於此生歸於淨土，以南無阿彌陀佛六字作日用拄杖子。」〔註70〕又能勤修持戒，傳播佛法，探研佛理。

　　彭紹升閱經廣博，融匯諸宗。然究其要點終以釋禪淨之諍、消儒釋之閡為歸，而禪宗與淨土宗乃中國佛教中勢力最大之兩派。故於其佛學思想論述之首，簡要評議禪淨合一的可能性。

一、禪淨調和的可能性

　　禪宗和淨土作為中國最為流行的兩個佛教宗派，雖屬不同修行法門，但是差異之中既有相同之處，又有對於修行可互補之處。故二者之合一，有其理論與實踐上的可能性。

　　禪，即禪那，意譯為靜慮或思惟修，乃以禪定為要靜息念慮之修行法門。禪宗主唱不立文字，教外別傳，注重修心，通過參究來發明佛心。中國禪宗以天竺僧達摩為中土初祖，慧可為二祖，僧璨三祖，道信四祖，弘忍五祖。弘忍下有慧能、神秀二師。慧能在南方弘法，是為南宗；神秀講法北地，是為北宗。南宗以頓悟為要，北宗則提倡漸悟。世人以慧能為中土六祖，慧能之後禪宗大盛，派別眾多。曹溪慧能之下有許多高僧，尤其菏澤神會與北宗論辯，使北宗沒落而南宗獨尊，被奉為七祖。慧能下又有南嶽懷讓、青原行思兩系：南嶽傳馬祖道一，青原傳石頭希遷。馬祖之下則又有溈仰宗、臨濟宗；石頭之下則又有曹洞宗、雲門宗、法眼宗，是為五家。而臨濟後又分為黃龍、揚岐

〔註68〕《一行居集》卷六《揚州高旻寺昭月禪師傳》。
〔註69〕《一行居集》卷六《揚州高旻寺昭月禪師傳》。
〔註70〕《一行居集》卷四《與諸同學》。

兩派，是為「五家七宗」。

　　雖然禪宗與淨土採取不同的修行法門，然其目的卻有相合之處。以佛性為論，二者之間，有著相近的佛性論，中國諸宗內除唯識宗認為有一類有情眾生不能成佛之外，天台、華嚴、禪宗等宗悉以為眾生皆有佛性。〔註71〕禪宗認為眾生本來佛性在於自身之中。五祖弘忍所作《最上乘論》云：「當身心本來清淨，不生不滅，無有分別。」〔註72〕慧能初見五祖時，五祖斥其乃獦獠，如何作佛。慧能答曰：

　　　　人雖有南北，佛性即無南北。獦獠身與和尚身不同，佛性有何
　　差別？〔註73〕

　　《壇經》之中嘗云：「愚人智人，佛性本無差別……本性是佛，離性無別佛。」〔註74〕神會和尚亦云：「知識，自身中有佛性，未能了了見。」〔註75〕有對佛性如此看法，故南宗唱明心見性、即心即佛。《壇經》云：「自性迷即是眾生，自性覺即是佛。」〔註76〕

　　淨土宗，以往生西方極樂世界為旨，而彌陀淨土之門廣開。法藏比丘成就之前，所發宏願，曾有

　　　　我作佛時，我名號聞於十方無央數世界，諸佛各於大眾中，稱
　　我功德及國土之勝；諸天人民以至蜎飛蠕動之類，聞我名號乃慈心
　　喜悅者，皆令來生我剎，不得是願終不成佛。

　　　　我作佛時，光明照諸無央數天下，幽冥之處皆當大明，諸天人
　　民以至蜎飛蠕動之類，見我光明莫不慈心作善，皆令來生我國，不
　　得是願終不作佛。

　　　　我作佛時，十方無央數世界諸天人民，有發菩提心，奉持齋戒，
　　行六波羅蜜，修諸功德，至心發願欲生我剎，臨壽終時我與大眾，
　　現其人前引至來生，作不退轉地菩薩，不得是願終不作佛。

　　　　我作佛時，十方無央數世界諸天人民，以至蜎飛蠕動之類，前
　　世作惡，聞我名號即懺悔為善，奉持經戒，願生我剎，壽終皆不經

〔註71〕賴永海：《中國佛性論》，上海人民出版社，1988年，第84頁。
〔註72〕〔唐〕弘忍：《最上乘論》，大正藏，第48冊，第377頁上。
〔註73〕〔宋〕宗寶：《六祖大師法寶壇經》，大正藏，第48冊，第348頁上。
〔註74〕《六祖大師法寶壇經》，第350頁上。
〔註75〕楊曾文：《神會和尚禪話錄》，北京：中華書局，1996年，第12頁。
〔註76〕《六祖大師法寶壇經》，第352頁中。

三惡道徑遂來生，一切所欲無不如意。不得是願終不作佛。〔註77〕
等大願。此雖不言眾生皆有佛性，然依彌陀之願，肯精進修行，常頌佛號，懺悔罪惡，彌留之際則有西方三聖接引至極樂世界。故是亦持眾生皆能成就之論，與禪宗極為相近。

在修行方法之上，禪宗以修心為要，斷除妄念，力求明心見性。特別是曹溪一脈，將參究之法發展至簡單方便。南宗反對傳統的靜坐修行方法，以為禪在於非坐臥之間。慧能住曹溪寶林寺時，嘗反對神秀提倡靜坐修習的方法，言：

> 住心觀靜，是病非禪；常坐拘身，於理何益？聽吾偈曰：生來坐不臥，死去臥不坐；一身臭骨頭，何為立功課。〔註78〕

又有偈曰：

> 心地無非自性戒，心地無癡自性慧，心地無亂自性定，不增不減自金剛，身去身來本三昧。〔註79〕

菏澤神會《五更轉》云：

> 了性即當知解脫，何勞端坐作工夫。〔註80〕

懷讓也對馬祖說：

> 汝學坐禪？為學坐佛？若學坐禪，禪非坐臥，若學坐佛，佛非定相。於無住法，不應取捨。汝若坐佛，即是殺佛。若執坐相，非達其理。〔註81〕

曹溪禪宗雖反對傳統靜坐的修行方法，然仍要修戒、定、慧三學。慧能以為「定慧一體不是二，即定是慧體，慧是定用」〔註82〕，而坐禪則是「外於一切境界上念不去為坐，見本性不亂為禪」〔註83〕。所謂禪定，則是「外離相曰禪，內不亂曰定。本自淨自定，只緣境觸，觸即亂。離相不亂即定，外離相即禪，內外不亂即定。外禪內定故名禪定」〔註84〕。神會講戒、定、慧

〔註77〕《大阿彌陀經》，第329頁中、下。
〔註78〕《六祖大師法寶壇經》，第358頁中。
〔註79〕《六祖大師法寶壇經》，第358頁下。
〔註80〕《神會和尚語錄》，第127頁。
〔註81〕〔宋〕賾藏：《古尊宿語錄》，北京：中華書局，1994年，第2頁。
〔註82〕《六祖大師法寶壇經》，第352頁下。
〔註83〕〔唐〕法海：《六祖壇經》，大正藏，第48冊，第339頁上。
〔註84〕《六祖壇經》，第339頁上。

三學，亦云：「妄心不起名為戒，無妄心名為定，知心無妄名為慧。」〔註85〕
是故可知曹溪一脈講求禪乃離相無念、明心見性，並非在於坐臥之間。永嘉
玄覺《證道歌》言：

> 行亦禪，坐亦禪，語默動靜體安然。縱遇鋒刀常坦坦，假饒毒
> 藥也閒閒。我師得見燃燈下，多劫曾是忍辱仙。〔註86〕

此間所言禪在行坐動靜之間，舉手投足均見得禪。故禪宗之修行，雖為
簡便易行，卻處處指向人心，冀求斬斷妄念以見佛性。

中國禪宗修行之法已經相當簡易，然淨土宗之法門更為簡單。淨土宗以
念佛為主，冀通過念佛往生極樂。禪宗追求佛理、佛法，淨土宗追求成就究
竟。故念佛之目的乃求為往生，而非佛性之覺悟。即便如此，淨土宗亦不能
不修持戒、定、慧三學。然而三學難修，眾所周知。於是，淨土宗講依靠自力
而修三學非常之難，則不得不藉助阿彌陀佛之願力以達究竟果位。雖然念佛
之終極目的在於往生，而其直接作用則在於「一心不亂」。《阿彌陀經》云：

> 舍利弗，若有善男子善女人，聞說阿彌陀佛，執持名號，若一
> 日，若三日，若四日，若五日，若六日，若七日，一心不亂，其人
> 臨命終時，阿彌陀佛與諸聖眾，現在其前。是人終時，心不顛倒，
> 即得往生阿彌陀佛極樂國土。〔註87〕

可見，往生前提在於「一心不亂」及「心不顛倒」，此與禪宗斬除妄念基
本相似。念佛則為達到「一心不亂」、「心不顛倒」之途徑。故念佛亦是修心。
此與禪宗所要達到的「無妄念」境界，道路雖殊，而大體無異。

禪宗與淨土，同為大乘宗派，有相近之佛性觀，皆以修心為歸。然二者之
間卻各有長短。禪宗冀求明心見性，靠自力成佛；淨土希望往生極樂，依他力
成就。而時在末法，單單依靠自力，得道頗難。若僅靠他力即可獲得大成就，
則無分善惡皆能念佛往生，此便不能了明心性。又修行淨土，可至不退轉地，
故又比禪宗證道更為保險。因此，禪宗向內探求自身佛性與淨土宗向外求助彌
陀願力相結合，才能達到他力與自力互補，難行道與易行道並行。如此，則既
能洞徹佛理，又能往生極樂。故禪淨之間相互融合，乃大勢之所趨。

〔註85〕《神會和尚禪話錄》，第6頁。
〔註86〕〔唐〕玄覺，〔宋〕彥琪：《證道歌注》，卍續藏，第111冊，第371頁上～第
372頁上。
〔註87〕《佛說阿彌陀經》，第347頁中。

六祖慧能雖排斥念佛，以為「迷人念佛求生於彼，悟人自淨其心。」〔註88〕此其為皈依自性佛，而有意避免他力增上。然弘忍之東山法門，已將念佛與參禪相結合為「念佛禪」。印順和尚云：「東山法門，乃四祖道信於蘄州黃梅破頭山所傳，由五祖弘忍弘揚。」所謂一行三昧，即念佛與自了智慧之結合。印順和尚云：

> 一行三昧，是以念佛為方便的。一行三昧的念佛，「不取相貌」，
> 這是不觀佛的相好，而是「專稱名字」的。一心稱念佛名，如能「於
> 一佛念念相續」，就能見三世一切佛。「恒沙諸佛法界無差別」，一切
> 佛都是「乘一如，成最正覺」的。所以這是「係緣法界」——「一
> 如」而稱名，也就是從持名念佛，而直入實相念佛的。這樣念佛的
> 「一行三昧」與般若相應，是速疾成佛的法門。〔註89〕

禪宗後世逐漸為淨土所融合，許多禪師亦兼持念佛往生。其出眾者，乃宋代法眼宗禪師延壽和尚。禪宗因《維摩詰經》而主張「隨其心淨則佛土淨」〔註90〕，故慧能言淨土在自心。除自心之外，別無淨土。若人常念善行，則淨土即在眼前。因此，禪宗不以西方淨土為然。延壽和尚認為：

> 佛說法不離真俗二諦，淨土唯心是真諦；西方淨土為俗諦，處
> 在因果之中。〔註91〕

蓋西方淨土乃因緣而生，隨緣而化。如此統一唯心淨土與西方淨土，則為禪淨融合奠定了理論基礎。延壽和尚，亦論證了念佛之作用，且提出自力不排斥他力的主張。故其所作《四料簡》云：

> 有禪無淨土，十人九錯路。陰境若現前，瞥爾隨他去。無禪有
> 淨土，萬修萬人去。但得見彌陀，何愁不開悟。有禪有淨土，猶如
> 帶角虎。現世為人師，當來作佛祖。無禪無淨土，鐵床並銅柱。萬
> 劫與千生，沒個人依怙。〔註92〕

可見，延壽禪師十分推崇禪淨雙修。

禪宗與淨土宗，各有其長，亦各有其短。二者因其本質上共性，故能夠

〔註88〕《六祖大師法寶壇經》，第352頁上。
〔註89〕《淨土與禪》，第123頁。
〔註90〕〔姚秦〕鳩摩羅什譯：《維摩詰所說經》卷上，大正藏，第14冊，第538頁下。
〔註91〕陳揚炯：《淨土宗通史》，南京：江蘇古籍出版社，2001年，第431頁。
〔註92〕〔宋〕王日休：《淨土全書》卷上，卍續藏，第109冊，第437頁上。

亦應該融合。唯有融合方能取長補短，利於修行成就。因而，禪淨之調和有
其可能性與必然性。

二、華嚴義理下的念佛三昧

伴隨淨土宗勢力強盛於震旦，漢地佛教出現諸宗歸於淨土的趨勢。彭紹
升承明末四大高僧之思想，受諸友人、同修之影響，故能以華嚴「圓融無礙」
學說為背景〔註93〕，提倡並踐行禪淨合一的主張。

彭紹升著作之中，唯《華嚴念佛三昧論》專論他力與自覺。是論作於乾
隆四十八年冬十二月，乾隆四十九年同修王文治為之作序：

> 《大乘起信論》云：一切眾生不名為覺。以從本來念念相續，
> 未曾離念。念者不覺也，佛者覺也。念佛者，以覺攝不覺也。念佛
> 三昧者，以覺攝不覺，入於正覺海也。華嚴具諸佛一切三昧，而其
> 間念佛三昧，為一切三昧中王。大莫過於是，方莫過於是，廣莫過
> 於是矣。〔註94〕

又據乾隆五十六年彭紹升重勘是論舊稿所作跋語，可知汪縉嘗十分讚歎
是論主張：

> 汪子大紳評之曰：「此淨土正因，華嚴正信也。」又曰：「五念
> 一念，一念無念。」〔註95〕

彭紹升認為，無量經典廣為讚歎念佛法門，然理其條貫大致有兩種：一
種為普念，一種為專念。「如《觀佛相海經》、《佛不思議境界經》等，但明普
念；《藥師琉璃光如來經》、《阿閦佛經》、《無量壽經》等，特明專念。」〔註
96〕而《華嚴經》則「一多相入，主伴交融，即自即他，亦專亦普」〔註97〕。
按，《華嚴經》即《大方廣佛華嚴經》之略稱，乃佛成道後在菩提場等處，藉
普賢、文殊諸大菩薩顯示佛陀的因行果德如雜華莊嚴，廣大圓滿、無盡無礙
妙旨的要典。此經之義理，為古今佛教學人所尊崇。「主要發揮輾轉一心，深
入法界，無盡緣起的理論與普賢行願的實踐相一致的大乘瑜伽思想。從『法
性本淨』的觀點出發，進一步闡明法界諸法等同一味，一即一切、一切即一，

〔註93〕《中國居士佛教史》，下冊，第814頁。
〔註94〕《華嚴念佛三昧論》，第168頁上。
〔註95〕《華嚴念佛三昧論》，第177頁上。
〔註96〕《華嚴念佛三昧論》，第168頁下。
〔註97〕《華嚴念佛三昧論》，第168頁下。

無盡緣起等理論。」〔註98〕三昧，意譯為定，即定心一處，於六塵境界不起心、不動念、不分別、不執著。華嚴三昧，即華嚴定、佛華嚴三昧，「修此定乃以一真法界無盡緣起為理趣，為達此理趣而修萬行，莊嚴佛果，稱為華嚴；一心修之，稱為三昧。此三昧乃統攝法界，入一切佛法之大三昧。」〔註99〕

《華嚴念佛三昧論》，即於華嚴義理下理解念佛法門。所謂念佛三昧，就是修觀想念佛、稱名念佛時，達到一心不亂之境界，如心入禪定。是論中，彭紹升「略標五義以貫全經」〔註100〕。其一為念佛法身，「直指眾生自性門」；其二為念佛功德，「出生諸佛報化門」；其三為念佛名字，「成就最盛方便門」；其四為念毗盧遮那佛，「頓入華嚴法界門」；其五為念極樂世界阿彌陀佛，「圓滿普賢大願門」。

彭紹升以為：

> 吾人固有之性，湛寂光明，遍周塵剎，諸佛別無所證，全證眾生自性耳。諸佛如來不離此心成正覺故，如自心，一切眾生心亦如是。悉有如來成等正覺，廣大周遍，無處不有，不離不斷，無有休息。〔註101〕

此是持眾生皆有佛性，唯有能證覺自性者能成佛。修道者應從自心覺悟，而不能覺悟者因妄想所蔽，慧光障礙而不顯。若離妄想，則智慧顯現，自性可證。因此，彭紹升云：

> 須知一切眾生顛倒執著，全是諸佛法身，何以故。顛倒執著常自寂滅故。於此信入，諸佛法身無處不現，清淨圓滿，中不容他，念念不迷，心心無所。從此起行，具足大悲，究竟大慈，於身無所取，於修無所著，於法無所住。歷十住十行十迴向十地十一地，不離當念因果圓成，故曰：才發菩提，即成正覺。如《賢首品初發心功德品》廣明斯事。如是念佛，能於一切處見如來身。又如《光明覺品》，世尊放百億光明，從此三千大千世界，遍照十方，乃至盡法界虛空界。而文殊說頌，教人離於有無一異生滅去來種種諸見，遍一切處觀於如來，是為入佛正信。〔註102〕

〔註98〕《中國大百科全書·宗教卷》，第 162 頁右。
〔註99〕慈怡等：《佛光大辭典》，第 5238 頁。
〔註100〕《華嚴念佛三昧論》，第 168 頁下。
〔註101〕《華嚴念佛三昧論》，第 169 頁上。
〔註102〕《華嚴念佛三昧論》，第 169 頁上。

自性明了,則自心智慧無障礙;自心智慧無障礙即如來境界。因此,彭紹升名此為「念自性佛」或「自性念佛」,他說:

> 自性念佛者,無佛外之念能念於佛;念自性佛者,無念外之佛為自所念。不入此門,所念之佛終非究竟,以不識法身自性故,將謂別有故。入此門時,一念功德,過於虛空,無有限量。〔註103〕

如此觀點,與禪宗之「皈依自性佛」並無二旨。彭紹升講解《阿彌陀經》要領時,稱「是經以一心為宗,以持名為行,以信願為導,以不退為程,以阿耨多羅三藐三菩提為究竟」〔註104〕。所謂「以一心為宗」,則是

> 唯此一心,諸佛之本原,眾生之慧命。迷之故流浪三塗,悟之故直登彼岸。然迷悟雖殊,而本來不動。但離前塵虛妄相想,光明洞然,遍周沙界,盡未來際無有間歇,故號之曰無量光,亦號之曰無量壽。〔註105〕

如此則可以視為彭紹陞用禪宗「明心見性」等理論來解讀淨土宗經典。故其云:「佛不異心,心不異佛。坐臥經行,了無餘念。隨其心淨,則佛土淨。轉娑婆,成極樂。」〔註106〕

彭紹升講法身佛,即自性佛;而報化佛者,亦出乎自心。只要深入普賢願海,則「一切處無非佛土,一切時無非佛事」。他說:

> 如解脫長者言,我入出如來無礙莊嚴解脫門,見十方各十佛剎微塵數如來,彼諸如來不來至此,我不往彼。我若欲見安樂世界阿彌陀如來,隨意即見。我若欲見栴檀世界金剛光明如來、妙香世界寶光明如來、蓮華世界寶蓮華光明如來、妙金世界寂靜光如來、妙喜世界不動如來、善住世界師子如來、鏡光明世界月覺如來、寶師子莊嚴世界毗盧遮那如來,如是一切悉皆即見,知一切佛及以我心,悉皆如夢,知一切佛猶如影像,自心如水,知一切佛所有色相,及以自心,悉皆如幻,知一切佛及以己心,悉皆如響。我如是知,如是憶念,所見諸佛皆由自心。所謂無礙莊嚴解脫者,離一切相,成一切相。雖然如夢如幻,而亦不壞夢幻諸境。〔註107〕

〔註103〕《華嚴念佛三昧論》,第170頁上。
〔註104〕〔清〕彭紹升:《阿彌陀經約論》,卍續藏,第33冊,第722頁上。
〔註105〕《阿彌陀經約論》,第772頁上。
〔註106〕《阿彌陀經約論》,第722頁下。
〔註107〕《華嚴念佛三昧論》,第171頁上。

彭紹升念佛三身之思想，皆與禪宗明心見性、自性成佛之說異曲同工。其又云：「法身無朕，假於名而法身顯矣；報化無邊，緣於名而報化該矣。」〔註108〕然法身自性，報化無量。念佛乃尋求他力增上，若有無量之佛則無所入手，故應「念一佛而即遍攝一切佛」〔註109〕因此，彭紹升認為念一佛名字能廣攝一切諸佛，為最方便之法門，其云：

> 然初入此門，必依乎數，日須克定課程，自一而萬、自萬而億。念不離佛，佛不異心，如月在水，月非水內，如春在枝，春非枝外。如是念佛，名字即法身，名字性不可得故；法身即名字，法身遍一切故。乃至報化不異名字，名字不異報化，亦復如是。故《如來名號品》謂一如來名號，與法界虛空界等，隨眾生心各別知見。則知世間凡所有名，即是佛名。隨舉一名，諸世間名無不攝矣。〔註110〕

是故，在《阿彌陀經約論》中彭紹升直言「以名召德，法報化三，攝無不盡」。〔註111〕

彭紹升又提出念法界佛之思想。其云：

> 如是念於毗盧遮那，即念是佛，即佛是念，盡十方虛空乃至針鋒芥子許，無一不是毗盧法界，是名念法界佛，亦名遍念一切佛。〔註112〕

彭紹升以念毗盧遮那佛則能徧攝一切法界，然諸佛法界過於廣大，眾生修學難以把握。故以念阿彌陀佛，往生彌陀淨土為最方便之門。他說：

> 蓋毗盧報土，與二乘凡夫無接引之分。而極樂則九品分張，萬流齊赴，一得往生，橫截生死，視此娑婆，迥分勝劣。〔註113〕

是故彭紹升以念佛一法統攝華嚴法界，而將修行歸宿於彌陀淨土。他自己總結說：

> 須知從真起幻，即幻全真；生滅俱離，自他不二；一念圓融，普周法界。〔註114〕

〔註108〕《華嚴念佛三昧論》，第171頁下。
〔註109〕《華嚴念佛三昧論》，第172頁上。
〔註110〕《華嚴念佛三昧論》，第172頁上。
〔註111〕《阿彌陀經約論》，第722頁上。
〔註112〕《華嚴念佛三昧論》，第173頁上。
〔註113〕《華嚴念佛三昧論》，第174頁上。
〔註114〕《華嚴念佛三昧論》，第176頁上。

如此念佛三昧，蓋以華嚴之義理、禪宗之哲理融合淨土之他力所生成的思想。對於此思想，彭紹升亦頗為自得，在《華嚴念佛三昧論》的跋語中，自云：「設遇雲棲老人，定當相視而笑也。」〔註115〕

關於自力與他力的問題，禪宗以自悟自度為標榜，而淨土宗以為末法時代自力難行，則以他力為憑藉。彭紹升認為除上根利智之人能見性成佛外，諸多信眾雖應了悟自心，但亦應於佛力有所依怙。其云：

> 上根利智，了得自性彌陀，全顯唯心淨土，舉一法身，攝無不盡。然理則頓悟，事須漸除，故華嚴教指，十住初心即同諸佛。然五位進修，不無趣向，未臻妙覺，階次宛然，至十地始終。以大願力，於一念頃見多百佛多千佛，乃至百千億那由他佛。所居之地，悉隨所見之佛而為差等。此土行人，縱能伏惑發悟，而未證無生，寧逃後有，不依佛力，功行難圓。必待迴向樂邦，親承授記，淨諸餘習，成滿願王，斯為一門超出妙莊嚴路。其或粗窺向上，未盡疑情，尤須專一持名，翹勤發願，如子憶母，畢命為期。加以教觀薰修，助發勝智，感應道交，功無虛棄，斯則全憑一念便攝諸門，所貴絕利一原，切忌回頭轉腦。〔註116〕

可見，彭紹升主張以念佛為統攝，依靠他力修行的同時，並不忽視自覺本性。這正好彌補了淨土宗哲理不足的缺陷。

唯心淨土，源自《維摩詰所說經》中「心淨則佛土淨」〔註117〕。既然心淨則有淨土，穢土亦可隨緣成為淨土，那麼何必往生？這一點與淨土宗的持論有著根本性的對立，所以為排斥淨土念佛的慧能所支持。所謂的「心淨」，則是在般若思想基礎之上建立。然而淨土宗何嘗不立定於般若思想之上，又何況維摩詰之教誨與不思議之神通又都可被視作為他力救渡的表現。故唯心淨土與淨土宗所唱的西方淨土在歷史發展中能夠不斷融合。宋代延壽和尚以真俗二諦統一唯心淨土與西方淨土，頗有令淨土宗從事禪宗之意味。對於六祖提出「東方人念佛，求生西方；西方人念佛，求生何國」的質疑，彭紹升作出如下回答：

> 此乃一期掃蕩之談，未合圓指。謂西方人往生何國者，同居念佛，生方便土；方便念佛，生實報土；實報念佛，生寂光土。故知

〔註115〕《華嚴念佛三昧論》，第177頁上。
〔註116〕《華嚴念佛三昧論》，第175頁上。
〔註117〕《維摩詰所說經》，第538頁下。

　　　　一念佛門，豎窮四土，達本之人，覓心尚不可得，豈可於幻化身中，

　　　　別求淨土？若了此不可得心，遍一切處，乘願往生，如空印空，何

　　　　礙之有！〔註118〕

　　由此可見，彭紹升極力調和禪宗與淨土宗之諍。從彭紹升與友人王禹卿

的書信中，猶可看出其主張唯心淨土要靠念佛來統攝：

　　　　但提起一句佛名，盡大地無非極樂，遍法界全體彌陀。即有即

　　　　空，非空非有，從此信入，淫坊酒肆，悉是道場；古木寒巖，依然

　　　　佛國。〔註119〕

　　彭紹升以為通過念佛達到一心不亂的境界，從而淨土隨心化現。是故，

彭紹升非常讚歎《維摩詰所說經》中的唯心淨土，認為唯心淨土與西方淨土

沒有矛盾，二者皆應為大乘信眾所奉持。特別是淨土宗的修學者，更應該將

《維摩詰所說經》與唯心淨土的思想領會並弘揚。彭紹升在其《書〈維摩詰

所說經〉後》直接以唯心淨土為《維摩詰所說經》「一經之要」〔註120〕，故而

提倡「學大乘者，不可以不修淨土；修淨土者，不可以不讀此經」〔註121〕。

彭紹升還引孟子之言以解「心外無土」之義，其云：

　　　　至哉淨土之教！其諸聖人所由以踐形者乎？孟子曰：形色，天

　　　　性也。知形色之為天性，則不容離土以言心。知天性之為形色，則

　　　　不容外心以求土。離土以言心，是以天性為有外也。其所謂心，一

　　　　介然而已矣。外心以求土，是以形色為有外也。其所謂土，一塊然

　　　　者而已矣。是皆不明乎踐形之說者也。〔註122〕

　　由是，彭紹升之淨土觀念可見一斑。

三、《禪宗秘密修證了義經》

　　彭紹升一生為弘佛法，刻經眾多。其所刻諸經中，有一部《禪宗秘密修

證了義經》。此經出於乩壇，內容駁雜，藏經不收，「其文悉取華嚴法華楞嚴

圓覺之成文，並六祖壇經，及合會禪淨語錄中文。」〔註123〕

〔註118〕《阿彌陀經約論》，第 724 頁下。

〔註119〕《一行居集》卷四《與王禹卿》。

〔註120〕《一行居集》卷一《書〈維摩詰所說經〉後》。

〔註121〕《一行居集》卷一《書〈維摩詰所說經〉後》。

〔註122〕《一行居集》卷三《淨土聖賢錄敘》。

〔註123〕印光：《印光大師全集問答擷錄》，臺南：和裕出版社，1998 年，第 17 頁。

　　此經之偽，明代便有僧人斷定。彭紹升身為當時顯赫的居士，本不應該傳佈偽經。然其不僅刊刻傳播，並提筆為跋，作《書重刻〈禪宗秘密修證了義經〉後》。其中緣由，有待辨清。

　　彭紹陞於其跋語中，為此經所言做辯護。其云：

　　　　或又疑永命、孚祐兩真人，以儒、仙入道，往來人天，何緣承佛授記？《勝天王般若經》：佛說法時，耆闍崛山中天神空中贊言：我等憶念過去之世，無量諸佛，於此山中，說是般若波羅蜜法，亦如今日。佛告勝天王，此諸天尊，皆住不可思議解脫，是故能知過去遠事。兩真人現身人天，從佛轉輪，讚歎大乘，導諸儒、仙，同歸正覺，豈非住不可思議解脫者耶？或又謂開宗說無量義經與蓮華經略同，中間文義或與六祖壇經類。以此為疑。不知佛五時說法，塵說剎說、熾然說、無閒說，總之不離者箇。但或隱或顯、或詳或略，不必盡同，於此經何議焉？〔註 124〕

　　由此可知，其時已有人論及此經偽造，而彭紹升不以為然，仍然重刻傳播。

　　揆諸常情，正信居士，特別是彭紹升這樣名聲顯赫的居士，必然不會刊刻偽經。因此，彭紹升之行為應與其一貫的佛學主張有密切聯繫。其論是經大旨，云：

　　　　此經大旨，教人明自本心，見自本性。故開宗便以大光明如來性海光如來作引。此大光明，一切眾生所同具足，只因妄想執著，昧此本光，如以大海納於牛跡，輪迴六道，無有出期。如來大悲深重，爰以種種方便而度脫之。諸方便中，禪那第一。而禪那流弊，不可究詰。由不發真實心，行真實行，煮沙成飯，終不得飽。故用種種料簡，杜諸歧趨。六度兼弘，三觀等攝，尤諄諄以參究本來，為見性成佛之的。其於震旦眾生，曲逗機宜。遇斯經者，頂戴受持，不歷程途，直屆寶所，惟毋忽焉。〔註 125〕

　　故彭紹升論述此經，以為其能補禪宗之不足，救禪宗之弊。

　　有人認為此經「多為仙靈鬼神所憑依」〔註 126〕，雜糅了理學和道家思想，而對於佛教並無益處。彭紹升則以為：

〔註 124〕《一行居集》卷二《書重刻禪宗秘密修證了義經後》。
〔註 125〕《一行居集》卷二《書重刻禪宗秘密修證了義經後》。
〔註 126〕《一行居集》卷二《書重刻禪宗秘密修證了義經後》。

此經指示正修，抉剔禪弊，多敲骨吸髓之談。非金口親宣，絕難假託。惟是藉人運筆，藉筆傳書，間或參以識神，不免毫釐千里之繆。〔註127〕

彭紹升又讚歎此經：

其中剖儒釋之藩，融禪淨之諍。言簡義圓，了數千年未了之義。

此又五時說法所未及，亦豈支那著述家所能影傳者哉？〔註128〕

由此可知，彭紹升所以重刻《禪宗秘密修證了義經》，是因為此經符合彭紹升合流禪淨、調和儒釋的思想主張。然亦因此經雜糅三教，駁雜不一，才被認定為偽造經典。彭紹升一生致力於佛教經典傳播事業，唯以此經的刊刻鑄成敗筆。不過，這也許能夠成為彭紹升「圓融無礙」背景之下融匯諸宗的一個獨特的思想標本〔註129〕。

第三節　《淨土聖賢錄》與《居士傳》

一、《淨土聖賢錄》

《淨土聖賢錄》乃彭紹升與其從子彭希涑共同編纂。彭紹升推崇淨土宗，他說：

自大教東來，單傳直指外，以念佛得度者，若緇若白，未易悉數。際清素服儒風，兼修淨行，常欲薈萃舊聞，用資警策，而日力倉卒，因循至今。會兄子希涑，初發信心，願成此錄，以堅嚮往。因為標指體要，載稽經論。次支那著述，續以耳目所及，斟酌損益，勒成一編。名之曰《淨土聖賢錄》。〔註130〕

（一）材料來源

與從子彭希涑合作《淨土聖賢錄》，彭紹升所作的基本上是提綱挈領的工作。在《從子希涑述》中，彭紹升敘述《淨土聖賢錄》之成書，云：

〔註127〕《一行居集》卷二《書重刻禪宗秘密修證了義經後》。
〔註128〕《一行居集》卷二《書重刻禪宗秘密修證了義經後》。
〔註129〕關於彭紹升迷信扶乩一說，民國時代的章太炎和印光和尚等人早已指出。至於其中原因，今有一大膽推測，蓋恐與禪病相關。凡禪定時可能會出現許多幻象，彭氏或誤以此幻象為真，從而相信扶乩迷戀乩壇。
〔註130〕《一行居集》卷三《淨土聖賢錄敘》。

予又嘗以《雲棲往生集》事詞太略，欲重加採葺，續以近今故
事。甫創其凡，希涑遽欣然任之，與婦顧氏篝燈鈔寫，成書九卷，
名曰《淨土聖賢錄》，刻行於世。視雲棲所集，三倍有加矣。〔註131〕

可見是書鈔寫編纂以彭希涑及其婦顧氏為主，而是書體例同故事採葺則
以彭紹升為主導。因此，彭紹升對於淨土宗內前賢時彥之態度基本可以從此
書中窺出，而是書材料來源則大體上可以反映彭紹升的旨趣所歸。

徵引書名	簡　介	備　註
大悲經	高齊天竺三藏那連提耶舍譯，五卷，十四品，屬涅槃部。	
無量壽經	曹魏康僧鎧譯，兩卷，屬寶積部。	淨土宗根本經典之一。
觀無量壽佛經	劉宋畺良耶舍譯，一卷，屬寶積部。	淨土宗根本經典之一。
佛說老母經	失譯，一卷，屬經集部。	
寶積經	即《大寶積經》，唐菩提流志譯，一百二十卷，屬寶積部。	叢書體裁的經集，凡四十九會。
菩薩生地經	吳之謙譯，一卷，屬經集部。	差摩竭釋種長者子聞：何行疾得成佛？佛答以二種之四事，此行法能生佛果，故名生地經。
毗婆沙論	即《大毗婆沙論》，五百羅漢造，唐玄奘譯，二百卷，屬論集部。	此為小乘說一切有部所依論藏，廣明法義，備列眾說。
大智度論	龍樹菩薩造，後秦鳩摩羅什譯，一百卷，屬釋經論部。	中觀學派重要論著，講述中道實相，以二諦解釋實相之理，發揮般若思想。
傳燈錄	即《景德傳燈錄》，宋真宗景德元年釋道原撰，三十卷，屬史傳部。	此書乃禪宗傳燈史，記錄禪宗僧傳，為參中國禪者必讀之書。
翻譯名義集	宋法雲編，七卷，屬事匯部。	將散見於各經論中之梵文名詞分類解釋，編輯而成。
西方確指	清覺明菩薩說，常攝輯，一卷，屬諸宗著述部。	覺明妙行菩薩降臨乩壇，教大眾淨土法門，弟子匯其言論以成是書。
東林傳	即《東林十八高賢傳》，作者不詳，一卷，屬史傳部。	是書記載慧遠等東林蓮社之僧伽、居士事蹟。

〔註131〕《一行居集》卷七《從子希涑述》。

高僧傳	梁慧皎撰，十四卷，屬史傳部。	此四部共謂之四朝高僧傳，皆記錄古德事蹟。
續高僧傳	唐道宣撰，三十卷，屬史傳部。	
宋高僧傳	宋贊寧撰，三十卷，屬史傳部。	
明高僧傳	明如惺撰，八卷，屬史傳部。	
西湖高僧傳事略	不詳。	
淨土文	即《龍舒增廣淨土文》，宋王日休撰，十二卷，屬諸宗部。	此書闡述淨土法門，記錄感應事驗，勸人皈依、專修淨土。
樂邦文類	南宋宗曉編，五卷，屬諸宗部。	此書乃宗曉為弘淨土宗將有關淨土信仰之詩文集成。
佛祖統紀	宋志磐撰，五十四卷，屬史傳部。	全書主要闡明天台教學之傳統，奉天台為正統。
往生集	明袾宏撰，三卷，屬史傳部。	收錄往生人物事蹟，為淨土宗入門書。
十疑論	即《淨土十疑論》，隋智顗著，一卷，屬諸宗部。	是書就彌陀淨土往生之法門舉出十種疑惑，再一一作答。
寶王三昧論	即《念佛三昧寶王論》，唐飛錫撰，三卷，屬諸宗部。	寶王三昧即念佛三昧之美稱，是論則為闡揚淨土法門之作。
神僧傳	明成祖撰，九卷，屬史傳部。	是書記載歷代僧人之神異事件。
萬善同歸集	宋延壽撰，三卷，屬諸宗部。	以禪教一致為出發點，引用經論，闡述眾善皆歸實相之旨。
四明教行錄	即《四明尊者教行錄》，宋宗曉編，七卷，屬諸宗部。	此書彙集四明尊者知禮遺文，以記錄其修持方法。
蓮宗寶鑑	即《廬山蓮宗寶鑑》，元普度撰，七卷，屬諸宗部。	是書彙集諸書善言，以述廬山念佛要旨。
僧寶傳	即《禪林僧寶傳》，宋惠洪撰，三十二卷，屬史傳部。	是書敘述慧能之下禪宗五宗事蹟。
釋氏稽古略	元覺岸編，四卷，屬史傳部。	是書乃以編年體寫作之佛教史。
佛祖通載	即《佛祖歷代通載》，元念常撰，二十二卷，屬史傳部。	是書編年記載釋氏故事，於禪宗法脈、佛教興廢等一一分明。
護法錄	明宋濂著，袾宏輯錄，錢謙益校訂，十卷，收於嘉興藏。	是書收錄宋濂所作護持三寶之文章。
淨土或問	元天如則著，一卷，屬諸宗部。	是書設主客問答以闡淨土宗旨。
念佛直指	即《寶王三昧念佛直指》，明妙葉集，兩卷，屬諸宗部。	該書根據「事理雙修、禪淨一致」之思想，以念佛三昧為諸禪三昧中之寶王，而勸禪者修持直指西方往生行之作。

名僧輯略	即《皇明名僧輯略》，明袾宏輯，一卷，屬史傳部。	
法華持驗	即《法華經持驗記》，清周克復撰，兩卷，屬史傳部。	是書輯竺法護之下中土僧俗持法華經靈驗事蹟。
雲棲法彙	明王宇春等編，三十四卷。	是書乃云棲袾宏之全集。
雲棲紀事	收於中國佛寺史志彙刊第一輯。	輯錄雲棲寺之文獻。
淨土全書	清余行敏重輯，兩卷，屬諸宗著述部。	是書輯錄淨土教義以及往生事蹟、應驗事蹟等。
淨土晨鐘	清周克復纂，十卷，屬諸宗著述部。	是書以淨土宗修行方法為主，兼錄應驗事蹟，勸人修持念佛往生之行。
淨土十要	明智旭編，十卷，屬諸宗著述部。	此書係將論述淨土宗之十種佛書編輯而成。
法苑珠林	唐道世撰，一百卷，屬事匯部。	是書乃佛教類書，博引典籍，概述佛教思想、術語等。
比丘尼傳	梁寶唱撰，四卷，屬史傳部。	輯錄晉、宋、齊、梁四朝著名比丘尼事蹟。
觀音慈林集	清弘贊輯，三卷，屬史傳部。	是書彙集觀音信仰之經典，以及感應事驗。
出三藏記集	梁僧祐撰，十五卷，屬目錄部。	列記經律論三藏之經目以及翻譯之同異序跋等。
佛法金湯	即《佛法金湯錄》，明屠隆著，三卷。	是書乃屠隆針對宋儒排佛所撰護法之作。
法喜志	全名《名公法喜志》，明夏樹芳撰，四卷，屬史傳部。	是書收錄西漢東方朔至元初楊維楨等歷代二百零八位名士傳記，以集錄參禪修道之士為旨。
金剛新異錄	明王起隆著，一卷，屬史傳部。	輯錄明代官俗神異之事，多扶乩之言。
現果隨錄	明戒顯記，四卷，屬史傳部。	所錄大抵為善惡果報之事，強調念佛之功。
大唐內典錄	唐道宣編，十卷，屬目錄部。	收錄東漢至唐初譯者兩百二十人，經典兩千四百八十七部八千四百七十六卷。係參考歷代三寶紀、法經錄、仁壽錄等，擷長補短，檢討一切經之內容與目錄而成。
冥祥記	南齊王琰撰，古小說，無傳本。	本書為佛教故事集，收錄輪迴、地獄、應驗等故事，散見於《法苑珠林》、《太平廣記》等。

報應記	不詳。	以下數種文獻，雖未能詳考，然循其
西方合論	不詳。	書名揣測大義應在報應事驗，以及淨
金剛靈應錄	不詳。	土宗義之間。
淨土資糧集	不詳。	
淨土剩言	不詳。	
果報見聞錄	不詳。	
金剛證果	不詳。	
淨土節要	不詳。	
信徵錄	不詳。	

以上表內所列乃《淨土往生錄》中標明徵引用書。此外，亦有從正史、地方志、山寺志、詩文集中採擷者，未一一備錄。由此可見，彭紹升叔侄二人所採廣博，雖以淨土宗內書籍為歸，卻並非錮於一家一戶之見，他宗典籍也多有採輯。故其佛學旨趣可從中管窺一二。

（二）體例與意義

是書所載，悉為信仰淨土宗且往生者之事蹟。不過，淨土宗作為一個宗派，其所錄聖賢必要追根朔源。正如彭紹升所言：

> 凡錄往生者，祇載支那著述，至經論所明淨教緣起，多從闕略。
> 譬之治河不由積石，導江不自岷山。既昧其原，其流將壅。茲首標
> 教主，著所宗也。次觀音勢至，明有輔也。普賢文殊，左右遮那，
> 而同贊西方，同揚淨業。故知十方諸大菩薩，莫不以淨土為歸矣。
> 至如西天諸祖及諸論師，即不盡著往生之驗，而既登果地，豈局東
> 西。凡諸議論有關斯教者，亦並著之，廣資勸誘云爾。〔註132〕

彭紹升以阿彌陀佛為西方教主，列為第一。再將觀世音菩薩、大勢至菩薩、文殊菩薩、普賢菩薩、祈婆迦尊者、馬鳴尊者、龍樹尊者、天親論師等稱為闡教眾聖。列為第二。彭紹升之前纂錄淨土宗人物，往往只述震旦事蹟而不談天竺法脈。此則不同於禪宗等宗派。禪宗在推其淵源時，一般推到毗婆尸佛，諸佛之下又有諸菩薩、尊者、高僧等，至中土初祖菩提達摩已是天竺第二十八祖〔註133〕。如此，禪宗法脈之純正則顯而易見。而淨土宗前人述往

〔註132〕《淨土聖賢錄》卷一，第 187 頁下～188 頁上。
〔註133〕參見〔南唐〕靜筠二禪師：《祖堂集》，北京：中華書局，2007 年，上冊，第 1～105 頁。

生事蹟，或推至慧遠，或推至僧顯，此皆為中土之源。《淨土聖賢錄》能循導源頭至「西方教主」與「闡教眾聖」，斯乃前人著述所未備處。所以，彭紹升將淨土宗法脈推至教主阿彌陀佛及諸位菩薩、尊者，是極有意義之舉。

西方教主與闡教眾聖之後，是書所錄乃比丘、比丘尼。為僧尼錄傳，其事悉出於歷代高僧傳、《佛祖統紀》等文獻。然彭紹升非不擇而從之輩，其於以往傳記也有所分辨取捨。其云：

> 歷代高僧傳、《佛祖統紀》、《佛祖通載》諸書，但載諸師事蹟，而議論激揚，概從簡棄。《雲棲往生集》，又唯標事驗，行實罕詳，遂可合張李為一身，溷淄澠而同味。覽未及終，倦而思臥者多矣。茲則該羅細行，圓具全身，綜貫千章，獨標警策。〔註134〕

彭紹升之前所錄往生的典籍，如《往生集》等書，過於依賴事驗，忽略人物品行。然則以事驗為主，容易多有缺漏。而以往所錄，又往往只錄善終之人，不錄捐軀捨命之人。彭紹升則不以此為然，他以為不必憑「臨終十念」的事蹟來判定往生與否，而應該依靠平生願行來判定。對於以往記錄往生者，皆選取善終之人，忽視捨身之人，彭紹升認為善終、捨身宜兼收。歷代僧傳，敘事雖備，議論則略，本錄則彌補了這一缺憾：不僅敘述事驗，而且討論淨土宗理念。如此無疑擴大了淨土宗的影響，也從單純的念佛行為，擴展到諸多善行。這不僅符合教義，更符合中國人的傳統認識。

彭紹升所創《淨土聖賢錄》，體例十分精細縝密。甚至連出家眾、在家眾之稱謂，也詳加考慮。關於稱謂，其云：

> 淨土諸書，標指古德，概以師稱，而《高僧傳》則凡屬二名，但舉一字。此錄前有佛菩薩，後有宰官居士，若不書名，頗難合轍。故於出家二眾，準《高僧傳》但書一字。其在家者，準前史例，仍書二名。〔註135〕

至於以往諸書中有關淨土往生之人的敘述多有神異不實的，這些彭紹升亦不收錄，只錄其中較為信實的事蹟。此蓋與彭紹升廣博經史所形成的認識有關。

在彭紹升之前，已有許多記錄往生事驗之書籍文獻，然《淨土聖賢錄》之成書，乃集以往作品之大成。是書每傳之末，皆注明徵引出處，用以佐證

〔註134〕《淨土聖賢錄》卷一，第 188 頁上。
〔註135〕《淨土聖賢錄》卷一，第 189 頁上。

其論。從其徵引文獻來看，其中反映了諸宗與淨土宗，特別是禪淨之間分合關係。書中所引既有淨土典籍亦有與他宗相關典籍，如《景德傳燈錄》諸書乃禪宗燈史，基本與淨土無涉。又延壽《萬善同歸集》等則為唱禪淨合流之書，由此可考見禪淨之間分而合、合而分之趨勢。這無疑也表現了彭紹升叔侄的立場，即「圓融無礙」理論背景下諸宗與淨土相融合的思想。另外，書中徵引明末四大高僧的文集頗多，亦可見彭紹升對他們思想的繼承。

彭紹升迴護彌陀淨土，因此對於之前輯錄往生之書中一些與教義相違之人一併刪除不錄。如白居易嘗見收於《往生集》，而揣其生平信仰多在彌勒淨土，故彭紹升刪去不錄。又如蘇軾，亦嘗收於《往生集》。其雖然信仰彌陀淨土，卻信心不定，與教義相違，難得往生，因此刪去不錄。

西方彌陀淨土之門廣開，能往生者非僅有人類，一切有情眾生皆可往生。此乃經文明義。然以往所錄往生者，一般都會忽略人類之外往生眾生。這樣往往使得經文明義難以徵信。彭紹升開創體例，將往生物類亦收錄其中。另外，對於一些生平有瑕疵，或是外道之人，彭紹升以為只要一念歸誠一樣可以同生淨土，因此也將其收錄於往生雜流內。這些悉為肯定「一切眾生皆有佛性」發生了重要作用。但是，這些之中有的經典可證，有的則牽強附會。至於雜流、物類之間，又多荒誕之說，如往生雜流以鍾馗為首，往生物類則以鸚鵡為論。此皆近乎無稽之談也。

《淨土聖賢錄》雖為淨土往生事蹟輯錄中集大成者，然也有其不妥之處。最緊要者，在於彭紹升迷信扶乩，時而將俗世迷信與佛教正信混淆。因此，其所徵引書目中亦有不少乩壇之作。如「闡教眾聖」中最末錄覺明妙行菩薩，即為扶乩應驗者。考覺明妙行菩薩明末崇禎年間藉助扶乩之法，下降吳門，作《西方確指》教人念佛，應機說法。扶乩本屬於中國民間占卜之法與佛教無涉，況多冒充仙佛鬼神，無中生有。故以此人比附諸菩薩尊者之後，必有失其當。彭紹升雖兼通儒佛但仍好扶乩，此即印光、章太炎等先輩對其批評之處也。

《淨土聖賢錄》一書，對於宣傳淨土宗，徵驗淨土教義，有著重要作用。此書亦是初修淨土宗之人，入門及堅定正信之作。因此其在淨土宗內有極其重要意義。加之，彭紹升叔侄才華橫溢，文筆又佳，所述事蹟具為簡核，故而影響深遠。其後，清代居士胡珽所撰《淨土聖賢錄續編》，其體例一準此錄。

二、《居士傳》

《淨土聖賢錄》是彭紹升叔姪合力著述，而《居士傳》則全為彭紹升一人之力。《居士傳》凡五十六卷，編纂工作始於乾隆三十五年，終於乾隆四十年，歷時五載。書中輯錄了自後漢至清康熙年間中土優婆塞三百一十二人的事蹟，或專傳、或合傳。是書徵引文獻與《淨土聖賢錄》相近，故不再單獨探討以避繁複。

（一）特點與價值

古來記錄佛門人士之書，最顯著者當屬僧傳。其次禪宗燈史、往生事驗等等，皆關注佛門人士事蹟。然而，其於居士群體，往往敘述簡略。彭紹升所著《居士傳》，可謂開為居士單獨作傳之先河，其價值不可小覷。彭紹升自述著書緣由，云：

> 佛門人文記載其專係宰官白衣者，故有祐法師《宏明集》，宣律師《廣宏明集》，心泰《佛法金湯》，姚孟長《金湯徵文錄》，夏樹芳《法喜志》。其以沙門為主兼收外護者，則有志磬《佛祖統記》，念常《佛祖通載》，以及《傳燈錄》、《續傳燈錄》、《五燈會元》、《東林傳》、《往生傳》。諸書所錄事言，互有詳略，或失之冗，或失之疎。至朱時恩居士《分燈錄》，郭凝之《先覺宗乘》，李士材居士《禪燈錄》，並本五燈，止揚宗乘，於諸三昧法門有所未備。今節取諸書者十之五，別徵史傳，諸家文集，諸經序錄，百家雜說，視諸書倍之，裁別綴屬成列傳五十餘篇。詳其入道因緣，成道功候，俾有志者各隨根性，或宗或教或淨土，觀感願樂，具足師資。〔註136〕

可見，彭紹升以為以往傳記，或繁或簡，皆不合意。至於專一一宗，而忽略其他法門，亦為所失。因此，其撰《居士傳》，志在救前作之弊。相比《淨土聖賢錄》一書以淨土宗為歸，則《居士傳》不分宗脈，於諸宗兼收並蓄。

關於居士所撰護法文字，彭紹升如此取捨：

> 護法之文，須從般若光明海中自在流出，乃為可貴。是書所載，非其真實有關慧命者，概弗列焉。〔註137〕

彭紹升以為，與佛教相關的文字，悉應有性海流出，不應以繁文取勝。

〔註136〕《居士傳》卷一，第791頁上。
〔註137〕《居士傳》卷一，第791頁下。

故其云：「王簡棲《頭陀寺碑》，王子安《釋迦成道記》，誠為典贍，然文過其質，於道何有！」〔註138〕至於與教義相違的文字，彭紹升亦摒棄不錄。他舉出柳宗元曹溪碑文，雖然調和儒釋，但於《壇經》一語無涉，故不應收錄。考柳宗元嘗為諸沙門作碑銘，其於《曹溪第六祖賜謚大鑒禪師碑》大贊「其教人，始以性善，終以性善，不假耘鋤，本其靜矣」〔註139〕。此乃以慧能所持眾生皆有佛性比合於孟子之儒，其文字果然著力於儒釋之和而未關涉《壇經》詞組，可見彭紹升所言不差。

在人物取捨上，彭紹升考慮極為審慎。首先，彭紹升認識到宗門冒濫者眾多，故應詳加辨別，謹慎選擇。其云：

> 宗門冒濫者多，如夏竦、呂惠卿、章惇之徒，既不足道。即白蘇二公其在佛門亦別有長處，與宗門無與，諸書所載機緣，無可取者。他如韓退之、李習之、周茂叔、歐陽永叔諸先生，平生願力全在護儒，一機一境偶然隨喜，不足增重佛門，豈宜附會牽合莊點門庭，反成謬妄。此於教理違背非小，故予是書持擇之間頗存微指，不敢將就影響，以誣古人，以誣自心，以誣教理。〔註140〕

可見，彭紹升撰《居士傳》歸根結底仍以弘法為旨，於教理不敢違背，故選擇人物均應辨別分明。

再者，彭紹升贊同佛門五戒比附儒門五常的理論。故身為居士而品行不合五常者，亦不應收錄其中。他特別指出南北朝諸輩，不宜收入：

> 登地證果根基五戒，而五戒者全體五常，不踐五常何有五戒？南北朝諸臣罔明忠孝之義，妄談般若，禪販如來，至如魏收、蔚宗浪附通人，沈約、江總濫塵戒品，以身謗法，視崔浩、傅奕罪有甚焉。清淨海中不受死屍，削而投之豈為刻核。若王摩詰、柳子厚、郭功甫、張天覺之徒，先迷後復，情罪可原，善善從長，亦庶幾春秋之指與。〔註141〕

居士群體，雖為佛門之人，然平日亦在俗世生活，故不能不以儒門倫理為準繩。這一點是維護統治之需要，如果沒有這一點，統治者也不會放任佛

〔註138〕《居士傳》卷一，第 791 頁下。
〔註139〕《柳河東全集》，第 65 頁。
〔註140〕《居士傳》卷一，第 791 頁下。
〔註141〕《居士傳》卷一，第 791 頁下。

教流行。因此，南北朝動盪時期，身仕兩三朝之輩，被彭紹升視作「罔明忠
孝」，不錄於《居士傳》中。

另外，彭紹升以為，居士群體大體可分為三種，即禪、教、淨。此三種各
有一位準繩式的榜樣，即龐居士、李長者和劉遺民。其云：

> 龐居士之於宗，李長者之於教，劉遺民之於淨土，百世之師矣。
> 三公者各專傳，尊師也。其他立專傳者，大都軼邁等倫，難為匹儔，
> 雖不盡以三公為繩，亦庶幾近之者也。〔註142〕

龐、李、劉三人在佛教史上造詣既高超，影響又深遠。因此，彭紹升推
崇此三人為榜樣，為其作專傳，以示尊師之心。

《居士傳》中亦體現了彭紹升三教融通的思想，其中所錄諸人不乏儒釋
兩家兼有成就之輩。王廷言為《居士傳》所作的跋語中云：「知歸子之學，出
入儒佛間。初未嘗強而同之，而卒不見其有異。」〔註143〕彭紹升以為儒釋之
間歸宿不二，所言差異只是人們迷而不悟所造成的。其云：

> 自昔言三教者，其莫善於大珠乎。或問三教異同，曰大量者用
> 之即同，小機者執之即異。總從一性起用，機見差別成三，迷悟在
> 人不在教之同異也。達此義者，其宋之李伯紀、明之趙大洲乎。南
> 北之朝，釋道相爭；唐宋之時，儒佛相角。總由不知性真常中本無
> 同異，尋枝摘葉安有了期。至如周彥倫、明休烈、張天覺、李純甫
> 數子之論，解紛挫銳不謂無功，究其實際亦多離合，獅子咬人韓盧
> 逐塊，智者觀指知歸，昧者雙迷指月。世又安得盡大珠與之暢談三
> 教哉。〔註144〕

因此，《居士傳》中特別注意收錄居士們關於調和儒釋的言行與思想。

然而，限於種種原因，《居士傳》一書不能無失。陳士強在其《居士傳》
採微中說道：「有些列傳的排次不依朝代的歷史順序。如卷四在劉宋何晃遠、
魏世子傳之後，是陳代的陳緘傳、北魏的劉謙之傳、隋代的嚴恭傳。而卷五
又回到劉宋，出何尚之等傳，卷十一收錄的北魏張普惠、唐代的張廷矽、李
嶠、辛替否非但不是居士，相反是朝廷奉佛的激烈批評者，作者也將他們編
入書中，混淆了『居士』的概念，有些列傳摘錄文論過長，如卷六引齊代蕭子

〔註142〕《居士傳》卷一，第791頁下。
〔註143〕《居士傳》卷五十六，第1010頁下。
〔註144〕《居士傳》卷一，第792頁上。

良《淨住子·歸信門》、卷九引梁蕭統《二諦義》、卷十三引唐李師政《空有篇》、卷四十五引明代袁黃《誡子文·積善篇》、卷四十六引袁宏道《西方合論序》、卷四十七引曾大齊《護生篇》等就是。」〔註145〕

不過，無論怎樣，《居士傳》作為為居士單獨立傳的著作，其在居士佛教史上有著重要的意義。因為彭紹升深明居士在佛教中的地位和功能，所以其能利用自己居士身份盡可能地發揮作用。正如其好友汪縉所評論的「知歸子現居士身說法」，〔註146〕彭紹升確實在居士的位置上為弘揚佛教做了很多有意義的事情。其還有一部專門輯錄中土優婆夷事蹟的著作《善女人傳》，在此暫時不作詳細探討。

（二）《知歸子傳》

《居士傳》裏最後一位居士傳記，便是彭紹升所作自傳《知歸子傳》。彭紹升一生廣為佛教人物、名臣良儒作傳記，其所作自傳唯此一篇。是傳不僅收在《居士傳》中，亦刻於《一行居集》卷首。

《知歸子傳》仿晉陶淵明《五柳先生傳》體例，虛託人物，以明心志。《知歸子傳》云：「知歸子者，不傳其姓名，平生落落自喜，人莫識也。」〔註147〕陶淵明《五柳先生傳》云：「先生不知何許人也，亦不詳其字。」〔註148〕可見二者筆法十分相似。

彭紹升自為傳記，卻託以第三者口吻。其云：

> 嘗與空空子游，空空子異之。知歸子世為儒，其父兄皆以文學官於朝，知歸子年未冠，用儒言取科第。既益治古經注疏及世間文字，窮晝夜不自休。嘗慕古抗直士如洛陽賈生之為人也，思欲考鏡得失之故，陳治安之書，赫然著功名於當世……〔註149〕

《知歸子傳》末尾，又以空空子口吻作結。傳云：

> 空空子曰：或言知歸子往來城市間，時與人遇。然予嘗求之，弗見也。〔註150〕

此正可見彭紹升假以「空空子」之口敘述自己生平。按，空空子，或無

〔註145〕陳士強：《居士傳採微》，載於《法音》，1988年第1期，第20～21頁。
〔註146〕《居士傳》卷一，第791頁上。
〔註147〕《居士傳》卷五十六，第1009頁下。
〔註148〕逯欽立校注：《陶淵明集》，北京：中華書局，1979年，第175頁。
〔註149〕《居士傳》卷五十六，第1009頁下。
〔註150〕《居士傳》卷五十六，第1010頁上。

其人,乃彭紹升之虛託耳。「空」謂因緣所生之法,究竟而無實體。「空空」,《大智度論》云:「何等為空空?一切法空,是空亦空,非常非滅故。何以故?性自爾。是名空空。」〔註 151〕因此「空空子」乃為無常幻化之義,故可猜測其由虛構所來。

吾人揣測,借空空子之口而述自己生平,恐非單純追求文字趣味,或有其深意蘊含其中。《知歸子傳》內敘述彭紹升思想轉變過程尤其詳細。傳中有言:

> 久之復自省曰:吾未明吾心奈何!以問空空子,而空空子默然無言也。或告以道家修鍊術,習之三年不效。其後讀佛書心開,以為道之所歸在是矣。聞西方有無量壽佛,放大光明接引五濁眾生往生淨土,意怵然慕之,日面西而拜焉。空空子曰:是可不謂知歸者乎。〔註 152〕

知歸子未明己心,則往問空空子。空空子無言,知歸子則入於道家三年。至其心性頓開,皈依佛教,修持淨土宗時,空空子方評其「知歸」。由此可以推知,空空子或代表彭紹升之本性。因此,未明己心時需探尋本性,置身佛教後乃重識本性,故曰「知歸」。

《知歸子傳》亦收錄其所作四言偈四首。內容分別關於辭官不就:

> 綠草庭前,好風林下。樂我太平,無冬無夏。〔註 153〕

絕肉食:

> 我身爾身,爾肉我肉。大德曰生,與爾並育。〔註 154〕

斷淫慾:

> 從妄有愛,萬死萬生。猛然斫斷,天地清寧。〔註 155〕

隱遁修行:

> 來無所從,去無所至。極樂非遙,當念即是。〔註 156〕

《一行居集》卷首刻《知歸子傳》,於「然予嘗求之,弗見也」之後仍有

〔註 151〕〔印〕龍樹造,〔姚秦〕鳩摩羅什譯:《大智度論》第四十六卷,大藏經,第 25 冊,第 393 頁下。
〔註 152〕《居士傳》卷五十六,第 1009 頁下。
〔註 153〕《居士傳》卷五十六,第 1009 頁下。
〔註 154〕《居士傳》卷五十六,第 1009 頁下。
〔註 155〕《居士傳》卷五十六,第 1010 頁上。
〔註 156〕《居士傳》卷五十六,第 1010 頁上。

大段文字。此蓋彭紹升歿後，他人所作承續《知歸子傳》之文竄接其尾。此文作者可能為彭紹升門人學友，延續彭紹升筆法，以「空空子」自居，述評彭紹升事蹟。作者評價彭紹升雖潛修淨土，卻並非是忘世之人。其云：

> 予讀知歸子所著書而悲之。知歸子嘗撰海內諸名公事狀，其人類皆磊磊軒天地者。又嘗為《儒行述》、《良吏述》，或出或處，亦各有以自見者也。以知歸子側身期間，不難如宮商之協應，而顧退然如不及。豈誠果於忘世者耶？雖然，知歸子嘗一試於鄉矣，開近取堂，釀金萬兩，權出入息以周士族孤寡之無依者。又以其餘葺佛宮、飯僧眾、施冬衣、放生族，積二十餘年而不懈。又嘗一試於家矣，置潤族田，盡捐己田以益之。合五百餘畝，豫為終制，俾無立後。人或以此多之，知歸子曰：一切有為法，如夢幻泡影，此又安足道耶！〔註157〕

由此可見彭紹升之一生已將佛教精神、儒家倫理與人生實踐相互結合，從弘揚賢彥事蹟，到周濟鄉里，再到和睦家族，這些無一不是其入世之處。因此而言，彭紹升並非忘世之人。此蓋不離其早年兼懷天下之志也！

〔註157〕《一行居集》卷首《知歸子傳》。

第三章　海青之上繫儒巾——
彭紹升的儒學觀

　　在「圓融無礙」的思想背景之下，彭紹升不僅主持諸宗融匯，更主張儒釋無別。彭紹升家族雖世代為儒，然亦未離佛教。彭紹升稱其父彭啟豐：「家修儒術，志慕空宗。」〔註1〕彭紹升自己也是早年習儒業，並用儒言取科第，日後才轉歸佛教。如其友王廷言所說：「知歸子之學，出入儒佛間。初未嘗強而同之，而卒不見其有異。」〔註2〕此蓋因其領悟佛教大旨，並能夠以之解讀儒學思想吧。

第一節　二林居談儒

一、清代學術簡述

　　提及清代學術，眾所周知的是清儒在訓詁考據方面的建樹。由於清廷的文化政治導向和明末學界流弊的前鑒，清朝士人紛紛將目光轉向故紙堆一反以往空疏的學風。清朝士人引以為傲的是自己超越宋儒直接漢儒的治學之路，皮錫瑞講：「國朝經師，能紹承漢學者，有二事。一曰傳家法，如惠氏祖孫父子，江、戴、段師弟，無論矣。一曰守顓門。阮元云：『張惠言之《虞氏易》，孔廣森之《公羊春秋》，皆孤家專學也。』」〔註3〕

〔註1〕《一行居集》卷一《為家君八十初度建道場文》。
〔註2〕《居士傳》卷五十六，第1010頁下。
〔註3〕〔清〕皮錫瑞：《經學歷史》，北京：中華書局，1959年，第320頁。

　　自顧炎武的學術筆記《日知錄》，到閻若璩的辨偽巨著《尚書古文疏證》以及胡渭的《易圖明辨》問世，正式拉開了清代樸學舞臺的大幕。乾隆三十七年（1772年），下詔修《四庫全書》。且不論修書的功過是非，單從規模來講這無疑是一項浩瀚的文化工程，可以視作華夏傳統文化之大總結！如此繁重的工程必然需要傑出的學者，特別是精通校勘考據的學者，於是眾多知名學者加入其中。由此也造就了清代樸學群星璀璨的局面。《四庫全書》編纂工作，自副總裁以下至監造官，動用學者官員近三百五十人。其中劉墉、金簡、李綬、朱珪、紀昀、陸錫熊、戴震、錢棨、金榜、李鼎元、潘奕雋、王念孫等等〔註4〕，皆是一代學問大家。《四庫全書》的編修工作，為清代樸學的興盛提供了一個契機，使天南海北的著名學者能夠有機會相聚館閣，往來論學。

　　以訓詁考據見長的樸學，最主要的功績幾乎全在整理古籍方面。梁任公在其《中國近三百年學術史》中充分肯定了清代學者整理古籍文獻的功績，指出這些功績在於經學、小學及音韻學、史學、方志學、傳記及譜牒學、曆算學及其他科學、樂曲學以及校注、辨偽、輯佚古籍〔註5〕等多個方面。然而，清代樸學並非沒有弊病。《四庫提要》經部總敘中評價歷代學術如是說到：「博雅之儒，引古義以抵其隙，國初諸家其學徵實不誣，及其弊也瑣。」〔註6〕

　　晚清名臣、著名學者張之洞在其著作《勸學篇》中提倡青年學生了解經義，他給學生開的書單裏十分推崇清朝諸儒的著述：「大率群經以國朝經師為主。……《易》止讀程傳及孫星衍《周易集解》。《書》止讀孫星衍《尚書今古文注疏》。《詩》止讀陳奐《毛詩傳疏》。《春秋左傳》止讀顧棟高《春秋大事表》。《春秋公羊傳》止讀孔廣森《公羊通義》。《春秋穀梁傳》止讀鍾文烝《穀梁補注》。《儀禮》止讀胡培翬《儀禮正義》。《周禮》止讀孫詒讓《周禮正義》。《禮記》止讀朱彬《禮記訓纂》。……《五經總義》止讀陳澧《東塾讀書記》、王文簡引之《經義述聞》。」〔註7〕其於另一部著作《書目答問》中對清朝學者所治經學也有很高的評價：「經學、小學書，以國朝人為極，於前代著作擷長棄短，皆已包括其中。」〔註8〕

〔註4〕參見《四庫全書總目》卷首，上冊，第11～16頁。
〔註5〕梁啟超：《中國近三百年學術史》，長沙：嶽麓書社，2010年，第191～345頁。
〔註6〕《四庫全書總目》，上冊，第1頁上。
〔註7〕〔清〕張之洞：《勸學篇》，桂林：廣西師範大學出版社，2008年，第50頁。
〔註8〕《書目答問補正》，第1頁。

　　古代學術之爭，「要其歸宿，則不過漢學、宋學兩家，互為勝負。」〔註9〕
性理之學，本源於孔子，然而日久積衰。直到宋代，諸儒才發憤直接上古，大
談性理。一時之間，理學達到極盛時期。「洛閩繼起，道學大昌，擺落漢唐，
研讀義理。凡經師舊說，俱排斥以為不足信。其學務別是非，其弊也悍。」
〔註10〕宋儒治學術，雖不守前人陳言，而志在於闡明道理。這在後人看來有
諸多不對的地方，但是它將中國哲學的發展推進了一個重要時代。何況，「宋
人之經說雖不合於古義，而宋儒之學行實不愧於古人。」〔註11〕因此，宋儒
的學問人品現在看來一般都還是很好的。

　　而明作為清的前朝，其學術上雖然有種種不是之處，然而頗有意義的一
點是孕育了王陽明心學。明代程朱理學逐漸僵化，王陽明融合儒釋提出了心
學的基本命題。他還以禪宗大師的手段引導學生領悟，這樣一下子就擺脫了
沒落的程朱理學的束縛，對其形成反動，使性理之學提升到一個新的境界。

　　清代雖然樸學大昌，但是由於訓詁考據的學問偏重於方法性和學術性，
鮮能有思想性的見解。是故清人學術以樸學為風尚，以超宋抵漢為目標，但
理學依舊在士林中維繫，並且有著不小的影響。特別是康熙朝以來，統治者
對理學十分推崇。孟森講清史時嘗云：

> 　　康熙朝之達官，幾有北宋士大夫之風。而道學之一脈，歷雍乾
> 兩朝名臣迭出，以《學案小識》所載，考其淵源皆康熙朝理學諸臣
> 所傳播種子。直至道咸兵亂，平亂者根本在湘中理學，不可謂非聖
> 祖種其因而歷代收其果。〔註12〕

　　統治階層依舊以程朱理學來控制社會，理學在社會政治上也依舊發揮著
重要作用。道學家們所提出的那些倫理規則，依舊被世間奉行。即便是戴震
等人極力反對迂腐空疏的倫理，喊出「以理殺人」的口號，但仍不能躲開大
的社會現實。平心而論，性理之學在修養和思想上的見地確實要比樸學高明，
因此惠氏楹帖亦書「六經尊服鄭，百行法程朱」〔註13〕之語。清代也有一些
著名的理學家，他們多是親自踐行者而非空談者。

　　梁任公將清代理學學者分為以下幾個派別：陽明學派的餘波及其修正，

〔註9〕 《四庫全書總目》，上冊，第1頁上。
〔註10〕《四庫全書總目》，上冊，第1頁上
〔註11〕《經學歷史》，第313頁。
〔註12〕孟森：《清史講義》，南京：江蘇文藝出版社，2010年，第165頁。
〔註13〕《國朝漢學師承記》，第154頁。

以黃梨洲為代表；程朱學派及其依附者，以張楊園、陸桴亭等人為代表；實踐實用主義，以顏習齋、李恕古為代表。

這些都是清代初期的理學家，他們基本上奠定了清代理學的發展方向：在批判中繼承、在繼承中批判。而清代最重要的哲學著作，卻是出於樸學大家戴震之手的《孟子字義疏證》。皮錫瑞云：「戴震作《原善》《孟子字義疏證》，雖與朱子說經牴牾，亦只是爭辯一『理』字。段玉裁受學於震，議以震配享朱子祠。」〔註14〕戴震通過樸學的方法，考據古義，對孟子字義進行探討。從而根據孟子「有物必有則」〔註15〕的命題，認為「物者，事也；語其事，不出乎日用飲食而已矣；捨是而言理，非古賢聖所謂理也。」〔註16〕戴震指出，「古人所謂理，未有如後儒之所謂理者矣。」〔註17〕如此看來，戴震的哲學也是要超越宋儒直達古之聖賢的。但是究其根源還是歸到「理」字，與程朱所異者僅在講人倫日用之條理、同則，而程朱則講理在天道而具於人心〔註18〕。一個在物的，一個在心的。因此戴震在與段玉裁的書信中說：「僕生平論述最大者，為《孟子字義疏證》一書，此正人心之要。」〔註19〕一個樸學大家最得意之作竟是探討性理的，可見當時理學確實佔有很重要的地位。

在清代學者中，彭紹升是「理學而兼通儒釋者」，故其在儒學，特別是理學上有特殊的見解。

二、經典解讀

彭紹升讀儒書，其見解多以王學為歸。王陽明之學，吸收禪宗思想，提倡將思維理路指向內在心性。彭紹升出入儒釋，其學問脈絡亦與王學相同。王陽明的心學，乃是對明末程朱理學痼弊之反動，故彭紹升之思想多與朱子相左。

《易》是儒家哲學基礎，不論是儒家哪種學說，均不能避免對《易》的解說。關於《易》，彭紹升認為：

〔註14〕《經學歷史》，第 313 頁。
〔註15〕《孟子字義疏證》，第 2 頁。
〔註16〕《孟子字義疏證》，第 3 頁。
〔註17〕《孟子字義疏證》，第 1 頁。
〔註18〕近代學術界表述更為專業：戴氏哲學是唯物一元論，程朱哲學則為理氣二元論。可參看胡適《戴東原的哲學》。
〔註19〕《孟子字義疏證》，第 186 頁。

乾坤者，太極之妙用也。太極者，自心之異名也。太極無體，
以陰陽為體，陰陽分而太極隱矣。是故為高為卑，為暄為雨，為風
雷為山澤，其炳然於乾坤之內者，不知其所從出也。自心無題，以
動靜為體，動靜岐而自心泯矣。〔註20〕

此論是將「太極」認作人之自心，蓋出於心性之學也。周敦頤解「太極」，
云「無極而太極」。〔註21〕朱熹解周敦頤之說，云：「上天之載，無聲無臭，
而實造化之樞紐，品匯之根柢也。故曰：『無極而太極。非太極之外，復有無
極也。』」〔註22〕朱子以為無極乃是用來形容太極「無形狀」〔註23〕的；而所
謂太極，不過就是理而已。朱熹晚年的高徒陳淳嘗問朱子太極之義，朱子說：
「太極只是天地萬物之理。在天地言，則天地中有太極；在萬物言，則萬物
中各有太極。」〔註24〕可見，朱子之義以太極為無處不在的理，是造化萬物
的根本。而彭紹升之見識，則以太極為自心。是正為二人異趣之一端也。

彭紹升認為儒家之大德在於事天，故其讀《書》則有「古人君之事天也，
其猶孝子之事父母乎」〔註25〕之感慨。而事天則在於「無我」，「無我」方能
與天為一。彭紹升云：

孔子告顏淵曰：一日克己復禮，天下歸仁焉。克己者，無我之
謂也。無我則與天為一。禮，天之經；仁，即天之心也。有我故有
人，有人故有天下，有天下故天下之我並起而相抗，而莫能相勝也。
無我故無人，無人故無天下，無天下是合天下為一我也。〔註26〕

無我則能與天為一，故能事天。而欲達無我之境界，必先知性，此則又
溯回到心性之學上。儒家之目標，在於內聖而外王，故養性不離治國，修身
不離平天下。彭紹升亦深諳此道，在提倡「無我」以「事天」的同時，提出
「事天」還在乎「任人」與「觀民」。其云：「天生聖人所以為天下，苟不能與
之其天位、治天職，而使斯民不得被其澤，是棄天命而逆天心也。」〔註27〕

〔註20〕《二林居集》卷一《讀易》。
〔註21〕《周敦頤集》，第1頁。
〔註22〕《周敦頤集》，第4頁。
〔註23〕〔宋〕陳淳：《北溪字義》，北京：中華書局，1983年，第71頁。
〔註24〕〔宋〕朱熹，呂祖謙：《朱子近思錄》，上海古籍出版社，2000年，第135頁。
〔註25〕《二林居集》卷一《讀書》。
〔註26〕《二林居集》卷一《讀書》。
〔註27〕《二林居集》卷一《讀書》。

又云：「民者，天之心也，得民斯得天矣。」〔註28〕是與儒家自春秋以來一貫之主張無二。

然則，彭紹升為何以事天為大德？蓋其從《詩》中嘗見詩人懺戒之詞，如「敬天之怒，無敢戲豫。敬天之渝，無敢馳驅。」〔註29〕彭紹升認為：

> 上帝甚神，命有德，討有罪，如衡之輕重，度之長短，一視其人之自取，鮮或爽毫髮焉。然而或遲或速，或隱或顯，類非世智所能悉。鄙生小儒不究其終始，動以因果之說歸之佛氏，侮聖人而棄天命，吾不知其所終矣。〔註30〕

彭紹升認為天命有報應之效，故應該事天、敬天、則天。又以為天命之報應與佛教因果之說一樣，故佛教之理與儒家之理本來無異。但是眾所周知儒家的報應理論時常不能解釋諸如「為善的受貧窮更命短，造惡的享福貴又壽延」這樣的現實問題。《論衡》卷二《命義篇》：

> 說命有三：一曰正命，二曰隨命，三曰遭命。正命，謂本稟之自得吉也。性然骨善，故不假操行以求福，而吉自至，故曰正命。隨命者，戮力操行而吉福至，縱情施欲而凶禍到，故曰隨命。遭命者，行善得惡，非所冀望，逢遭於外而得凶禍，故曰遭命。凡人受命，在父母施氣之時已得吉凶矣。夫性與命異，或性善而命凶，或性惡而命吉。操行善惡者，性也。禍福吉凶者，命也。或行善而得禍，是性善而命凶。或行惡而得福，是性惡而命吉也。性自有善惡，命自有吉凶。使命吉之人雖不行善，未必無福；凶命之人雖勉操行，未必無禍。〔註31〕

按，東漢王充為了解釋「好人惡報」、「惡人福報」的現象將性與命的概念做了區別，但似乎仍蘊含了自己的滿腹牢騷。彭紹升認識到儒、佛兩家都講報應，卻沒有認識到儒家之報應乃基於經驗性，佛教之因果則更富哲理思辨性。由於儒家報應觀的經驗性特徵，故在伯夷叔齊、顏回盜跖等事例上無法解釋；而佛教以因果之說將報應理論推衍至前世來生，故能夠滿足人們懲

〔註28〕《二林居集》卷一《讀書》。
〔註29〕出自《詩·板》。《二林居集》所引中作「敬天之怒，毋敢戲渝。敬天之豫，毋敢驅馳」，疑誤。
〔註30〕《二林居集》卷一《讀書》。
〔註31〕〔漢〕王充：《論衡》，影印《摛藻堂欽定四庫全書薈要》本，長春：吉林出版集團，2005 年，第 18 頁下。

惡揚善的心理訴求，從而能夠流行於中國。彭紹升在認識到儒佛兩家的相同點時，已經不自覺地將佛教的因果理論應用到儒家的報應思想當中，因此得出「或遲或速，或隱或顯」的結論。

《中庸》云「天命之謂性」〔註 32〕，故事天、敬天，不可離性也。彭紹升以《中庸》為「盡性之書」〔註 33〕，其云：

> 維天之命，於穆不已。來無所從，去無所至。成一切性，離一切性。成一切性，故即性即命；離一切性，故即性非命。喜怒哀樂之未發，性也，一天也。寂然而不動，而未嘗無也。發而皆中節，性也，一天也。感而遂通，而未嘗有也。知也者，所以明此也；仁也者，所以體此也；勇也者，所以恒此也。子臣弟友，夫婦兄弟，一性之所發育也。富貴貧賤，夷狄患難，一性之所影現也。〔註 34〕

此蓋以性秉自於天，而賦之於萬物，乃萬物之共源、倫常之同則。或與朱子之言略同：「蓋人之所以為人，道之所以為道，聖人之所以為教，無一不本於天而備於我。」〔註 35〕不同的是，朱子之論，是基於其對命、性兩字的理解。朱子以為「命，猶令也；性，即理也」〔註 36〕，因此「氣以成形，理亦賦焉，猶命令也」〔註 37〕。如此，則理乃天所賦於人者，此誠分天與人理為二。然彭紹升之見解則以為「命」與「性」兩者本來不二，「天之所以為命，即人之所以為性也。」〔註 38〕蓋天命之所賦，即人性之所依。人性與天命理應相通，故能「知性則知天」〔註 39〕。

事天，應以「知天」為前提；知天，則以「知性」為基礎。若欲「知性」，則必反觀於心。因此，彭紹升指出，「大學一書，古聖人傳心之學也。」〔註 40〕彭紹升所說的《大學》，非朱子四書中之《大學》，乃《禮記》中的《大學》篇。此被稱為《大學古本》或《古本大學》，王陽明講《大學》嘗用此本。彭紹升蓋因之而論，云：

〔註 32〕〔宋〕朱熹：《四書章句集注》，北京：中華書局，1983 年，第 17 頁。
〔註 33〕《二林居集》卷一《讀中庸》。
〔註 34〕《二林居集》卷一《讀中庸》。
〔註 35〕《四書章句集注》，第 17 頁。
〔註 36〕《四書章句集注》，第 17 頁。
〔註 37〕《四書章句集注》，第 17 頁。
〔註 38〕《二林居集》卷二《中庸章句疑》。
〔註 39〕《二林居集》卷二《中庸章句疑》。
〔註 40〕《二林居集》卷一《讀古本大學》。

傳心之學，明明德一言盡之矣。親民者，明德中自然之用，非
在外也。民吾同體，親之云者，還吾一體而已矣。故下文不曰親民，
而曰明明德於天下。心量所周，蕩然無際。民視民聽，即吾視聽；
民憂民樂，即吾憂樂。……歸仁非在外，亦還吾一體而已矣。至善
者，明德中自然之矩，所謂天則也。……聖人以此洗心。退藏於密，
所謂至也。故道莫先於知止矣。知者，明德之所著察。止外無知，
知外無止。止外無知，是謂之本；知外無止，是謂知至。知至云者，
外觀其物，物無其物。物無其物，是謂物格。內觀其意，意無其意。
意無其意，是謂意誠。進觀其心，心如其心。心如其心，是謂正心。
由是，以身還身，以家還家，以國還國，以天下還天下，不役其心，
不動於意，不觳於物，是謂身修、家齊、國治、天下平。〔註41〕

此段議論，頗具佛教色彩，然究其要旨，不過以心為歸宿，從自心出發
理解儒家之道。此中「親民」之解，蓋從王陽明《傳習錄》出。

自孔子以來，禮樂之治便是儒家思想之大綱。儒家正心、誠意、修身，
終究要以禮樂治理天下。彭紹升讀《禮記》，亦不離《中庸》之教，其曰：

後之言禮者，吾悲之。辨名物、稽象數、考文章，以為禮，禮
若是而已哉。後之言樂者，吾悲之。別陰陽、分尺寸、窮損益，以
為樂，樂若是而已哉。若是者，古人之糟魄已爾，而人道之精華不
在焉。吾嘗讀《論語》而得之。子曰：「二三子以我為隱乎，吾無隱
乎爾。吾無行而不與二三子者，是某也。」此無體之禮也，憂憂乎
爾矣。又曰：「天何言哉，四時行焉，百物生焉，天何言哉！」此無
聲之樂也，洋洋乎爾矣。孔門諸子獨顏氏、曾氏為能契之。一簞食，
一瓢飲，在陋巷而不改其樂，不遷怒，不貳過，三月不違仁，此顏
回之禮也，憂憂乎爾矣。莫春者，春服既成，冠者五六人，童子六
七人，浴乎沂，風乎舞雩，詠而歸，此曾氏之樂也，洋洋乎爾矣。
後之君子，誠有志於禮樂，法顏氏、曾氏其可也。是故記禮之文，
《中庸》盡之矣。禮樂者，中和之異名也，不明乎天命之性，而慎
獨以為基者，其可以議於禮樂乎哉！〔註42〕

可見，彭紹升反對那些以訓詁考據來理解禮樂的做法，而是自《中庸》中

〔註41〕《二林居集》卷一《讀古本大學》。
〔註42〕《二林居集》卷一《讀禮記》。

拈出「中和」二字以解禮樂。此無非以為禮樂乃人之本性所發，若將其置於繁瑣則為舍本而逐末，是故其能從孔子、顏回、曾點處窺得禮樂之旨。〔註43〕

　　統而言之，彭紹升之儒學乃以本心、本性為出發點，通過對本心、本性的反省和認識，從而了解天命。知天命則能順天命，順天命則能事天、敬天。敬畏天命之報應，故能棄惡而行善、勤政而愛民，從而達到儒家內聖外王的終極目標。

三、晚清公羊學伏流

　　說《春秋》經者，有門戶之別，蓋自三傳而始。三傳，即《左氏傳》、《公羊傳》、《穀梁傳》。《左氏傳》以史實解經，故《春秋》經文必有確徵；《公羊傳》、《穀梁傳》則以義理見長。公羊學派，根本於《春秋公羊傳》，屬於今文經學。《公羊傳》義理極深，在理解「微言大義」上有著重要價值。西漢大儒董仲舒，便是公羊學大家。董仲舒深諳公羊義理，向漢武帝陳《天人三策》。漢武帝也鑒於公羊學的政治性和思想性，重用董仲舒，從而形成了漢代社會的基本政治價值。

　　漢代以後，伴隨今文經學勢力的衰落，公羊學亦逐漸沒落。然時至清代中後期，政治局面發生巨大轉變，公羊學之政治價值、精神價值，為知識分子重新估量，故而有了公羊學的復興。清代盛極之時，大學者們皆鑽研樸學，故《左傳》之學長盛不息，但在乾嘉中後期公羊絕學漸漸復興。而內憂外患竝起之時，知識分子需要救世良藥，公羊學便成其首選。故當時政壇、學界的風雲人物，大多是公羊學派學者，如魏源、龔自珍、康有為等等。

　　一般認為，晚清之公羊學淵源，發端於常州學派〔註44〕。莊存與是清代公羊學公認的開創者，其在科舉考試中嘗模仿《天人三策》而作文，後又專講《公羊傳》，影響了其子述祖，以及宋翔鳳、劉逢祿等人。〔註45〕乾隆時期的孔廣森，亦是研究《公羊傳》的大家，其作《公羊通義》乃是用箋注考釋的方法來理解《公羊傳》的。若說莊存與開創了清代公羊學先河，孔廣森用樸

〔註43〕胡適在《戴東原的哲學》中也提到過「禮不過是一個隨時應變的智慧」。
〔註44〕其實在乾嘉學派內部早已孕育了公羊學發展的種子，如段玉裁的學術視野中充分注意到了《公羊傳》的價值。段氏以小學訓詁的手法來重審《公羊傳》，力求通過校讎、考證來條暢公羊義理。其中最顯著的莫過於「殺、弒」之辨。詳參段氏《經韻樓集》、王氏《經義述聞》等。
〔註45〕參見陳其泰：《清代公羊學》，北京：東方出版社，1997年，第60～61頁。

學的方法闡釋了公羊學的元典，那麼劉逢祿等人則是公羊學派發展的先鋒。劉逢祿是莊述祖的外甥，他認為只有公羊學說才得孔子真傳，因此將公羊學派脈絡理清，從而與古文學派相抗。〔註46〕劉逢祿不僅自己講公羊學，還獎掖後學，清代中後期的兩位大思想家龔自珍、魏源都受過劉逢祿的讚賞。龔自珍和魏源的思想，在中國近代史上十分重要，影響了康有為、皮錫瑞等知識分子。《公羊傳》重要的理論在於「三世三統」，公羊學者便以此主張「變」與「革」的觀點，如此看來，公羊學思想的確是後來變法改革的寶貴源泉。

清代公羊學派脈絡，簡單來說如上述所言。然而，彭紹升之佛儒統合的思想，亦是晚清公羊學的一股伏流。彭紹升本人僅為一儒釋兼通的居士，並非專門的公羊學學者。然而，其卻為後世公羊學之發展做了一些伏筆。

首先，公羊學以義理見長，並不要求繁瑣嚴苛的考據。此在龔自珍與江藩書信中體現十分明顯。龔自珍云：「瑣碎餖飣，不可謂非學，不得為漢學。」〔註47〕龔自珍反對乾嘉學者沉溺於考據而不關注社會的風尚，認為「經世致用」才是應有的學術風氣。彭紹升也是不推崇繁瑣考據的知識分子，他雖生在乾嘉時期，然而並未走當時主流學術路線，正如他在《讀禮記》一文中所云：「後之言禮者，吾悲之。辨名物、稽象數、考文章，以為禮，禮若是而已哉。後之言樂者，吾悲之。別陰陽、分尺寸、窮損益，以為樂，樂若是而已哉。若是者，古人之糟魄已爾，而人道之精華不在焉。」〔註48〕禮之本旨在於踐行，必得用之於人道、用之於社會，而不是用來進行繁瑣考證的。因此，彭紹升一生雖然博覽經史，與戴震、盧文弨等樸學大家交流甚多，卻鮮有考證文字流傳。

「天人感應」說也是公羊學一個重要理論，《公羊傳》通過災異以明法戒，雖未必是《春秋》經本義，但後學推衍遂成一派學術。《春秋公羊傳·隱公九年》：「庚辰，大雨雪。何以書？記異也。何異爾？僽甚也。」〔註49〕按，僽，始怒也。隱公乃桓公兄，然隱公賤而桓公貴，故桓公當立。然桓公年幼，隱公長且賢，故代為國事。隱公雖無意於專位，但執政日久而不還政於桓公，故桓公始怒，終釀日後弒君之禍。

〔註46〕參見《清代公羊學》，第95～96頁。
〔註47〕《龔自珍全集》，下冊，第347頁。
〔註48〕《二林居集》卷一《讀禮記》。
〔註49〕〔漢〕何休注，〔唐〕徐彥疏：《春秋公羊傳注疏》，《十三經注疏》，下冊，第2210頁上欄。

「天人感應」雖可徵於經傳，而實際發明者乃西漢董仲舒。在董仲舒思想裏，「天」可謂是其哲學主體。他通過陰陽五行的理論，將「天」和儒家思想交融，指出天對人類社會的干預。〔註50〕因此，人道之政治必須應服從於天。《春秋繁露·楚莊王第一》云：

> 春秋之道，奉天而法古。是故雖有巧手，弗修規矩，不能正方員。雖有察耳，不吹六律，不能定五音。雖有知心，不覺先王，不能平天下。然則先王之遺道，亦天下之規矩六律已。故聖者法天，賢者法聖，此其大數也。得大數而治，失大數而亂，此治亂之分也。所聞天下無二道，故聖人異治同理也。〔註51〕

《玉杯第二》云：

> 春秋之法，以人隨君，以君隨天。曰：緣民臣之心，一日不可無君。一日不可無君，而猶三年稱子者，為君心之未當立也。此非以人隨君耶？孝子之心，三年不當。三年不當而踰年即位者，與天數具始終也。此非以君隨天邪？故屈民而伸君，屈君而深天，春秋之大義也。〔註52〕

《竹林第三》云：

> 正也者，正於天之為人性命也。天之為人性命，使行仁義而羞可恥，非若鳥獸然，苟為生，苟為利而已。是故春秋推天施而順人理。〔註53〕

由是可見，董仲舒將人道推本於天〔註54〕，人道綱常應以天為則，故有「受命」，有「正統」。若逆天而行，則災異降焉。《王道第六》云：

> 周衰，天子微弱，諸侯力政，大夫專國，士專邑，不能行度制法文之禮。諸侯背叛，莫修貢聘，奉獻天子。臣弒其君，子弒其父，尊殺其宗，不能統理，更相伐鉥以廣地。以強相脅，不能制屬。強奄弱，眾暴寡，富使貧，併兼無已。臣下上僭，不能禁止。日為之

〔註50〕 參見鄧紅：《董仲舒的春秋公羊學》，北京：中國工人出版社，2001年，第19頁。

〔註51〕 〔清〕蘇輿：《春秋繁露義證》，北京：中華書局，1992年，第14頁。

〔註52〕 《春秋繁露義證》，第31頁。

〔註53〕 《春秋繁露義證》，第61頁。

〔註54〕 董仲舒認為「人之（為）人本於天」，故人「乃上類天」且「天之副在乎人」。參見《春秋繁露義證》卷十一《為人者天章》。

食，星實如雨，雨螽，沙鹿崩。夏大雨水，冬大雨雪，實石於宋五，六鶂退飛。實霜不殺草，李梅實。正月不雨，至於秋七月。梁山崩，壅河，三日不流。晝晦。彗星見於東方，孛於大辰。鸚鵒來巢，春秋異之。以此見悖亂之徵。〔註55〕

言災異之例，董仲舒書中並不鮮見，故不煩再舉。兩漢今文學者也多執此類論點。董仲舒講天人合一，以天統攝人事，此尚停留於經驗性解釋的層面。然其影響甚深，成為漢代以來儒家傳統思維模式。

試比較《公羊傳》與程頤對《春秋》的解讀，可以發現至北宋以來的新儒學，則以思辨性解釋代替經驗性，用心性道理代替天人合一的思維方式。《春秋·桓三年》九月書「有年」，《公羊傳》：

有年何以書？以喜書也。大有年何以書，亦以喜書也。其曰有年何？僅有年也。彼其曰大有年何？大豐年也。僅有年亦足以當喜乎？恃有年也。〔註56〕

程頤傳云：

書「有年」，紀異也。人事順於下，則天氣和於上。桓弒君而立，逆天理，亂人倫，天地之氣為之繆戾，水旱凶災，乃其宜也。今乃有年，故書其異。〔註57〕

按，所謂「有年」即莊稼成熟，農業收穫。《公羊傳》以為桓公雖然不肖，但幸賴五穀豐熟，百姓安居，不肖之君為國無危。而程傳則明顯地摻入了人倫、天理等概念，認為桓公不肖，宜有災象垂示，如今「有年」，乃為異也。可見雖然皆操感應之論，但宋儒與公羊家觀點並不完全一致。是故宋代以後公羊義理的衰落不斷加劇，取而代之的是心性道理。

彭紹升則認識到儒家傳統思想中蘊含著報應規律，其云：「六經之文，諸子之記，言善惡之報甚詳。」〔註58〕「《春秋》者，史家之祖也，《春秋》紀災異，所以著天人感應之故甚明。左氏因而傳之，凡國之廢興，人之生死，事之成敗，必先原其善惡得失之所由，而究其所終極。」〔註59〕同時，他亦認

〔註55〕《春秋繁露義證》，第107頁。
〔註56〕《春秋公羊傳注疏》，下冊，第2214頁下欄。
〔註57〕〔宋〕程顥，程頤：《二程集》，北京：中華書局，1981年7月第1版，2004年，下冊，第1103頁。
〔註58〕《一行居集》卷三《活閻羅斷案後敘》。
〔註59〕《二林居集》卷五《二十二史感應錄後》。

識到了儒家報應理論的不足：「聖人感應之說，卒不能常伸於天下。」〔註60〕對於儒家報應理論的短處，彭紹升提出可以從佛教來彌補，他說：「儒之未顯言之者，佛特顯言之；儒之未盡言之者，佛特盡言之。」〔註61〕

因此，彭紹升從王陽明心學入，雜糅佛教教義，重新理解天人理論。正如前文所論述的，彭紹升以為人性與天命同源，故「知性則知天」。知天，則能事天、敬天、法天。若不以天為則，便有天命報應之效，且此報應不必在於當世，亦不必顯著。可見，彭紹升在董仲舒「奉天」的思想上，參入了心性之學，將天所統攝的人事，深入到人的內心本性。這樣與天相合的，不只是政治、社會，還有個人。彭紹升又在天人感應、災異警示的思想中，融入了佛教的因果理論，將報應思想完善，使之更容易讓人信服。這些都是在基於經驗的公羊學理論當中，融入了他山思辨性因子，無疑是推動了公羊學的進步。

彭紹升本非公羊學家，卻在不自覺中推動了公羊學的發展。這或與其博覽經史、兼通儒釋的閱歷有關。龔自珍嘗師事江沅，江沅又嘗師從彭紹升，故龔自珍可算彭紹升再傳弟子。只是，如今可以確切考證的是龔自珍佛學思想與彭紹升有莫大的關係，而公羊學思想尚未有十足的明證。不過，對於一個人思想之繼承並不可能僅偏限於一個方面，因此可以大膽推論龔自珍的公羊學思想或多或少會有從彭紹升那裡所得來的。故可以將彭紹升視作晚清公羊學派的一支伏流。

第二節　對宋明諸儒的評論

彭紹升立志於學，乃從宋明諸老書入。是故，其於宋明諸儒，多有品評。今擇其數條，以管窺彭紹升思想態度之一斑。

一、論六子

六子者，程顥、邵雍、陸九淵、楊簡、王守仁、高攀龍六人也。其中程顥、邵雍是北宋人，陸九淵、楊簡是南宋人，王守仁、高攀龍是明代人。六子的學術有異亦有同。彭紹升嘗讀六子書，偶有議論。

程顥，字伯淳，世稱明道先生。與其弟伊川先生程頤，合稱二程。他們

〔註60〕《一行居集》卷一《書五苦章句經後》。
〔註61〕《一行居集》卷一《書五苦章句經後》。

在政治上追隨司馬光，學術上被視為理學的奠基人。二程一派的理學，又被稱作「道學」，「他們認為他們的學說把孟子以後中斷了一千四百年之久的儒學道統真正承接起來了。」〔註62〕程顥提出「天理」等理論觀點，大大影響了後世的理學家。

程顥，作為具有開創意義的理學家，自然受歷代學者之追捧。彭紹升亦稱讚他，說：

> 昔仲尼沒而微言絕，七十子之所傳者，大義而已矣。大義明而微言可得而尋也。思孟既往，儒術浸衰，董王代興，濂雒繼作，述六經，尊孔孟，而大義炳然復明。要其揭聖人之心傳，殫微言以詔後世者，惟明道先生弗可及矣。其為學也，一天人，徹內外，同物我，測之而彌深，溯之而彌廣。自南渡以降，群善之異同，殆未有能出其範圍者也。〔註63〕

此誠以程顥能上接思孟，得孔子之傳；下啟群儒，開學術之源，故將其置於宋明理學之開山地位。然二程本為兄弟，其學問又同歸，為何彭紹升推崇程顥而不論程頤？或因陸子所云：「二程見周茂叔後，吟風弄月而歸，有『吾與點也』之意。後來明道此意卻存，伊川已失此意。」〔註64〕

邵雍，字堯夫，人稱康節先生。其思想與二程不同，有來源於易學象數派的部分，故被人稱為「數」學，又與周敦頤「孔顏樂處」相呼應，提倡「安樂逍遙」的精神境界。〔註65〕邵雍提倡「以物觀物」的「無我」思想，這被彭紹升所推崇。

彭紹升讀邵雍著作，則曰：

> 《無名公傳》曰：斯人有體乎？曰：有體，有體而無跡者也。斯人無用乎？曰：有用，有用而無心者也。夫無跡也，無心也，不幾於化矣乎？化則吾無從測之也。吾讀伊川《擊壤集》，無弗諧也，無弗暢也，是樂而已矣。等樂也，或有待，或無待。有待之樂，將必有不樂者隨之，是未離乎心與跡也。無待之樂，離心與跡矣。離心與跡者，死生無變於已，而況其適然之遇乎？是故孔子之樂，飯

〔註62〕陳來：《宋明理學（第二版）》，北京：生活‧讀書‧新知三聯書店，2004年，第58頁。

〔註63〕《二林居集》卷二《讀程伯子書》。

〔註64〕〔宋〕陸九淵：《象山語錄》，上海古籍出版社，2000年，第25頁。

〔註65〕《宋明理學（第二版）》，第91頁。

疏飲水而已。顏子之樂，簞食瓢舍欠而已。有待邪，抑其無待邪？

誠之伊川擊壤之樂，則可以知孔子顏子之樂矣。〔註66〕

按，《無名公傳》，邵雍自寓之作也。《易圖明辨》卷七云：「邵子之心與太極為體，嘗作《無名公傳》以自寓，無名者，太極之謂也。」〔註67〕可見，邵子的「無我」思想在彭紹升處得到推崇，彭紹升特拈出「無待之樂」以理解「孔顏樂處」。所謂「無待」，實出《莊子·逍遙遊》，《逍遙遊》講「無所待」，便與「無我」有些許相通之處。

陸九淵，字子靜，自稱象山居士，後世便以象山先生稱之。陸九淵是與程朱不同的一位理學家，他的思想出發點是「心」，靠「靜坐」來體驗，故其學說亦被稱作「心學」。陸九淵具代表性的論斷是「心即是理」，強調天地之理與人心的統一性。

彭紹升最好王陽明之學，然談心學者陸王並稱，故彭紹升之於陸子評價極高。其云：

陸子之學主尊德性，其言尊德性之功，曰：切己自反，遷善改過，此顏子之學也。《易》曰：不遠復，無祇悔，元吉。《繫辭》曰：有不善未嘗不知，知之未嘗復行。此其功也。夫人莫不謂禍之當改，而能改過者實鮮，此其患在於不知。即知之，又患於知之不真。非能自見其本心者，未有能真知過者也。陸子曰：先立乎其大者。此其本也。君子終日乾乾，夕惕若厲，無咎。如此而已矣。吾儕誠有志於寡過之學者，其不可不師陸子也。〔註68〕

彭紹升提倡陸子「遷善改過」之功，以為若欲無過，則必須先「自見其本心」。因此，學貴在知本，知本在於知心，知心則不能不學陸子之學。

楊簡，字敬仲，人稱慈湖先生，是陸九淵門下學生。楊簡之學，和陸九淵一樣以內心為歸宿。其體驗內心的方法，也是靠「靜坐」。楊簡最具特色的理論是「不起意」，認為人性本善，而各種各樣的「意」是造就罪惡的根源。這與佛教的主張頗有相似之處。在佛教的唯識哲學中，第七識即佛教所言末那識。末那識，華言意識，為第六識之根，依阿賴耶識轉。第六識亦名意識，依主釋，乃意根之識。第七識，依業釋，妄執阿賴耶識為我執，反藏於阿賴耶

〔註66〕《二林居集》卷二《讀邵子書》。

〔註67〕〔清〕胡渭：《易圖明辨》，北京：中華書局，2008年，第175頁。

〔註68〕《二林居集》卷二《讀陸子書》。

識之中。因第七識妄執我執，故為生死妄本。佛教諸宗皆有「打七」：禪有「禪七」，淨有「念佛七」。一概以七天為期，勤修精進，以消除妄念為旨。

彭紹升評論楊簡，則云：

> 本心之學，直達而已矣。楊子問於陸子，曰：如何是本心？陸子曰：適來斷扇獄，是知其為是，非知其為非，此即本心。楊子曰：如斯而已乎？陸子竦然厲聲曰：更何有也？楊子言下廓然。楊子之論學也，以絕四為宗。或者疑之曰：是知其為是，非知其為非，而能無意乎？知歸子曰：直達而已矣，何意之有？子曰：吾有知乎哉？無知也。無知而無不知，是謂絕四，是之謂本心。〔註69〕

「本心」的概念，在這裡實際上很簡單，就是「是知其為是，非知其為非」。然而因為「意」的存在往往使人不能明見本心。正如陸子將「本心」告訴給楊簡，楊簡卻還要問有沒有其他的，這便是使本心繁複的「意」。彭紹升提倡楊簡「直達」本心而「不起意」的思想，這應該和其修行佛法的背景相關。

王守仁，字伯安，自號陽明子，人稱陽明先生、王陽明。王陽明是明代心學的代表人物，他提出「心外無理」、「心外無物」、「致良知」、「知行合一」的觀點，是對朱子學說的反動，對後世影響極深。

彭紹升於宋明諸儒中，最喜愛王陽明，故其於王學見解頗深。他論「致良知」，則云：

> 充古今、塞宇宙，良知而已矣。致良知者，道在反躬而已矣。反躬奈何？去其不善以復於無不善斯已矣。有不善者，良知之弊也。復於無不善者，充古今、塞宇宙，良知而已矣。後之學王子者，吾異焉。言知不必良，言良知不必致。知而不必良，則不善不可得而去也；良知不必致，則無不善者不可得而復也。此其所以異於聖人之學也。吾讀王子書，而知其為聖人之學也。君子之中庸也，致良知也。〔註70〕

彭紹升極其認可「致良知」的理論。從自身入手，反觀自心，才能去不善而致良知。並且彭紹升批判了王學末流，以為「良知」是人心之善，「致」是去不善之工夫，因此「致良知」三個字均為關鍵，不可少其一。而「後之學王子者」，斷章取義，未能領會王學真正精神。

〔註69〕《二林居集》卷二《讀楊子書》。
〔註70〕《二林居集》卷二《讀王子書》。

高攀龍，初字雲從，更字存之，東林八君子之一，嘗與顧憲成修復東林書院，講學於其中，因此世人「高顧」並稱。因觸怒魏忠賢而獲罪致死，後追謚忠憲。高攀龍生平成就，多在詩文和政治上，而學術上的建樹不十分明顯。然而其少年有志於程朱之學，又主持以靜坐工夫來收斂身心，體氣悟理，故於思想上頗具特色亦影響不小。

彭紹升四世祖彭瓏信從高氏之學，自己又志慕東林黨人之為人，故與高攀龍有不小的淵源。其云：

> 高子之言格物，以性善為宗。言主敬，以胸中無絲毫事為本。
> 其善發程朱之蘊，以契思孟之傳者與。昔我高王父晚歲讀高子書，
> 發憤進學，以志矩名其齋。曾王父平生奉行服七規，老而彌篤。紹
> 升淵源所自，敢或殆忘。〔註71〕

此段文字中，彭紹升自推家學淵源至高攀龍，並認同高攀龍之學是符合思孟正統的。由此可見，彭紹升對高攀龍的態度還是十分恭敬的。

總結而言，彭紹升對宋明諸老的理學都從不同的角度進行思考，並都能吸收其精華之處。彭紹升之學，最終歸結於王陽明心學一派，因此對朱熹的學說不贊同處最多。這一點將在下面論及。

二、疑朱熹

誠如張舜徽《清人文集別錄》評價彭紹升《二林居集》所言：「說經由好與朱子立異。」〔註72〕彭紹升學主王陽明，故不得不立異於朱子。然而朱熹作為集理學之大成者，彭紹升亦不能忽視其學術之合理性，其云：

> 敬也者，立此者也；義也者，宜此者也。朱子於此信之，深守
> 之篤，其所以得孔孟之傳者，實在於是。後之述朱子者，徇其末，
> 不求其本，所以論說日繁，而日遠於大道也。〔註73〕

彭紹升並沒有去動搖朱子承接思孟的正統地位，而是指出朱子後學舍本逐末，以至於使朱子之學遠離正軌。王陽明之所以用心學來反對朱子理學，正是因為當時言朱子之學者風貌糜爛，死氣沉沉。這一點上，彭紹升是繼承了王陽明的。然而王陽明之學，在理學內部，是對朱子學說的一個極大反動。

〔註71〕《二林居集》卷二《讀高子書》。
〔註72〕《清人文集別錄》，第222頁。
〔註73〕《二林居集》卷二《讀朱子書》。

故彭紹升於朱子的重要著作幾乎都有質疑的文章，其《太極圖說疑》、《論語集注疑》、《大學章句疑》、《中庸章句疑》以及《孟子集注疑》五篇文章，便是對朱子影響後世最深的五部作品的思考。這五篇文章，見收於《二林居集》卷二，極具代表性。

《太極圖說》是朱子解說周敦頤《太極圖》的著作，其中有一句言：「五性感動，而善惡分，萬事出矣。聖人定之以中正仁義，而主靜，立人極焉。」〔註74〕彭紹升因此而發難，云：

> 夫仁義中正，性之德也。性之德本無不定，承善惡言之曰定，可也。定則未有有靜者，仁義中正實有諸己。時止則止，時行則行，斯可語於定矣？而復言主靜，是猶白日而然鐙也。如曰無欲故靜，無欲則無所主矣，有主之心即欲也。〔註75〕

朱子認為，「五常之性，感物而動，而陽善、陰惡，又以類分，而五性之殊，散為萬事。蓋二氣五行，化生萬物，其在人者又如此。自非聖人全體太極有以定之，則欲動情勝，利害相攻，人極不立，而違禽獸不遠矣。」〔註76〕在朱子看來，中正仁義乃聖人定之，唯聖人「全體太極」，故能「全動靜之德，而常本之於靜」〔註77〕；而其他人則千差萬別，不能至於聖人的境界，因此應當從無欲來著手修「靜」的工夫。彭紹升則認為，仁義中正乃是人的本性，是在於人自身的。因此就沒必要去論述「定」與「靜」，仁義中正是本性之德，卻還要靠「主靜」去探尋，即是多此一舉。況朱子言「無欲」則能「靜」，而一旦「主靜」之念起，就不能再說是「無欲」了。彭紹升這種觀點，完全是出於心學主張的，這是要求人們向內探求內心，猶如禪宗所言的「明心見性」。

朱熹的《論語集注》、《大學章句》、《中庸章句》和《孟子集注》，合稱為《四書章句集注》，這是科舉考試的必讀書目，影響極大。朱熹對於四書的詮釋，用功極深，傾注了大量心血，據說直到他人生的最後一天還在修改《大學·誠意章》的注釋。朱熹的注解，不僅僅注重義理的發揮，也重視對文字的訓詁，因此其價值不容小覷。

朱子在注《論語·學而》時，云：「學之為言效也。人性皆善，而覺有先

〔註74〕《周敦頤集》，第6頁。
〔註75〕《二林居集》卷二《太極圖說疑》。
〔註76〕《周敦頤集》，第6頁。
〔註77〕《周敦頤集》，第7頁。

後，後覺者必效先覺之所為，乃可以明善而復其初也。」〔註 78〕彭紹升則認為：

> 學也者，覺也，斅也。覺者，自明之謂；斅者，日新之謂也。人性皆善而覺有先後，然則學也者，在乎復我本明，還吾本善而已。後覺者必效先覺之所為，此誠身者所有事，而非明善之功也。明善之功，在致知、格物而已。未有不明乎善而議於誠身者也。〔註 79〕

彭紹升思想中，「明善」即是明本來之善，故「明善」之功不應是向外探求，而應向內找尋。朱子所言「後覺效先覺之所為」便可以「明善」，這種學習他人的方法正是向外探求的表現。彭紹升並不排斥「後覺效先覺之所為」的方法，只是這種方法應該是用來「日新」的，是讓人更加進步的，而不是用來明了本性的，這是「學」的另一個方面。至於「學」的次第，應該是先了悟本性之善，再去追求更進一步的完善。因此，「明善」和「誠身」不能混同。

朱熹作《大學章句》，在「明明德」下注云：「明明德者，人之所得乎天，而虛靈不昧，以具眾理而應萬事者也。但為氣稟所拘，人慾所蔽，則有時而昏；然其本體之明，則未嘗息者。故學者當因其所發而遂明之，以復其初也。」〔註 80〕對於此，彭紹升云：

> 本體之明，無閒於未發已發，而必以未發為之本。故曰：中也者，天下之大本也。戒慎不睹，恐懼不聞，正從未發以前，端本澂原，以求復我本明之體。本明既復，其發也直達而已。豫章延平相傳程門心法於是乎在，今捨未發而求之已發，譬猶掘井而不及泉，欲其流之不竭也，能乎？當云：因其所固有而遂明之。則此病免矣。〔註 81〕

彭紹升以為，本體之明即是內心之性，無論「未發」還是「已發」，其「性」不易。而「未發」的狀態，則是「本性」在內心中最原始的狀態。因此，「求復本明之體」，就是觀照內心探求本性。朱子雖然也承認，「本體之明」是不會因為外界所改變，但是其探求理路是因循「已發」而進行的。這是向外求，彭紹升主持的是向內求，此即是二者相異最著處。因此，彭紹升認為朱子從

〔註 78〕《四書章句集注》，第 47 頁。
〔註 79〕《二林居集》卷二《讀論語集注疑》。
〔註 80〕《四書章句集注》，第 3 頁。
〔註 81〕《二林居集》卷二《大學章句疑》。

「已發」來求本性，是舍本逐末之舉。

　　前文曾經言及，朱熹在《中庸章句》中解釋「天命之謂性」云：「命，猶令也。性，即理也。天以陰陽五行化生萬物，氣以成形，而理亦賦焉，猶命令也。於是人物之生，因各得其所賦之理，以為健順五常之德，所謂性也。」〔註82〕彭紹升則云：

> 天命之謂性，言天之所以為命，即人之所以為性也。其為物不二，故曰：知其性則知天矣。謂之曰令，則二之矣。《易大傳》曰：窮理盡性以至於命。《詩》云：夙夜基命宥密。其亦可以命為令乎？〔註83〕

　　彭紹升從訓詁的角度對朱熹發出質疑，並由訓詁層面上升至義理討論。彭紹升以為「命」不能理解成「令」，並以同時代的語言材料作為反證，指出「令」作為「命」的解釋並不是當時的普遍用法。何況，如果訓「命」為「令」，則天命與人性將分別為二。彭紹升認為天人合一，二者並無差別。然而，實際上周代金文中「命」「令」二字相同，因此朱熹之解未必有誤。

　　朱熹注《孟子·滕文公上》中「孟子道性善」一句，云：性者，人所稟於天以生之理也，渾然至善，未嘗有惡。……程子曰：性即理也。」〔註84〕對於此，彭紹升云：

> 程子曰：性即理也。謂理為性之所具則可，謂理為性則不可。理者，條理也。性其渾然者耳。於渾然之中，指其秩然者，謂之理。所謂溥博淵泉而時出之也。若以理為性，是知有川流而不知有敦化也。《易大傳》曰：窮理盡性以至於命。理既窮，則理不可得而名也，一性之不二而已矣。性既盡，則性不可得而名也，一命之不已而已矣。〔註85〕

　　在朱熹那裡，「性」就是「人所稟於天以生之理」，二者其實是一個概念。而彭紹升理解「性即理也」這條命題，並不是簡單的以理為性。在彭紹升思想中，「理」只是「性」的條理秩序，因為本身之性是渾然的。此間關於「理」的解釋，頗像戴震《孟子字義疏證》所解「理」為「條理」「分理」者，「理」

〔註82〕《四書章句集注》，第17頁。
〔註83〕《二林居集》卷二《中庸章句疑》。
〔註84〕《四書章句集注》，第251頁。
〔註85〕《二林居集》卷二《孟子集注疑》。

與「性」亦是兩種不同的哲學概念，不可混談，彭紹升或受其影響亦未可知。

以上，是從彭紹升五篇文章中摘取部分進行探討的。此足可見其針對朱熹學說的種種不同意見乃基於其心學淵源。彭紹升其學從王陽明，其身入佛門，這種閱歷奠定了其向內心探求本性的基礎。彭紹升在儒釋兩家的影響下，也致力於消除儒釋之間的隔閡。因此，他的性理學說，很多都是憑藉佛教教義來領會的。

第三節　佛教思想下的性理學說

中國歷史上，有很多崇儒排佛之人，亦不乏主張儒釋調和之人。從《弘明集》《廣弘明集》中許多護法弘道的文章看，佛教在中國能夠立足並流行，是因為其與中國傳統文化的諸多相通之處。既然二者相通之處甚多，故二者調和也是順其自然之舉。彭紹升出入儒釋，對兩家學說都有一定的見解，故其作儒釋調和之功也頗勤。

一、《一乘決疑論》

宋代理學家，多以儒家正統自居，故於佛教採取排斥態度。彭紹升早年習儒業之時，亦嘗順從諸老態度，作排佛之論，其云：「予初習儒書，執泥文字，效昌黎韓氏語，妄著論排佛。然實未知佛之為佛，果何如者也。」〔註86〕至其發心探求自身本性，研讀佛理，方覺悟前輩賢彥鬥爭儒釋，本不應該。故彭紹升發願作《一乘決疑論》，以解諸儒之惑：

> 豈世出世間，其為道固不可得而同與？抑法海無邊，罕能盡其原底與？予畜疑久之，累數年而後決。《蓮華經》云：十方佛土中，唯有一乘法，無二亦無三。除佛方便說，但以假名字，引道於眾生。予讀孔氏書，得其密意。以易繫無方、中庸無倚之旨，遊於華嚴藏海。世出世間，圓融無礙。始知此土聖人，多是大權菩薩方便示現，乃以名字不同，橫生異見，鬥爭無已，不亦大可悲乎！既自信於中，又懼天下萬世之疑，不能直決也。因疏暢其說，以解諸儒之惑，以究竟一乘之旨。〔註87〕

〔註86〕《一乘決疑論》，卍續藏，第 104 冊，第 149 頁上。
〔註87〕《一乘決疑論》，第 159 頁上。

彭紹升認為歷史上之所以有闢佛之舉，無外乎兩種原因：一以為偽教，一以為異端。以為偽教者，源於「天眼未通」〔註88〕；以為異端者，在乎「法執未忘」〔註89〕。按，天眼通乃六通之一，指修得與色界天人同等的眼根，不論遠近內外晝夜，皆歷歷在目。法執乃二執之一，指執著一切法為實有之妄念。因此，在此兩種原因之下，歷史上才會有屢次闢佛運動以及無數排佛之人。於是，彭紹升唱斷法執、通天眼，以此調和儒釋。這正是佛教基本學說之下的儒釋和合理論，與其說是調和儒釋，不如說是緣釋解儒。故《一乘決議論》乃用佛教理論，回應諸儒排佛之言。

《一乘決疑論》主要針對程、張、朱、陸、顧、高諸子而發，以斷法執、通天眼為思想武器，逐一回應諸子排斥佛教的言論。茲舉評數例，以明其旨：

> 程子曰：佛學只是以生死恐動人，聖賢以生死為本分事，無可懼，故不論生死。知歸子曰：朝聞道，夕死可矣。然則未聞道而死，其可不謂之虛生乎？夫虛生者，聖人之所甚懼也。是故「學易而假年，發憤而忘老」，其為性命之憂，豈不大哉！佛言生死事大，正欲策人聞道耳，何嘗怖死哉！故曰不生不滅，名一往來而實無往來，只作尋常本分事說也。〔註90〕

按，程子抨擊佛教生死理論。彭紹升則以為佛言生死，乃以人生短暫，歲月無多，宜精進修道故。如此則近似《論語》中「朝聞道，夕死可矣」。叢林晚課所誦《普賢警眾偈》云：「是日已過，命亦隨減，如少水魚，斯有何樂。大眾，當勤修精進，如救頭然，但念無常，慎勿放逸。」〔註91〕此正是彭紹升所言之意。然程子所解「朝聞道，夕死可矣」云：「言人不可以不知道，苟得聞道雖死可也。」〔註92〕此處意在以道為志，未有「懼虛生」之意。倒是朱子之言，「道者，事物當然之理，苟得聞之，則生死順安，無復遺恨矣。」蓋如若不聞，死則遺恨不安，頗與彭紹升之意相近。

> 程子曰：傳燈錄諸人如有達者，臨死時決定當尋一尺布裹頭而

〔註88〕《一乘決疑論》，第165頁下。
〔註89〕《一乘決疑論》，第165頁下。
〔註90〕《一乘決疑論》，第149頁下。
〔註91〕《諸經日誦集要》卷下，嘉興藏，臺北：新文豐出版公司印徑山藏版，第19冊，第177頁中。
〔註92〕《四書章句集注》，第71頁。

死，必不肯削髮胡服而終也。知歸子曰：法法不相知，法法不相到，法法空寂，法法平等。如以一尺布為實法，則世間以尺布裹頭而死者，其皆得謂之聞道邪？古之人固有斷髮文身而稱中權者，又何說也？不知實際理地，不受一塵，四大本空，尺布何有。若論佛事門中，竿木隨身，逢場作戲，其為尺布也多矣。即安得以我之所餘，傲彼之不足也。〔註93〕

按，是處彭紹升以斷法執來回應程子之言。程子憑《傳燈錄》中記載有人臨死以尺布裹頭之事而譏釋子。彭紹升認為程子執著於裹頭之布，以及釋子平素裝扮，故未見佛法真實義。

朱子之論觀心也，曰：心者，人之所以主乎身者也。以之觀物，則物之理得。今復有物以反觀乎心，則此心心外復有一心，而能管乎此心也。是以心求心，以心使心，如口齕口，如目視目也。知歸子曰：謂以心觀物者，是外心以求物也。謂以物觀心者，是外物以求心也。心無內外，故物無內外；物無內外，故觀無內外。然則以心求心可也，如空合空而已矣；以心使心亦可也，如身使臂而已矣。古德不云乎：觀是何人，心是何物。〔註94〕

按，朱子以心為身主，故用以能觀物而不能被觀。若觀心則必有另外一心，如此即於理不通。是為針對佛教觀心之論而發，批評佛教教理不通，心外有心。佛教之觀心，乃為觀察心性如何。佛教不以心為身主，而以心為萬法之主。故其言觀心，實為觀察一切。因此，凡是究事觀理，皆可謂之「觀心」。彭紹升以佛教教義出發，言一切法本無差別，故心與物無內外之分。因此，以觀心與觀物無二之論回應朱子之說。

陸子之判儒釋，曰義利、曰公私。唯義唯公故經世，唯利唯私故出世。儒者雖至於無聲無臭無方無體，皆主於經世。釋氏雖盡未來際而普度之，皆主於出世。知歸子曰：否否。儒固未嘗經世，佛又未嘗出世也。夫所謂世出世間者，特分別心所見耳。古之大人，所過者化，所存者神，有天下而弗與。雖德被四海，功在萬世，初未嘗見有天下也。如必斤斤焉以經世為心，則是有天下而與焉也，是自私者也，是用智者也。其為方體也大矣，其為聲臭也章矣，不

〔註93〕《一乘決疑論》，第149頁下。
〔註94〕《一乘決疑論》，第155頁下。

足以語於義皇堯舜周文之心也決矣。佛所謂出世間者，謂出三有世間也，出五蘊世間也。切而言之，則世間云者，一生滅心而已矣。易所謂憧憧往來朋從爾思是也。生滅情盡，則出世間矣。即生滅心，悟真常心。艮其背，不獲其身；行其庭，不見其人。此之謂也。即生滅心，悟平等心。天下同歸而殊塗，一致而百慮，天下何思何慮。此之謂也。未至於此，則所謂經世者，特驩虞小補云耳。所謂出世者，特聲聞小乘云耳。其為私與利也，豈不大哉！〔註95〕

按，陸子以公義、私利區分儒釋。唯公義者，經世之儒；唯私利者，出世之釋。彭紹升認為經世與出世非儒釋區別之處，儒與釋應是一樣，出世入世相互結合，未可分離而言。此亦是以斷法執來剖析。若單單以經世歸儒，以出世歸釋，則皆未能得儒釋之本旨。至於佛教出於私利之論，彭紹升在與韓公復書中另有辨別。其云：「夫佛之道，正深患人之有私，而務欲人洞乎廓然大公之本。」〔註96〕彭紹升以為佛教教義以身為假、以心無生，既然如此，如何而私。

或問：佛氏說真性不生不滅，其意如何？胡子曰：釋氏以知覺運動為心，是氣之靈處，故又要把持此物以免輪迴。愚故曰釋氏不識性，妄指氣之靈者謂性。知歸子曰：不生不滅，本體如然；圓裏六虛，更無他物；知覺運動，何莫非心；本無所住，安用把持。若認氣為心，便成繫縛，是生死根，何名真性。〔註97〕

按，胡居仁以氣的概念比附佛教所謂的心，故認為佛教之心乃「氣之虛靈處」，並非是「性」。彭紹升亦認為其執著於有為法，勉強以氣解心，淪落束縛，更不能明性。

以上五例，咸從《一乘決疑論》中擇出，雖不完備，然略可管窺彭紹升於佛教理論之下對儒學解讀的旨趣所在。彭紹升欲整合兩家之說，其初衷雖好，但很容易使得二者之間相互混淆。因此，戴震云：「以六經孔孟之恉，還之六經孔孟；以程朱之恉，還之程朱；以陸王佛氏之恉，還之陸王佛氏，俾陸王不得冒程朱，釋氏不得冒孔孟。」〔註98〕此別是一種卓見。

〔註95〕《一乘決疑論》，第 158 頁上。
〔註96〕《一行居集》卷四《答韓公復》。
〔註97〕《一乘決疑論》，第 161 頁上。
〔註98〕《戴震文集》，第 240 頁。

二、念佛即性理學問

　　彭紹升認為，「道一而已，在儒為儒，在釋為釋，在老為老。教有三，而道之本不可得而三也。」〔註99〕故而儒釋道三教理論，本質無別，只是論證方法與表述方式有所差異罷了。

　　彭紹升著作多出入儒釋之間，以佛教思想來理解儒家典籍。其中《讀論語別》有云：

　　　　曾子曰：仁以為己任，不亦重乎。死而後已，不亦遠乎。苟有已焉，何遠之有。子曰：逝者如斯夫，不捨晝夜。言不已也。普賢云：虛空界盡，眾生界盡，眾生業盡，眾生煩惱盡，我願乃盡。言不已也。知此則知仁矣。〔註100〕

　　　　唐棣之華，遍其反而；豈不爾思，是室遠而。子曰：未之思也，夫何遠之有。是故憶佛念佛，現前當來，必定見佛，其果遠乎哉。是心作佛，是心是佛，其果遠乎哉！〔註101〕

　　　　吾其為東周乎？夫子之心切矣。然而顏氏之瓢飲則賢之，曾晳之沂浴則與之。佛言須菩提岩中宴坐，能見吾法身，不其然乎？〔註102〕

彭紹升認為儒佛本無二致：儒者以仁為己任，佛教則以斷除眾生煩惱為己任，而這兩件事在本質上是相同的。孔子認為「未之思也，夫何遠之有」，彭紹升則以此來理解念佛，以為用心念佛則去佛不遠。至於孔子賞識顏淵與曾晳，這與世尊讚歎弟子須菩提的心理基本一樣。彭紹升能如此領會，故可以認為佛教與儒家大體相通，聖人之心本來無二。

　　既然儒釋二家相通，聖人之心無二，故兩家學說亦能互相補充、證明。彭紹升在其《讀中庸別》中，如是理解《中庸》「大小之說」：

　　　　子思子論君子之道，曰：「語大，天下莫能載焉；語小，天下莫能破焉。」而如來藏，唯妙覺明，圓照法界。是故於中，一為無量，無量為一。小中現大，大中現小，不動道場，遍十方界，身含十方無盡虛空，於一毛端現寶王剎，坐微塵裏，轉大法輪。予讀經言，而乃廓然於《中庸》大小之說也。《涅槃經》言：「我以摩訶般若，

〔註99〕《一行居集》卷四《答沈立方》。
〔註100〕《一行居集》卷二《讀論語別》。
〔註101〕《一行居集》卷二《讀論語別》。
〔註102〕《一行居集》卷二《讀論語別》。

遍觀三界有情無情一切人法，悉皆究竟。無繫縛者，無解脫者，無
主無依，不可攝持，不出三界，不入諸有，本來清淨，無垢無煩惱，
與虛空等。不平等，非不平等，盡諸動念，思念心息，如是法相，
名大涅槃。」《詩》云：「鳶飛戾天，魚躍于淵。」言其上下察也。
不其然乎，不其然乎！是故在天而日月星辰，在地而華嶽河海，在
人而五達道、三達德，禮儀三百、威儀三千，在鬼神而在上、在左
右，在聖人而議禮制、度考文、經大經、立大本、智化育。無在非
天，無在非鳶之飛也；無在非淵，無在非魚之躍也。圓滿菩提，歸
無所得，故曰：「上天之載，無聲無臭。」至矣！天下無二道，聖人
無兩心，其不可易矣。〔註103〕

可見彭紹升以為君子之道，能大能小，徧充萬物，而其本質不異：在自
然，便是自然之法則；在人事，則為人事之原則；在聖人，即為聖人之道；在
諸佛，即是諸佛之法。因此，他認為可以用佛教思想來理解儒家之道理。

彭紹升乃「理學而兼通釋典」者，其理學又多出於王陽明學派。早年，
彭紹升修讀宋明諸老書時，「方好陽明王先生之學」。〔註104〕王陽明之學，蓋
緣佛入儒，「在儒家思想基礎上吸收佛教營養」〔註105〕。彭紹升出入儒釋，
恰與王陽明趣味相投，故能崇王陽明之學。

彭紹升嘗作《與諸同學》文，文章起首便云：

瞿然發誓，誓於此生歸於淨土，以「南無阿彌陀佛」六字作日
用拄杖子。從今以後，不須復道「致良知」，即「南無阿彌陀佛」六
字，便是「致良知」；不須復道「存天理」，即「南無阿彌陀佛」六
字，便是「存天理」。〔註106〕

彭紹升以「南無阿彌陀佛」一統理學兩大概念「致良知」與「存天理」，
此其獨創發明之處。按，南無，乃歸命、歸禮之義。因此，「南無阿彌陀佛」
與「致良知」、「存天理」的語法結構相同，皆為「動詞+賓語」的形式。故可
知彭紹升以「南無」對應於「致」與「存」，以「阿彌陀佛」對應於「良知」
與「天理」。

〔註103〕《一行居集》卷二《讀中庸別》。
〔註104〕《一行居集》卷三《明陽子畫像敘》。
〔註105〕《宋明理學》，第200頁。
〔註106〕《一行居集》卷四《與諸同學》。

　　關於「南無阿彌陀佛」六字，乃為淨土宗人常持名號。稱念此六字名號，「乃攝彌陀因位之萬行、果地之萬德，以成就其體義、德用，故功德效驗甚大。」〔註107〕實際上，此六字名號本來有咒語的色彩，乃從佛或菩薩禪定所出的秘密語，經常奉頌有息災、增益等特殊靈力。故而常念六字名號，可以得到他力增持，往生淨土。

　　彭紹升解「南無阿彌陀佛」，避開了佛教神秘之處。其以理學概念來比附六字名號，乃有意將儒釋兩家歸為同流。這樣，不僅能夠消除兩家隔閡，亦便於為淨土宗吸收信眾。

　　所謂「良知」，乃出自《孟子》。孟子云：「人之所不學而能者，其良能也。所不慮而知者，其良知也。孩提之童，無不知愛其親者，及其長也，無不知敬其兄也。」〔註108〕王陽明提出「致良知」的理論，蓋從《大學》「致知」而出。「王守仁認為致知的知就是孟子所講的良知，因而把致知發揮成致良知。致良知說是王守仁新學思想在晚年更為成熟的一種形式。」〔註109〕孟子的良知是極富先驗性的哲學概念，是基於其性善論的。是故，王陽明的「致良知」，即為回歸本善之性，應該從本身探求。王陽明云：「心自然會知，見父自然知孝，見兄自然知弟，見孺子入井自然知惻隱，此便是良知，不假外求。」〔註110〕如此向內尋求自身本性，蓋出於禪宗所教「明心見性」之法。

　　論畢「致良知」，再來看看「存天理」。「天理」，乃宋代理學重要概念。所謂「理」，即是法則的意思；天理，就是普遍的自然法則。又因為天人合一之思想，普遍的自然法則亦是普遍的社會原則。由二程所提倡的「天理」說，發展至陸王心學時已經理解為道德原則，並提出「即心即理」、「心外無理」的命題。《傳習錄》中所載王陽明為解弟子徐愛之惑時的對話：

　　　　愛問：至善只求諸心，恐於天下事理有不能盡。先生曰：心即理也，天下又有心外之事、心外之理乎？愛曰：如事父之孝，事君之忠，交友之信，治民之仁，其間有許多理在，恐亦不可不察。先生歎曰：此說之蔽久矣，豈一語所能悟！今姑就所問者言之。且如事父，不成去父上求箇孝的理；事君，不成去君上求箇忠的理；交

〔註107〕《佛光大辭典》，第 3747 頁。
〔註108〕《四書章句集注》，第 353 頁。
〔註109〕《宋明理學》，第 212 頁。
〔註110〕〔明〕王守仁，施邦曜：《陽明先生集要》，北京：中華書局，2008 年，上冊，第 36 頁。

友、治民，不成去友上民上求簡信與仁的理？都只在此心，心即理
也。此心無私欲之蔽，即是天理，不須外面添一分。〔註111〕

王陽明學說的良知與天理，悉發內心自本善之性。是故無論修身或是處
事，一律應了悟自性，回歸至本心，而不應向外探求。

彭紹升以佛教教義推演儒家「性善論」，認為「本來之善，即是真空」。
〔註112〕所謂「真空」，反言之則為「妙有」，乃是非空之空、空而不空之義，
故真空能生萬法。在彭紹升思想中，「本來之善」雖然不可把握，卻等同於萬
法根源。因此，若想「致良知」、「存天理」皆得回歸本性。前文已然述及，彭
紹升以淨土念佛統攝諸宗，認為念佛與禪宗一樣都應該了悟自性，而不應向
外探求。這種探究性理的方法，與王陽明向內尋求天理、良知，同出一轍。因
此彭紹升以為念「南無阿彌陀佛」即可「致良知」，即可「存天理」。這無疑是
在眾生皆有佛性、皆能成就的佛性思想上，將「阿彌陀佛」與自身本性對等
起來，依照「皈依自性佛」等佛教教義來理解王學概念。同時，此一可以視為
彭紹升唯心淨土觀的另一佐證。

佛教自傳入震旦以來，便與中國文化互補有無。東晉慧遠就曾以儒家和
道家學說來為大眾開示佛教教義。宋明以來的新儒學，以思辨性取代了早期
傳統儒家的經驗性，用「心性道理」代替「天人合一」的思維方式。此亦是從
佛教吸取了營養。無論朱熹還是王陽明，不管其是闢佛還是崇佛，他們悉從
佛教中獲得啟發。由此看來，佛儒兩家若要強行分別，實為迂腐。兩家文化
早已滲透深矣，故彭紹升剖儒釋之閫的主張，有極重要的意義。

〔註111〕《陽明先生集要》，上冊，第29頁。
〔註112〕《一行居集》卷四《與汪大紳》。

第四章　互答書信論儒佛——
彭紹升與名士的論辯

　　彭紹升雖為居士之榜樣，然其儒學亦別有見解，加之出身世家，少年得志，故與當時賢彥、大儒皆有往來。與之論學者，除汪縉、羅有高等密友外，宋道原、袁惠纘、韓公復、盧文弨、袁枚、戴震等人亦與彭紹升書信頻往，相互論學。今即擇其要者，嘗試分析。

　　與彭紹升論學諸人，最顯赫者無過於盧文弨、袁枚、戴震三人。盧與戴皆以樸學聞名，袁枚則以文學名。盧氏與彭紹升之書信，於「彭紹升生平」一章錄入行傳之中，故不再贅言。戴氏學問，於乾嘉諸老中最勝，特別是其以樸學訓詁考據之方法，闡述性理之學。樸學鑽研一字一句，往往支離破碎，難以形成思想上的見解。戴震《孟子字義疏證》則克服了這一缺憾，以治樸學之方法來治理學，故能成一代儒宗。彭紹升與戴震之間論學，亦因《孟子字義疏證》一書而起。袁枚，歷經四朝，詩文俱佳。彭紹升嘗與之論生死以勸其信仰佛教，引起袁枚之反對，而二人論辯則十分精彩。故今擇彭紹升與袁枚、戴震二人論學之事，淺擬考究之文耳。

第一節　與袁枚論生死

　　袁枚，字子才，號簡齋，晚又號隨園老人，清康熙五十五年（1716）生，嘉慶二年（1797）卒。袁枚少年得志，二十四歲便得中進士，三十九歲便從官場引退，怡然居於自己所築的隨園。袁枚乃清代著名學者，詩文出眾，提倡

「性靈說」；又好美食、美女，性格獨特，恣情縱慾，故而嘗被視為名教罪人。相比彭紹升，袁枚長其二十四歲，無論學問還是文才，皆為先輩。彭紹升嘗與袁枚書信往來，探討性理、生死等問題。

一、袁、彭關係考辨

袁枚歷經三朝，嘗於彭啟豐同朝為官，故袁彭兩家交往極密。彭啟豐在朝之時位高而權重，又履主科舉考試，故門生眾多。袁枚在為彭啟豐祝八十壽的尺牘中，將其比作文學大臣中之郭子儀：

> 伏念尚書福德兼隆，乃文學大臣中之郭汾陽也，少躡金鼇，壯持玉尺，三貂八座，半是門生。山左江東都持旌節，郭以其武，公以其文，足相抗矣！〔註1〕

為了祝壽，袁枚亦賦詩呈上，收於《小倉山房詩集》。袁枚與彭啟豐亦是詩友，相互往來詩作甚多。彭啟豐於袁枚相關的詩作，見收於袁枚自編《續同人集》中。其中「過訪類」所錄皆當時賢彥與袁枚相交，做客隨園而作的詩文。此類中有彭啟豐《冒雨尋柳谷題贈簡齋先生》四首：

> 春深多積雨，雲護小倉山。綠柳遮溪谷，碧桃滿路灣。陶公歸里早，庾信卜其間。踏濕尋三徑，匆匆著屐還。
>
> 疏鑿窮幽勝，高低見化工。引泉流蕩漾，疊石綴玲瓏。循檻迴環轉，登樓眺矚空。棲霞疑在戶，春雨響淙淙。
>
> 買山酬價值，拓地構園林。文宴偶然集，塵氛自不侵。煙雲疑望遠，花月寄情深。喬木成佳蔭，鳴禽多好音。
>
> 軒幾俱幽靚，琳琅滿目陳。逸情耽古癖，雅尚與時新。峰把清涼秀，花迎穀雨春。桃源雖在此，不是避秦人。〔註2〕

彭啟豐與袁枚經常互相召飲，賦詩相和。袁枚之母逝世，彭啟豐還專門修書以示慰問。彭啟豐歿後，袁枚亦有哀悼詩作。這些足見二人關係之密切。

袁枚不僅與彭啟豐關係密切，彭紹升之友薛起鳳、汪縉，都和袁枚有所往來。袁枚《小倉山房詩集》卷首第一篇序文，即薛起鳳所作：

> 《爾雅疏》云：序者，序述此經之旨也。隨園先生論詩之旨，

〔註1〕〔清〕袁枚：《小倉山房尺牘》，見氏著《袁枚全集》，南京：江蘇古籍出版社，1993年，第5冊，第90頁。

〔註2〕〔清〕袁枚：《續同人集》，見氏著《袁枚全集》，第6冊，第5頁。

一見於集中《答歸愚宗伯書》，再見於《續詩品》三十二首。凡古人所未道者，業已自道之，無俟再為序述。第按其所編，始弱冠，終花甲，四十年之行藏交際，具在於斯，可當康成年表讀矣。晚年境逾高，才愈斂，欲刪去少年、落花、殘雪諸作。起鳳爭曰：「孤松蒼於冬，時花繁於春，各有其時，不可廢也。」先生曰：「諾。」已乃並存之。　　橫山弟子薛起鳳序。〔註3〕

可見薛起鳳與袁枚嘗相互討論，關係亦十分密切。除薛起鳳外，汪縉也和袁枚有往來。彭紹升第一次看到袁枚文集，便是從汪縉手中獲得。當時汪縉剛從袁枚處回來，彭紹升閱讀其文，甚為歡喜，便寄書與袁枚：

汪君歸，得借觀大集，頻首歎服。近世諸家碑誌之文，大率取子孫所述，點掇字句，比次成篇。縱有巨人長德，豐功偉猷，不幸子孫不能詳，而執筆者又鮮睹記，徒具大體貌衣冠而已。執事以金馬雄才，生逢盛世，周旋於名公卿大夫間者，垂四十年。含吮其性情摹繪其謦欬，陶熔其事業，而大奮乎文章。其得之也深，故其言之也切；其蓄之也久，故其發之也昌。執事即不為史，而數十年間中朝遺獻，非執事之文弗傳，即以是為執事之私史可也。至其敘述之工，擬之唐人，不敢遽以昌黎相推，要豈在杜牧之下？其他議論，堂堂之陣，正正之旗，推倒豪傑，開拓心胸，如陳同甫所述，信無愧焉。紹升求師友於天下有年矣，於並世諸老以文章名者，覽其所作，罕能饜平昔願望之私。乃今得見償於執事，不勝快慰，謹為書以道其誠。〔註4〕

此封書信，未收於彭紹升《二林居集》，而幸見收於《續同人集》，彭紹升好古文，又熟諳清朝掌故，博覽經史，故好與袁枚等文人、學者共論傳記、行狀之作。《二林居集》中收《與袁子才先輩論小倉山房文集》一文，蓋為彭紹升去書討論之作。此封書信中指出「傳聞互異，多有淆訛」〔註5〕之處若干，涉及姚啟聖、施琅、張楷、趙恭毅等人，以及康熙朝收臺灣、平三藩諸事。彭紹升還在信中對袁枚提出建議：

惟望悉心考核，隨手更定，俾毫髮無憾而後即安，庶可為傳世

〔註3〕〔清〕袁枚：《小倉山房詩集》，見氏著《袁枚全集》，第1冊，第1頁。
〔註4〕《續同人集》，第268頁。
〔註5〕《二林居集》卷四《與袁子才先輩論小倉山方文集》。

行遠之計。不然，與為失實，毋寧闕疑，此則私心所深禱者也。抑凡古人碑誌之作，未有不俟其子孫之陳乞而漫然為之者。漫然而為之，則吾言既置之於無所用，又無子孫為之徵，則其人之本末不具，而徒採道路之傳聞，剽縉紳之餘論。或援甲以當乙，或取李而代桃，傳之異日，真偽雜糅，是非瞀亂，不如舉而刪之為得計也。愚意大集諸碑誌，非有子孫陳乞者削之；其事詞可徵本末具者，或為傳或為狀，可也；不具者，或別為書事，亦可也。誠如此，在作者既不至失言，而諸公平生行事亦得藉以取信於後世，其與夫漫然為之者大不侔矣。執事為然否，倖進教之。〔註6〕

　　此書信未見收於袁枚著作之中，且袁枚其他文章中亦未有提及此信者。或許涉及善與不善之處，古人自編傳世之作鮮能盡收吧。

　　總而言之，彭、袁兩家，自彭啟豐始已經交往頻繁。彭紹升友人亦多從袁枚講論文學者，故彭紹升廣有機會與袁枚交流。彭紹升初與袁枚探討之焦點，實在於文章寫作與史料徵實諸方面。彭紹升在敬仰袁枚才氣之餘，亦發現袁枚作品短處，並提出建議。此後二人或還有詩文交流，現未得考證。然當彭紹升去書與之討論佛教生死問題時，袁、彭二人思想上之分歧才明顯呈現於世人面前。

二、兩度書信論生死

　　彭紹升嘗兩度寄書於袁枚，與其討論生死等問題。然此二書《二林居集》與《一行居集》皆未收錄，唯袁枚《小倉山文集》於袁枚覆書之後附錄來劄，於是幸甚得見來往信函。

　　袁枚之詩，冠絕當代，與趙翼、蔣士銓等合稱乾隆三大家。彭紹升亦好作詩，故彭袁二人往來討論生死，蓋因詩作而起。彭紹升在給袁枚第一封書內，言道：

　　　　拙詩承不鄙棄，為正其得失。仰見先生接引後輩惓惓無已之盛心，敢不拜受！經世出世，趣各有在。昔文信公在燕獄時，遇楚黃道人受出世法，始得脫然於生死之際，故其詩云：「誰知真患難，忽遇大光明。」又云：「莫笑道人空打坐，英雄斂手即神仙。」其語具集中，可覆按也。先生英雄根性，所未留意著獨此一著耳。生從何

〔註6〕《二林居集》卷四《與袁子才先輩論小倉山方文集》。

來，死從何去，豈可以人生一大事置之度外乎？願先生之更有以教
之也。〔註7〕

由此可知袁、彭二人因詩而交往。信中所言「拙詩」，彭紹升著作中未曾
提及，袁枚書信中亦難詳考。然檢袁著《隨園詩話》卷十四中有一則云：

> 彭尺木進士，為大司馬芝亭先生之子。生長華腴，而湛深禪理；
> 中年即茹素，與夫人別屋而居。每朔望，即相勖曰：「大家努力修
> 行。」彼此一見而已。後閉關西湖，恰不廢吟詠。嘗作《錢塘旅舍
> 雜句》云：「處士當年百不營，偏於梅鶴劇多情。梅枯鶴去人何在？
> 冷徹孤亭月四更。」「結趺終夕復終朝，眼底空華瞥地消。尚有閒情
> 消不得，起尋松子當香燒。」「酸蘊薄粥少人陪，雪霽南窗晝懶開。
> 不是一枝梅破萼，阿誰與我報春回？」《病起》云：「簾深蠅自進，
> 花盡蝶無營。」皆見道之言，不著人間煙火。〔註8〕

按，《錢塘旅舍雜句》凡十二首，作於丁未年（1787），見收於《觀河集》
卷四，有敘稱是年秋八月彭紹升閉關錢塘金牛頂彌勒院，禪坐之餘吟成諸首。
《病起》凡二首，亦作於同年，見收於《觀河集》卷四。彭紹升之詩頗得佛教
旨趣，或因袁枚如此評論其詩作，故彭紹升回信與之探討佛教問題。

袁枚學崇顏元、李塨，不喜程朱陸王之學，亦不喜佛教之法。《隨園詩話》
卷三嘗明言：「余不喜佛法。」〔註9〕與友人程綿莊談《楞嚴經》，則以為「曲
因旁證，敷衍成章，平易處忽生峰曲，到吃緊處仍不說明」，不如儒家六經能
「言情紀事，無空談者」〔註10〕。袁枚不僅不認同佛法，更是詆毀信佛之人。
其云：「佞佛之人，必媚權貴，何也？彼於無知之土木，渺無所憑之福利，尚
且低首求之，況赫赫煌煌，炙手可熱者耶？」〔註11〕袁枚之批評或有其合理
之處，亦有未明佛教教義菲薄妄議之處。

彭紹升以修行佛法可以了生死，來勸袁枚學佛。而袁枚不以為然，針對
彭紹升來札進行批駁。袁枚認為，古往今來最不能了生死的，莫過於學佛坐
禪。他回覆彭紹升說：

> 夫有生有死，天之道也；養生送死，人之道也。今捨其人道之

〔註7〕〔清〕袁枚：《小倉山房文集》，見氏著《袁枚全集》，第2冊，第338頁。
〔註8〕〔清〕袁枚：《隨園詩話》，見氏著《袁枚全集》，第3冊，第483頁。
〔註9〕《隨園詩話》，第82頁。
〔註10〕《小倉山房尺牘》，第11頁。
〔註11〕《牘外餘言》，第2頁。

可知，而求諸天道之不可知；以為生本無生，死本無死，又以為生有所來，死有所往，此皆由於貪生畏死之一念，縈結於胸而不釋，夫然後畫餅指梅，故反其詞以自解。此洪鑪躍冶，莊子所謂不祥之金也。其於生死之道，了乎？否乎？子路問死，子曰：「未知生，焉知死？」當時聖人若逆知後之人必有借生死以惑世者，故於子路之問，萌芽初發而逆折之。〔註12〕

對於彭紹升信中所云「生死去來，不可置之度外」，袁枚以為最謬。袁枚云：

天下事有不可不置之度內者，「德之不修，學之不講」是也；有不可不置之度外者，「死生有命，富貴在天」是也。若以度外之事，而度內求之，是即出位之思，妄之至也。……使佛果能出死入生，僕亦何妨援儒入墨！而無如二千年來，凡所謂佛者，率皆支離誕幻，如捕風然，視之而不見，聽之而不聞，禱之而不應。如來、釋迦與夏畦之庸鬼，同一虛無，有異端之虛名，無異端之實效，以故智者不為也。〔註13〕

袁枚又批評彭紹升修佛之事，云：

試思居士參稽二十年，自謂深於彼法者矣。然而不知生之所由來，能不生乎？知死之所由去，能不死乎？……居士寧靜寡欲，有作聖基；惜於生死之際，未免有己之見存，致為禪氏所誘。有所慕於彼者，無所得於此故也。〔註14〕

袁枚以「名教中境本廓然」，〔註15〕故不必轉求佛法。彭紹升在勸其學佛的建議，被袁枚拒絕之後，又寄去第二封書信。彭紹升認為，佛儒相爭既久，不必強合，各行其志亦可。是故，第二封書信則單純討論生死問題。彭紹升欲暢陳其理論，以回應袁枚的批判，其云：

前所進生死之說，非謂生前死後云爾也，乃謂現前一念生死之心耳。生死者，一念之積也。一念者，生死之本也。何者是現前一念生死心？即今之微色逐聲，種種分別，乍起乍滅者是也。所謂了生死者，非謂其不生不死也；乃窮極現前一念生死，以至於功積力

〔註12〕《小倉山房文集》，第337頁。
〔註13〕《小倉山房文集》，第338頁。
〔註14〕《小倉山房文集》，第338頁。
〔註15〕《小倉山房文集》，第338頁。

久，一旦豁然起滅情盡，則無思無為之體可得而復也。在昔聖賢所
為下學者，學此而已矣；所為上達者，達此而已矣。先生於佛不喜
聞，請言儒者之道。儒者之道，以寡欲為基。先生已能寡欲否？「先
立乎其大者，則其小者不能奪也。」先生已能立乎其大者否？若猶
未也，且可勿論儒、佛之是非，而姑先究吾心之是非可也。郭、李
功名，豈必無補於世，然而君子所性不存焉。不然，顏氏劣於管、
晏，由、求過於曾點矣。了此，則文山之語，又何疑乎？承示孟、
陶兩言，誠能實而體之，於生死之故，亦思過半矣。雖然，不以寡
欲為基，而立乎其大者，其遂能夭壽不貳乎？其遂能不喜不懼乎？
先生既以言之，惟先生始之終之。〔註16〕

彭紹升之信，回應袁枚以名教為歸之論，認為袁枚縱慾一事已不符合名
教，並且以為袁枚誤解了自己所言生死之事。袁枚恃辯才而無羈，作《再答
彭尺木進士書》，云：

前書言一身之生死，覆書變而為一念之生死，如被追者，補東
竄西，急則推墮汪洋中。佛書伎倆，大概爾爾。所云「生死者，一
念之積也」，今之微聲逐色者是也。必窮極之至於無思無為，而聖人
之下學上達，即在於是。是尤惑之大者，不可不辨。夫生之所以異
於死者，以其有聲有色也；人之所以異於木石者，以其有思有為
也。……居士必欲屏聲色，絕思為，是生也而以死自居，人也而以
木石自待也。雖然，居士其果能未死而死，非木石而木石乎？夫槁
木死灰，不自知其為槁為死也，以其為灰為木故也。人則何能哉？
自覺其為死灰，便非死灰矣；自覺其為槁木，便非槁木矣。而其似
死非死、求槁不槁之心，終日湮鬱強制而不能自禁，則方寸中乍冰
乍火。……下學上達，未有捨倫常日用而高談玄妙者。宋儒先學佛，
後學儒，乃有教人瞑目靜坐，認喜怒哀樂未發時氣象。此皆陰染禪
宗，不可為典要。〔註17〕

至於彭紹升信中所言袁枚未嘗寡欲一事，袁枚亦作出回應：

居士道僕，未能立大體，且緩為儒、釋之爭。嘻，過矣！……
且寡欲之說，亦難泥於論。孔子「食不厭精，膾不厭細」，未嘗非

〔註16〕　《小倉山房文集》，第341頁。
〔註17〕　《小倉山房文集》，第339頁。

飲食之欲也；而不得謂孔子為飲食之人也。文王「悠哉悠哉，輾轉反側」，未嘗非男女之欲也；而不得謂文王為不養大體之人也。何也？人慾當處，即是天理。素其位而行，如其分而止。聖賢教人，不過如是。若夫想西方之樂，希釋梵之位，居功德之名，免三塗之苦；是則欲之大者，較之飲食男女，尤為貪妄。僕願居士之寡之也。〔註18〕

袁枚以為其好美女、美食並非縱慾，而是恰當的欲望訴求。反而彭紹升這種信佛居士，妄圖往生極樂，倒是縱慾之大者。如此議論，並非真正正確理解佛教之義，而是通過混淆概念恣意地回擊。可見，袁枚與彭紹升的爭辯業已白熱化，此後彭紹升再無書信寄與袁枚。

三、論辯餘響

彭紹升並非唯一勸袁枚學佛之人。由於袁枚天性聰慧，當時有很多人慾引領他走入佛門，但袁枚一概拒絕。有人以是否真有輪迴而詢問袁枚，袁枚答云：「在有無之間。子不見夫草乎？有從舊根發生者，此草之有輪迴者也；有從新土發生者，此草之無輪迴者也。人何以異是？」〔註19〕此則未達佛教本旨。佛教所言輪迴，僅在有情識之眾生之間，包括天、人、阿修羅、畜生、餓鬼等，此皆在輪迴之內；而草木金石雖是眾生，但無情識，乃為非情，故不在輪迴之中。因此以草木來解輪迴，則不能不無偏差也。

袁枚之友史悟岡勸其參禪，云：「年紀漸衰，則生死二字，豈可不自家明白？要明白，非讀佛經不可。」〔註20〕此與彭紹升信中之言極為相似。袁枚亦不以為然，答云：

要之所以來，便知所以去。汝當日呱呱墜地時，能知所以來乎？不能知之於前，乃欲知之於後乎？人之有死生，猶天之有晝夜也。自有天地，便有晝夜；所以有晝、有夜之故，天不能知也，順其自然而已。自有人身，便有生死；所以有生、有死之故，人不能知也，盡其當然而已。故曰不知命，無以為君子。知即知其不可知者而已。知其不可知，故其所可知者，不惑也。非若今之算命先生，

〔註18〕《小倉山房文集》，第340頁。
〔註19〕《牘外餘言》，第6頁。
〔註20〕《牘外餘言》，第24頁。

方謂之知命也。若雲生死來歷，非讀佛經不可；然則佛法未入中國
時，當年堯、舜、禹、湯、周公、孔子，豈皆醉生夢死於天地間者
乎？聖人兩楹之夢，七日前方自知其死；若不得夢，則聖人不能
知，亦不求知也。若明白生死之故，則顏淵死亦不必哭之慟矣！今
庸庸之人，盡有自知死期，如東漢謝夷吾一流者，豈其人高過孔子
者乎？〔註21〕

　　袁枚不喜佛教，恐怕與其生平所愛有關。袁枚生平最愛美食與美女，嘗
自撰《隨園食單》來研討美食，又廣收女弟子，悉為當時人所議。袁枚自解
道：「見美色而不贊，食美味而不甘，所謂無是非之心，非人也。」〔註22〕

　　在與彭紹升往來論爭之後，袁枚以為彭紹升理屈，不能再言，故非常得
意。汪縉也嘗有書信與袁枚討論佛教，袁枚回信中仍持批判之論。其間談及
自己曾論勝於彭紹升，云：

　　　僕嘗問彭尺木曰：「佛戒嫁娶歟？」曰：「然。」「佛戒殺歟？」
　　　曰：「然。」「人人可以成佛歟？」曰：「然。」然則萬國九州，不四
　　　五十年，人類滅絕，盈天地間不過鳥獸草木；而佛之塔廟，何人建
　　　造？佛之金像，何人供奉？佛之經典，何人傳誦？豈非其說愈行，
　　　而其法愈壞！又何必周武帝之毀沙門、銷佛像，韓昌黎之火其書，
　　　盧其居哉？即以佛之道還治佛之身，而佛窮矣。此書條，尺木至今
　　　不答。吾子能代答之，吾將姑捨所學而從汝。〔註23〕

　　考袁枚是論，並未見其答彭紹升書信之中。而《牘外餘言》中有一則與
此論極似，乃云：

　　　某禪師愛予慧業，強之學佛。予問：「佛可娶乎？」曰：「不娶。」
　　　曰：「殺生乎？」曰：「不殺生。」曰：「然則使佛教大行，則不過四、
　　　五十年，天下人類盡絕，而惟牛、羊、雞、豕滿天下矣。佛又誰與
　　　傳道耶？將傳與牛、羊、雞、豕耶？」禪師不能答。〔註24〕

　　可見袁枚十分得意自己這番議論，故常與人談及。或因知汪縉素與彭紹
升交好，於是在給汪縉的信中將其與禪師的議論，張冠李戴於彭紹升之上。

〔註21〕《牘外餘言》，第 24 頁。
〔註22〕《牘外餘言》，第 2 頁。
〔註23〕《小倉山房文集》，第 646 頁。
〔註24〕《牘外餘言》，第 16 頁。

可惜，袁枚理解佛教過於膚淺，以為建廟塔、供佛像、誦經典等等就是佛法本旨，從邏輯上看雖然不失為善辯，但持論尚欠深究。

在與袁枚書信往來論辯之後，彭紹升方面貌似已無作為，實則不然。佛教中古德有言：「不可向翳目人前說空中無花，不可向狂病人前說面前無鬼，空廢語言應不信受，直須目淨心安，當自知矣。」〔註25〕蓋以為有人偏執己見，不接受佛法，則不必再與其談論，待其經歷困苦之後而自知也。袁枚信中多懲自負之見，此或為彭紹升不再答書之緣由。

與袁枚書信論辯之後，彭紹升嘗為袁枚所作志怪筆記《新齊諧》作跋，云：

> 前袁子與予書，謂天道不可知。所謂佛者，視之而弗見，聽之而弗聞，禱之而弗應，有虛名而無實效，同於夏畦之鬼。又謂生死來去，知與不知，等無有異。其言甚罔，而負氣甚強，予度其不可遽曉也，業以一笑置之矣。〔註26〕

可見彭紹升亦不服袁枚的議論。在《新齊諧》的跋語中，彭紹升屢舉其書中涉及佛教之事，以回應袁枚信中之論。其云：

> 述其祖母之外祖母湯氏，平生居奉佛誦經，三十年足不下樓。卒前三日，索銅盆洗足，雲將踏蓮華去。已而香氣盈空，跏趺而逝，其香三日始寂。是因是果，如水寒而火熱，佛果有虛名無實效耶？又敘蔣心餘受閻羅之職，則以誦《大悲咒》而獲免矣。敘鄭生之狐祟，則以誦《心經》籲觀音大士而立除矣。敘朱生之鬼冤，則以誦《法華經》而遽釋矣。其果禱之而弗應耶？且夫湯氏及蔣鄭諸人，其於佛，徒習其文而已。固未能心知其意也，而效已章章如是，又況乎心知其意者耶？而謂知與不知，等無差別耶？不此之察，徒以甘食悅色之故，惡其言之戾己，射影吠聲，誣天謗聖，甘為一闡提而弗卹，豈不哀哉！且是書所載幽明之故，禍福感應之理，詳矣。亦曾有奉佛持戒而沉地獄者乎？亦曾有奉佛持戒而墮餓鬼畜生者乎？雖袁子亦知其無有也，反是則輪迴惡道者，其必有屬矣。吾為袁子危之。〔註27〕

〔註25〕〔唐〕玄覺，〔宋〕彥琪：《證道歌注》，第387頁下。
〔註26〕《一行居集》卷五《跋新齊諧》。
〔註27〕《一行居集》卷五《跋新齊諧》。

彭紹升依《新齊諧》所述之事來回應袁枚，然志怪筆記本為街頭巷尾談論之資，不足以其為徵實。不過，彭紹升指出袁枚以「甘食悅色之故」而排斥佛教，倒是頗有些合理。

佛教自入震旦，已經和漢地的儒家文化、道家文化等相互融合日久，成為中國文化的一部分，滲入中國人的一切言行處事之中。故欲以佛教統攝中國文化，或欲以儒家統攝中國文化，皆是執其一端而言，不能不有偏差。至於袁枚與彭紹升論辯，或以為袁枚完勝，或以為彭紹升高出。吾人以為，二人之論辯各有其長，亦各有其妙處。在歷史長河中，孰勝孰負早已不重要，今乃以二人論辯為出發點而管窺彭紹升思想之一隅而已矣。

第二節　與戴震論學

戴震，字東原，安徽休寧人，生於雍正元年（1724），卒於乾隆四十二年（1777）。戴震學問精湛，著作宏富，天文、曆法、算法、地理、音韻、訓詁、哲學均有造詣，其哲學著作以《孟子字義疏證》《原善》等篇為上品。

相比於彭、袁頻繁投書爭論，彭紹升與戴震之間的討論則略顯簡單。二人只有一次書信互答，然而正是這一次的書信交流，成為了學術史上重要的一筆。戴震圓滿了他的哲學思想，彭紹升闡述了他的學術觀點。之後，彭紹升依舊走著自己的道路，而戴震的人生旅程卻即將結束。

一、論辯的起因

乾隆四十二年，皇太后昇遐，當時在家中的彭啟豐趕赴北京，參加太后葬禮。由於彭啟豐年事已高，便由彭紹升陪伴隨行。北行，對彭紹升而言已不是第一次了。這次北行，彭紹升從戴震處獲得《孟子字義疏證》和《原善》兩書。閱讀完畢，彭紹升便修書與戴震討論，並將自己頗為得意的《二林居制義》呈示戴震。

《二林居制義》其實是一部「場屋之文」的著作，然而彭紹升對其用功頗勤。據彭紹升所作《二林居制義》第三篇敘言來看，其云：「年三十省覲入京，舟中偶為制義得十餘篇，於四子書頗有所發明……予之究心於是者又十餘年，合前後所作共得五十餘篇。」〔註28〕可見《制義》之成，閱十餘年矣。

〔註28〕《二林居集》卷五《二林居制義第三敘》。

按，彭紹升三十歲，乃乾隆三十四年，是年其剛剛開始作《二林居制義》。到乾隆四十一年前後，彭紹升將《二林居制義》分別呈至盧文弨、戴震兩位大儒閱覽。然期間並未足十年，恐盧、戴二人所見的《二林居制義》並非定本。《二林居制義》的寫作，得到了汪縉等人的建議和幫助。彭紹升云：「歸而質諸汪子大紳，為汰其不合於文體者半焉。汪子因為予論有明諸先輩文之派別，予聞而心動。」〔註29〕在汪縉的建議下，彭紹升涉獵了明代唐荊川、孫思泉、鄭謙之、鄧定宇和楊復所的著作，從而完善了《二林居制義》。〔註30〕然而，時至今日《二林居制義》可能大部分已經亡佚失傳了，很難睹得其中真顏，僅可通過彭紹升所作的三篇敘言來推測其內容。

這部集結了彭紹升許多心血的著作，才寄到盧文弨手中，便受到了批評。盧文弨說：「開卷見自序，即有大不愜意者。」〔註31〕他還勸彭紹升擺脫時文束縛，認為「以年兄之才，沉潛於義理之中，以輔經而翼傳，何不可自成一書，及幸而早離場屋之累矣。」〔註32〕並且，盧文弨覺得彭紹升這種將儒釋混同的風氣很不好，然而實際上彭紹升身邊確實有很多人都在稱讚和追隨他的這種思想。盧文弨對此，則指出：「乃年兄駁雜而堅於自信，加之貴公子，有才學，友朋間非素直諒不撓者，孰肯以言賈人之怒。僕觀所載評語，皆仿年兄詞意而為之，安知非陽是而內實不然。」〔註33〕盧氏之語，是否徵實，或未可知。然盧氏自言「未及徧觀」，故其所提的批評，也只是為彭紹升提供一些參考建議罷了，鮮有在哲學思想上的探討。

戴震敬重彭紹升之為人，早願結交。彭紹升利用乾隆四十二年這次北行的機會，拜訪了戴震，並得到了戴震的《原善》《孟子字義疏證》兩部著作。彭紹升讀後便寄書與戴震討論其中問題，並附呈己作《二林居制義》。戴震得到《二林居制義》後，並沒有匆忙覆書，或許，戴震在初讀《二林居制義》時，便有一些想法，想寫信與彭紹升討論，這可能就是收於戴震著作中的《與某書》。〔註34〕在《與某書》中，戴震直言：「足下制義，直造古人，冠絕一

〔註29〕《二林居集》卷五《二林居制義第三敘》。

〔註30〕釋慧嚴：《彭際清與戴震的儒佛論辯》，載於《東方宗教研究》，1990年10月，第2期，第233頁。

〔註31〕《抱經堂文集》，第261頁。

〔註32〕《抱經堂文集》，第262頁。

〔註33〕《抱經堂文集》，第263頁。

〔註34〕參看蔡錦芳：《戴震〈某翁頌辭〉、〈與某書〉考》，載於《上海大學學報（社科版）》，2004年11月，第6期，第40～42頁。

時。」〔註35〕《答彭進士允初書》開篇所云：「日前承示《二林居制義》，文境高絕！」〔註36〕兩篇文字之意何其相似，故疑《與某書》或為戴震最初欲回覆彭紹升之書信。

然而，戴震的《與某書》可能未寄達彭紹升之手。或許是因為戴震詳細讀完《二林居制義》和彭紹升的來書，又有些不得不發的議論吧，他洋洋灑灑地寫了五千多字的回信，詳細辨明了自己的哲學主張。當時戴震早已病重，能寫如此長文，必是抱著很大的決心來完成的。正是此封回信，將戴震的哲學體系圓滿完善，並上升到一個新的高度。可惜的是，戴震回信之後，僅僅一個月的時間就與世長辭。

戴震在信末尾表達了自己對彭紹升的敬重，和因為種種原因不能促膝長談的遺憾。戴震云：「日間公私紛然，於來書未得從容具論；大本苟得，自然條分理解。意言難盡，涉及一二，草草不次。南旋定於何日？十餘年願交之忱，得見又不獲暢鄙懷。伏惟自愛。」〔註37〕可見戴震與彭紹升雖在學問思想上有所不同，然二人彼此敬重推崇，亦可算是一段學林佳話。

同樣是對一部《二林居制義》的回覆，盧文弨的信中幾乎鮮有哲學觀念上的探討，只是勸說彭紹升不應混淆儒釋。而戴震之書，則憑藉自己深厚的考據功底，洋洋灑灑地闡說自己哲學主張。所以戴震與彭紹升之間的書信往來，更具有學術價值。可惜的是，由於戴震早逝，二人之間僅有一往一來，不像袁枚與彭紹升之間反覆討論。否則，恐怕會有更多的思想碰撞吧。

二、論辯的焦點

考據學盛行的乾嘉時代，推崇戴震精湛深厚的考據學功底大有人在，而反對戴震講論義理的亦大有人在。不論是恪守程朱理學的學者，還是潛心訓詁考據的碩儒，都有對戴震的批評，而戴震則頂住了這些壓力，堅持自己的主張。〔註38〕戴震在《與某書》中，明確提出了自己的主張：

> 治經先考字義，次通文理，志存聞道，必空所依傍。漢儒故訓有師承，亦有時傅會，晉人傅會鑿空蓋多；宋人則恃胸臆為斷，故

〔註35〕《孟子字義疏證》，第 173 頁。

〔註36〕《孟子字義疏證》，第 161 頁。

〔註37〕《孟子字義疏證》，第 170 頁。

〔註38〕參見余英時：《論戴震與章學誠》，北京：生活·讀書·新知三聯書店，2005 年，第 107～109 頁。

其襲取者多謬，而不謬者在其所棄。我輩讀書原非與後儒競立說，
宜平心體會經文，有一字非其的解，則於所言之意必差，而道從此
失。〔註39〕

此亦可視作戴震之學風，蓋從考據入手，最終達於義理，即「道」。反之，
如若沒有正確領會經文之意，其所言義理則不能不誤。戴震談義理，但不以
宋儒之義理為歸，其於宋儒大持反對態度，可謂反動程朱的先鋒。其最有名
的論斷乃「酷吏以法殺人，後儒以理殺人」。〔註40〕他指出：

古人之學在行事，在通民之欲，體民之情，故學成而民賴以生；
後儒冥心求理，其繩以理嚴於商韓之法，故學成而民情不知。天下
自此多迂儒，及其責民也，民莫能辯，彼方自以為理得，而天下受
其害者眾也。〔註41〕

可見，戴震對程朱理學的批判極其鋒利。戴震與程朱理學為敵，亦與純
粹考據不同，故其能標榜自己之獨特學風。

與戴震相比，彭紹升則一向好談義理。然而，彭紹升雖不事訓詁考據，
卻並不是空談之流。他博覽經史，熟諳掌故，其義理之論要非空言。彭紹升
得到《原善》和《孟子字義疏證》兩書，對戴震治學方法和獨到見解，頗為讚
賞，其云：

承示《原善》及《孟子字義疏證》二書，其於「烝民」「物則」
「形色」「天性」之旨一眼注定，傍推曲鬯，宣洩無餘；其文之切深
奧衍，確然《戴記》之遺；漢唐諸儒言義理者，未之或先也。〔註42〕

在對戴震著作讚賞的同時，彭紹升亦提出了自己不同的看法，此蓋可理
為四條：一、論「天命」，二、辨「無欲」，三、「復其初」，四、暢己論。首先，
關於「天命」，彭紹升云：

天命不外乎人心，天道不外乎人事；是故離人而言天，不可也，
是二書之所極論也。其或外徇於形名，內錮於意見，分別追求，役
役焉執筌蹄為至道，而日遠乎無聲無臭之本然，不知天，其何以知
人！是故外天而言人，不可也。程伯子云：「天人本無二，不必言

〔註39〕《孟子字義疏證》，第 173 頁。
〔註40〕《孟子字義疏證》，第 174 頁。
〔註41〕《孟子字義疏證》，第 174 頁。
〔註42〕《孟子字義疏證》，第 170 頁。又見《二林居集》卷三《與戴東原書》。

合。」一語之下，全體洞然，殆二書所未及察也。《原善》之言天命
也，引《記》云「分於道謂之命」，解之曰「限於所分曰命」，此恐
不足盡《中庸》天命之義。《中庸》之言天命也，言「上天之載」而
已，此上不容有加；若有加，何以云「至」？「維天之命，於穆不
已」，天之所以為天，無去來，亦無內外；人之性於命也亦然。昭昭
之天，即無窮之天，孰得而分之？命自有分，即性有所限，其可率
之以為道邪？率有限之性以為道，遂能「位天地，育萬物」邪？此
其可質者以也。〔註43〕

　　按，戴震「限於所分曰命」之觀點，不獨見於《原善》，其所著《中庸補
注》亦援此。然《中庸補注》乃未完成之作，故彭紹升未能得見。彭紹升認為
戴震的著作中重視人倫日用是好的，但是忽略了對天的理解。在彭紹升的認
識裏，天乃「無去來、無內外」的，不得而分之。因此，構成了對戴震「限於
所分曰命」這一命題質疑。或以為，彭紹升之性命觀中，含有佛教中觀般若
色彩，故云「無來去，亦無內外」〔註44〕。

　　面對彭紹升的發問，戴震從訓詁考據的立場出發，作了詳之又詳的論述。
首先，其云：

　　　僕愛《大戴禮記》「分於道謂之命」一語，道，即陰陽氣化，
故可言分；惟分也，故成性不同；而《易》稱「一陰一陽之謂道」，
《中庸》稱「天命之謂性」，孟子辨別「犬之性」「牛之性」「人之
性」之不同，豁然貫通。而足下舉「維天之命，於穆不已」，以為
不得而分，此非此語言之能空論也，宜還而體會六經、孔、孟之書
本書云何。〔註45〕

　　戴震博引經典，以回答彭紹升「孰得而分之」之問，認為彭紹升所言不
能分，乃未究六經、孔、孟之文而作的空論。至於回應彭紹升關於「限於所分
曰命」的質疑，戴震則云：

　　　《詩》《書》中凡言天命，皆以「王者受命於天」為言；天之命
王者不已，由王者仁天下不已。《中庸》引「維天之命，於穆不已，
於乎不顯，文王之德之純。」其取義也，主於不已，以見至誠無息

〔註43〕《孟子字義疏證》，第 171 頁。
〔註44〕參見《彭際清與戴震的儒佛論辯》，第 236 頁。
〔註45〕《孟子字義疏證》，第 164 頁。

之配天地。……凡命之為言，如命之東則不得而西，皆有數以限之，非受命者所得踰。……命數之命，限於受命之初，而尊卑遂定；教命之命，其所得為視其所能，可以造乎其極；然盡職而已，則同屬命之限之。命之盡職，不敢不盡職，如命之東，不敢不赴東；論氣數，論理義，命皆為限制之名。〔註46〕

戴震通過理解《中庸》引詩之義，解答了彭紹升的質疑。彭紹升理解「維天之命，於穆不已」，乃天命之特徵。而戴震通過考察《中庸》引用此詩的目的，來說明其義實在於「不已」。因此，從容地論證了「限於所分曰命」的合理性。不過，在戴震的論述中，可以看出，戴震認為命是不可違背的。至於這種觀點合理與否，此處暫不做討論。

戴震在《原善》中提出「老聃莊周之言尚無欲，君子尚無蔽」〔註47〕的觀點，他認為聲色香味是肉體之欲，如果這些欲望不得滿足，那麼身體器官就會出問題；而心之所求在於理義，如果理義能得於心，那麼肉體之欲便能得到約束。就像牲畜只要在其身體沒有什麼問題和需求的時候，就不會混亂。而人卻不為自己的心追求理義，反而害怕肉體之欲會壞了自己，從而「強禦之」，這樣就說異於牲畜，是極其荒謬的。因此戴震說：「君子之於欲，使一於道義。」〔註48〕

彭紹升針對戴震這種觀點提出疑問，云：

今謂「犬之性，牛之性，當其氣無乖亂，莫不沖虛自然」，則亦言之易矣。人於無事時，非有定力，不入於昏，則流於散，而況犬牛乎！又曰：「老莊尚無欲，君子尚無蔽。」似亦未盡。無欲則誠，誠則明；無蔽則明，明則誠；未有誠而不明，明而不誠者也。其謂「君子之欲也，使一於道義」，夫一於道義，則無欲矣。程伯子云：「天地之常，心普萬物而無心；聖人之常，情順萬事而無情；故君子之學，莫若廓然而大公，物來而順應。」無欲之旨，蓋在於是，固非杜耳目，絕心慮而後乃為無欲也。〔註49〕

彭紹升駁論戴震「犬牛之性」的譬喻，頗有坐禪的趣味。昏、散，乃禪坐

〔註46〕《孟子字義疏證》，第165頁。
〔註47〕《孟子字義疏證》，第71頁。
〔註48〕《孟子字義疏證》，第71頁。
〔註49〕《孟子字義疏證》，第171頁。

時應克服、避免的兩種弊病。彭紹升和戴震一樣不認同那種忽視人性的「無欲」，但是他也認為戴震所講的「無蔽」亦不夠妥當。彭紹升認為，所謂「無欲」並非禁慾主義那種「杜耳目、絕心慮」，而是「物來順應」的態度。

對此，戴震復暢其說，云：「欲，不患其不及而患其過。……情之當也，患其不及，而亦勿使之過。」〔註50〕又云：「欲不流於私則仁，不溺而為慝則義；情發而中節則和，如是之謂天理；情慾未動，湛然無失，是謂天性；非天性自天性，情慾自情慾，天理自天理。」〔註51〕戴震認為天性、天理和情慾，並不是三種不同的東西，只是不同的狀態和程度罷了。對於彭紹升援引程顥之言，戴震用王陽明之語質之：

> 請援王文成之言，證足下之所宗主，其言曰：「良知之體，皦如明鏡，妍媸之來，隨物見形，而明鏡曾無留染，所謂『情順萬事而無情』也。『無所住而生其心』佛氏曾有是言。明鏡之應，妍者妍，媸者媸，一照而皆真，即是『生其心』處；妍者妍，媸者媸，一過而不留，即是『無所住』處。」程子說聖人，陽明說佛氏，故足下援程子不援陽明，而宗旨則陽明尤親切。陽明嘗倒亂《朱子年譜》，謂朱陸先異而後同。陸王，主老釋者也；程朱，闢老釋者也。今足下主老、釋、陸、王，而合孔、孟、程、朱與之為一，無論孔孟不可誣，程朱亦不可誣。抑又變老釋之貌為孔、孟、程、朱之貌，恐老釋亦以為誣己而不願。〔註52〕

此處，戴震尖銳地指出了彭紹升學從陸王、雜糅儒釋的學術品格，這無疑是正確的。一旦指出彭紹升學脈並非從程朱而來，那麼他援引程顥之言對戴震所提出的質疑，便顯得毫無意義了。戴震認為，合理的「欲」是應該滿足的，因此欲在於「節」而不在於「窮」。故對於彭紹升這種以「無所住而生其心」為理論依據的「無欲」，自然不能認同。

在「復其初」這一點上，彭紹升指出：

> 《疏證》以朱子「復其初」之云，本莊周書而訾之，以為「德性資於學問，進而聖智，非復其初明矣」，是謂德性不足以盡道，必以學問加之，則德性亦不足尊矣。夫學問非有加於德性也，斳有

〔註50〕《孟子字義疏證》，第 166 頁。
〔註51〕《孟子字義疏證》，第 167 頁。
〔註52〕《孟子字義疏證》，第 167 頁。

以盡乎其量而已；盡乎其量，則聖智矣，故曰「堯舜，性之也；湯武，反之也」。「性之」，者，明其無所加也；「反之」者，復其初之謂也。〔註53〕

彭紹升認為「復其初」是「尊德性」的工夫，是十分重要的，這與他佛性思想不可分離。在中國普遍的佛性論中，佛性是人人具有的，只是佛性沒有被人覺悟，所以尚不能成佛。因此，彭紹升提倡「復其初」，認識人本來所具有的德性。他在給宋道原的信中，嘗明確提到：

足下謂陸子遺棄學問，專尊德性，以是為陸子病。是未知聖人之學唯在復性，復性之功在明明德，外德性無所為問學也；外德性而問學，謂之玩物喪志。故曰：道也者，不可須臾離也。博學、審問、慎思、明辨所以明善，善非德性邪？篤行者，明之而不已其功也，此一貫之旨也。「博我以文，約我以禮」，即博即約，非二物也。其為物不二，則其生物不測，此天地之道也，聖人之學也。知聖人之學，則知聖人之學矣。〔註54〕

對於彭紹升「復其初」的發問，戴震則云：

莊子所謂「復其初」，釋氏所謂「本來面目」，陽明所謂「良知之體」，不過守己自足；既自足，必自大，其去《中庸》「擇善固執」，「博學、審問、慎思、明辨、篤行」，何啻千里！〔註55〕

可見，戴震認為，所謂的「復其初」，不過是自己修身的一個手段，在學問上並不能有什麼增進。只是「尊德性」，並不能「道問學」。如果只是「守己自足」，那麼儒家所說的「道」就不能影響社會和他人。這是與彭紹升在學問功用上的異見。〔註56〕

彭紹升在去信的末尾，詳細地提出了自己的主張。他對戴震說：

合觀二書之旨，所痛攻力闢者，尤在「以理為如有物焉，得於天而具於心」，謂涉於二氏。先儒語病則不無；然外心而求理，陽明王子已明斥其非矣。將欲避「真宰」「真空」之說，謂「離物無則，離形色無天性」，以之破執可也，據為定論，則實有未盡。以

〔註53〕《孟子字義疏證》，第172頁。
〔註54〕《二林居集》卷三《答宋道原》。
〔註55〕《孟子字義疏證》，第186頁。
〔註56〕參見《彭際清與戴震的儒佛之辨》，第239頁。

鄙意言之，離則無物，離天性無形色。何也？物譬之方員，則譬之
規矩，未有捨規矩而為方員者也；捨規矩而為方員，則無方員矣。
形色譬之波，性譬之水，未有捨水而求波者也，捨水而求波，則無
波矣。〔註57〕

可見，彭紹升認為要想探究「理」，不能離開人心本性而向外探求。雖然，
「理」是在於人倫日用的，但是談及人倫日用則不能不說理。此有對戴震學
說補充之處，亦有調和孔、孟、程、朱、陸、王、佛、老之意。難怪其與戴震
之書信中，嘗表現出一種「有引為同，有別為異」〔註58〕的暗示。

不過，戴震之心並不同於彭紹升之心，他覺得二人持論「乃謂盡異，無
毫髮之同」〔註59〕。戴震之所以反對程朱之說，蓋由於程朱先入於釋氏，後
來雖能覺醒，但只是「就彼之說轉而之此」，不得其本。而陸王之學，則出於
釋氏者更多。因此，這些都不能說是純粹的儒家學說。戴震不贊成「讀儒書
而流入老釋」者，這是他與彭紹升根本分歧所在。戴震自稱作《孟子字義疏
證》之旨，在於「正吾宗而保吾族」〔註60〕。此雖針對天竺之佛而言，至於
有無其他政治意義，則尚不能妄下斷言。

三、論辯的回音

正如戴震信中所云：「僕聞足下之為人，心敬之，願得交者十餘年於今。」
〔註61〕而彭紹升對於戴震這樣的學界榜樣亦不無恭敬之心。雖然彭、戴二人
思想有著根本性的差異，但是二人之間的論辯僅僅是學術上的討論，完全沒
有涉及人身攻擊。戴震對彭紹升的來信，作了長達五千餘言的回覆，這足以
見戴震對其重視程度。也可以從反面推想，彭紹升的思想在當時亦非俗品。

戴震在生前最後一月，完成了對彭紹升的答覆。其得意門生段玉裁說：
「有此而《原善》《孟子字義疏證》之說愈明。」〔註62〕《原善》《孟子字義
疏證》正是戴震最得意的「正人心」之作，可以說《答彭進士允初書》為戴震
的學術生涯畫上了圓滿的句號。

〔註57〕《孟子字義疏證》，第 172 頁。
〔註58〕《孟子字義疏證》，第 161 頁。
〔註59〕《孟子字義疏證》，第 161 頁。
〔註60〕《孟子字義疏證》，第 163 頁。
〔註61〕《孟子字義疏證》，第 161 頁。
〔註62〕《戴震文集》，第 240 頁。

　　乾嘉時期，另一個考據大家洪榜，「生平學問之道服膺戴氏，戴氏作《孟子字義疏證》，當時讀者不能通其義，惟榜以為功不在禹下。」〔註63〕洪榜為戴震作行狀時，嘗將《答彭進士允初書》與彭紹升的來信一併收錄於行狀之中。此舉為當時學界領袖朱筠所反對，朱筠以為「可不必載，戴氏可傳者不在此」〔註64〕。洪榜依之，刪而不錄。然洪榜在與朱筠的書信中，嘗有論辯。洪榜指出：

> 　　夫戴氏《與彭進士書》，非難程、朱也，正陸、王之失耳；非正陸、王也，闢老、釋之邪說耳；非闢老、釋也，闢夫後之學者實為老、釋而陽為儒書，援周、孔之言入老、釋之教，以老、釋之似亂周、孔之真，而皆附於程、朱之學。〔註65〕

　　此乃對《答彭進士允初書》的肯定，也為其奠定了在學術史上的地位。日後凡言戴震哲學者，未有能脫離《孟子字義疏證》和《答彭進士允初書》的。

　　不過，在談論戴震哲學的論述中，幾乎很少有人正視彭紹升的價值，這是不公平的。若非彭紹升針鋒相對的發問，戴震亦不可能憑藉回信以申明《孟子字義疏證》的深意。因此，彭紹升對於戴震哲學體系的形成和完善，有十分積極的意義。

　　因為二人的思想有著根本性的差異，所以論辯很難有交集和定論。恰如釋慧嚴在其著《彭際清與戴震的佛儒論辯》一文末尾所云：

> 　　兩人的儒佛之諍論，必然是沒個交集處。兩人的筆墨論諍，留給歷史的，是提供了可以解開「疏證」著作年代的史料。又戴震的冒犯時代禁忌，治漢學兼治義理之舉，可能對後世漢學家產生了一些影響。值得注意的，是他的嫡傳大弟子段玉裁已經有了「理學不可不講」的感歎了。又到了段玉裁的外孫龔自珍的時代，更是接納了佛教的信仰，開啟了公羊學派的門扉。令人尋味的，是龔自珍的信佛，與彭際清有了不可解的關係，因為他崇拜彭際清，又是在彭際清的弟子江沅子蘭的影響下成為佛教信仰者的緣故。又江沅子蘭是位虔誠的佛教信仰者，同時他也是段玉裁的入室弟子。由這種傳承來看，公羊學派的接納佛教信仰或接觸佛學，是近代學術潮流的

〔註63〕《國朝漢學師承記》，第98頁。
〔註64〕《國朝漢學師承記》，第98頁。
〔註65〕《國朝漢學師承記》，第99頁。

　　主流，而此主流的脈源，實可溯自戴震與彭際清的時代。〔註66〕

　　彭紹升的思想，是在「圓融無礙」的華嚴義理下，從自身的佛性（即如來藏）出發，探討佛教和儒學。在他的思想中「如來藏」和儒家所言的「本心」、「良知」是可以劃等號的。在與袁枚、戴震、盧文弨等人的往來論學中，彭紹升努力去消除儒釋的隔閡，逐漸完善自己佛儒兼用的思想。不論是在調和禪淨還是兼容儒釋上，他所下的工夫都會為中國傳統思想文化的發展立下不可磨滅的功績。

　　彭紹升能從儒釋兩家尋找出共通點，這在當時已經具有極強的前瞻性。中晚清以來的思想家，很多都接受過佛教的洗禮。不論是魏源、龔自珍，還是譚嗣同、章太炎，他們都從佛教中尋找寶藏，再融合儒家的入世精神，為救國救民而貢獻自己的力量。

　　與單純信仰的佛教徒不同，彭紹升在信仰佛教的同時，也在整理佛教教義，昇華佛教思想。這是屬於更高層次的皈依。彭紹升不僅是一位普通的佛教徒，更是一名佛教學者和佛教思想家。他為佛教文化的繁榮做了很大的貢獻，因此在佛教史上的功績是巨大的。作為居士，他可以稱作楷模。後世的楊文會等知名居士，都曾以其作為榜樣。故可知彭紹升在後世佛教界內地位之高。

　　正是由於彭紹升出入儒釋，接受了兩家思想之精華。因此其能夠放棄仕途，在家鄉興辦慈善事業，做出了許多有利於社會的事情。

〔註66〕《彭際清與戴震的儒佛論辯》，第244～245頁。

第五章　開門羅漢即菩薩——
彭紹升慈善事業

　　羅漢，即阿羅漢，小乘佛教的最高果位。成就羅漢果位之人，已經殺盡煩惱之賊，不在三界六道之中。菩薩，即菩提薩埵，或譯為大覺有情，乃大乘階位。修菩薩行者，需自利利他，發願成就眾生。羅漢自度，菩薩普度。故某大德嘗語學佛者曰：「關起門來修羅漢，打開門時做菩薩。」蓋欲信眾能發救渡眾生之弘願也。彭紹升乃踐行大乘菩薩道者，故其修養不僅僅侷限於思想之上。

第一節　興辦慈善事業的背景

　　江南地區慈善之風歷史悠久。自范仲淹始創義莊以來，蘇州慈善事業不斷發展。時至明清兩代，蘇州鄉紳的慈善事業尤其興盛。明末，江南地區慘遭戰火，然清朝定鼎之後，和平的政治局勢使蘇州的社會慈善事業得到良好的發展。到乾隆時期，可以說發展至極。

　　彭紹升就是乾隆時期蘇州地區著名的慈善家。當今學術界對彭紹升慈善事業的研究，可謂十分重視。無論是歷史學還是社會學，都關注了彭紹升在蘇州地區的善舉。故本書在借鑒吸收前人的成果的同時，僅簡要論述彭紹升的慈善事業。

　　蘇州大學專門史專業 2008 屆碩士研究生葛慧燁在其學位論文《清代慈善家彭紹升研究》中詳細研究了彭紹升的社會慈善事業。論文分為三個部分：

第一是彭紹升的慈善活動，這一部分又分面向地方社會的慈善活動和面向宗族的慈善活動；第二是彭紹升從事慈善活動的原因，列舉了江南地區的慈善風氣、彭紹升家族的慈善傳統以及個人修養三個方面；第三部分是彭紹升慈善活動的影響。論文不僅注意對彭紹升本人進行研究，更對當時社會背景進行了細緻地考察。很長一段時間以來，對彭紹升的認識往往侷限於佛教範圍之內，這篇論文的問世無疑是對彭紹升研究境界的一次開拓。

蘇州大學社會學院王衛平、黃鴻山在《繼承與創新：清代前期江南地區的慈善事業——以彭紹升為中心的考察》一文中，也關注了彭紹升在江南地區慈善事業中的地位和作用。他們認為彭紹升吸收了前人的慈善思想，又對後世的慈善事業有著重要作用，因此在江南地區的慈善譜系中佔據了承上啟下的關鍵地位。

從清朝時期城鎮社會結構來看，士紳是一個重要的社會角色，他們往往處在社會結構網的關鍵地位。清代城市中，主要有兩種社區形式，即法定社區與自然社區，二者相互交錯。〔註 1〕所謂法定社區，即官方劃定的行政區劃，如坊、廂、街等；自然社區，則是民眾依賴血緣、業緣等關係自發形成的社區。法定社區與自然社區相互交錯的格局，帶來了行政區劃和宗族、行會的相互交錯。因此，「亦官亦民」的士紳在清代城市社區中的地位和作用就顯得十分重要。士紳的社會地位在官與民之間，所以其在法定社區與自然社區之間都產生相當的影響，有能力協調官方和民間的問題。彭紹升就是長洲當地有名的士紳，於是其在當地興辦慈善事業可以說一部分是由於歷史的必然。

彭紹升不僅僅是一個普通的地方士紳，他還是一位佛教居士，更是一位曾憑藉儒術考取功名的知識分子。這三個社會角色的疊加，大大促進了彭紹升的慈善活動。首先，彭紹升是一個佛教居士，特別是一個淨土宗居士。淨土宗雖然以念佛為法門，但是更重視實行，要求信眾多為布施，廣行善事。何況，大乘佛教本來就具備「自度度人」的人間關懷。明末清初，江南地區一些著名居士，如袁黃、周夢顏等，他們都十分熱衷地方慈善，彭紹升對他們也十分欣賞，或視作楷模。這些都從宗教信仰方面促使彭紹升去躬身踐行慈善活動。至於儒家思想，一直以來都包含著積極的入世精神。雖然，以時文為重點的科舉考試嘗造就了士人萎靡的精神狀態，但是雍乾以降，士人的自

〔註 1〕參見《中國社會通史‧清前期卷》，第 164 頁。

身價值重新被發覺，人文精神重新被喚醒。〔註2〕彭紹升後來棄官不做，在鄉里廣興善舉，正是發覺自身價值和人文精神的表現。又，彭紹升早年胸懷兼善之志，後來雖未登廟堂，然在鄉里大行善舉亦是早年志向實現的一條途徑吧。

彭氏算得上江南地區的一大望族，其家族歷來有行善傳統。彭紹升所主持的惜字會、放生池等事業，實際上很多皆肇自彭定求。並且，彭紹升所交往的朋友中，無論教內教外，均有很多樂善好施之徒。其中對彭紹升影響最大的，當屬至交好友薛起鳳。彭紹升二十餘歲之時，嘗於薛起鳳探討人生志向：

> 予年二十餘，矜尚氣節，嘗與亡友薛家三言志，願得為朝廷諫官，慷慨論世間利病，即遇挫折不悔，而頗欲使天下之士慕義無窮也。家三曰：「吾之誌異於是。願得負郭田數百畝，與九族共治，以餘財推之鄉里，仿東林同善會俾鰥寡孤獨者有養也，其可矣。」予愧其言，以為仁人之用心當如是。〔註3〕

此番談論之後，彭紹升「幡然有志古聖人之道」：

> 立人達人之心油然不能已。子言之，己欲立而立人，己欲達而達人。然則，立人者，其立己之成者邪？達人者，其達己之盡者邪？人己異形，而欲則未嘗異也。豈不至近乎？然則積己成家，家一己也；積家成鄉，鄉一己也；積鄉而邑、國、天下，邑、國、天下一己也。〔註4〕

彭紹升反思自己，云：「役役焉馳騖於遼闊，而其近者反曠而不治。」〔註5〕由此可見，薛起鳳對彭紹升慈善活動的影響之大。

綜上所述，彭紹升在歷史、社會和個人思想等背景下，開展了自己的慈善活動。後人評價其一生善舉曰：

> 知歸子嘗一試於鄉矣，開近取堂，釀金萬兩，權出入息以周士族孤寡之無依者。又其餘剏佛宮、飯眾僧、施冬衣、放生族，積二十餘年而不懈。又嘗一試於家矣，置潤族田，盡捐己田以益之，合

〔註2〕參看陳維昭：《帶血的輓歌──清代文人心態史》，石家莊：河北教育出版社，2001 年，第 167 頁。

〔註3〕《二林居集》卷九《近取堂記》。

〔註4〕《二林居集》卷九《近取堂記》。

〔註5〕《二林居集》卷九《近取堂記》。

五百餘畝，豫為終制，俾無立後。〔註6〕

第二節　彭紹升慈善活動舉隅

彭紹升所舉善業，有繼承彭定求者，如惜字會、放生會等；有自創者，如施棺局、恤犛會等。

所謂「惜字」，清代丁克柔在其筆記《柳弧》中解道：「古聖造字，一易結繩，自天子以至於庶人，非字不行，字之功在天地大矣。飲水思源，則天垂象，烏可輕褻而自作孽耶！是在惜字。」〔註7〕這種思想在古代中國十分流行，惜字的風俗也十分普遍。直到十九世紀，來華的西方人還能發現中國有數不清的惜字紙會，其形式主要是將有文字的廢棄紙張統一收集焚化。〔註8〕彭定求正是在這種風俗的影響下提倡惜字的。在彭定求眼中，惜字是可以獲得福報的。〔註9〕因此，彭定求的惜字主張，在於愛惜字墨紙張，亦在乎尊重字紙，不可褻瀆。他認為不僅應該愛惜字紙，更應該禁止那些「傷風敗俗」的東西，以免褻瀆字紙。這在一定程度上對維護世風有積極作用。

彭紹升對惜字的理解則更深入，其嘗作《惜字會引》云：

> 字者，孳也，言其相生無窮也。相生無窮者，天之心也，人之道也。字之作，以正德也，以達情也，以章往而察來也。故夫能以美利利天下而不言所利，莫字若矣。寶而惜之，天之心也，人之道也；毀而棄之，逆天心人道，利之所不屬而害且隨之。嗚呼，可不戒哉！〔註10〕

可見，彭紹升在對「惜字」的認識上不僅繼承了傳統文化中普遍的觀念，也繼承了彭定求的惜字獲福報的思想。在彭紹升的認識裏，也不認同「傷風敗俗」之作，他認為字的作用在於「正德」。因此，他提出了「天之心」和「人之道」的說法。這和他一貫的思想是緊密相連的，所以為了順應天心人道，應該「惜字」。

〔註6〕《一行居集》卷首《知歸子傳》。
〔註7〕〔清〕丁克柔：《柳弧》，北京：中華書局，2002 年，第 54 頁。
〔註8〕參見〔英〕約‧羅伯茨編著，蔣重躍、劉林海譯：《十九世紀西方人眼中的中國》，北京：中華書局，2006 年，第 66 頁。
〔註9〕參見：《清代慈善家彭紹升研究》，第 9 頁。
〔註10〕《二林居集》卷七《惜字會引》。

所謂「放生」，《柳弧》：「故聖王網開三面，而放生之說起矣。子產捨魚，荊公放生，楊寶放雀，隋侯放蛇，千古美談。他若死時你救他，你若死時天救你，誠不誣也。是在放生。」〔註11〕此處言放生，追溯至商湯傳說，這不一定可靠。然而若說放生在中國起源甚早，實為可徵。至於其云「他若死時你救他，你若死時天救你」，則頗染佛教因果色彩。

文星閣放生會，乃始自彭定求，至彭紹升時已然數十年之久。彭紹升持不殺戒、斷肉食，並倡議重整文星閣放生會。這次重整放生會，不僅在放生池中放養魚蝦之屬，也在園中空地豢養牲畜家禽。而且，為了使放生會能夠持久，彭紹升規劃了詳細的制度：

> 糾司月十二人，人持簿一本，歲募人出錢三百六十，十之得三千六百為一股，積十二股，得錢四十千有奇。隨時買放生物，有餘則以充食料，闕則募它人為代。如是漸增，倍蓰無算。歲以二月三日，通名於桂香殿。冬盡則請僧誦經，迴向西方淨土，俾施者、受者作長壽因、種菩提果，但能盡壽為期，勤行匪懈，其為福德不可思議。〔註12〕

由此，不僅能夠看出彭紹升為放生會擬定了一個長久的經濟制度，亦能看出其宗教色彩。彭紹升不僅在鄉里籌募興辦放生會，在己家亦開闢放生池。此大概皆源於彭紹升的佛教信仰。

施棺之舉，在於悲憫暴葬之人。彭紹升在為同鄉黃林所作的墓誌銘中嘗言：

> 蘇州府治齊門內有地名沙河唐，土曠人居少。邑中貧者死不克葬，輒委棺焉。歲久，木腐骸骼出。狗析而食之。既互三四里，暴棺至數千邑人。〔註13〕

於是，施棺的善舉應運而生。然施棺局非始自彭紹升，而是里人自發創辦。《近取堂記》云：「乾隆三十七年，里人既刱施棺局，請予為之監。」〔註14〕蓋彭紹升嘗經理施棺局之業，使其完善也。

所謂「恤嫠」，《柳弧》：「少婦喪夫，最慘事也。既失所天，將何依託？泣血椎心，飲冰茹蘗。即家本素奉，尚難排遣；而況家無長物，生計維艱，或上

〔註11〕《柳弧》，第54頁。
〔註12〕《二林居集》卷七《文星閣重整放生會引》。
〔註13〕《二林居集》卷十《縣學生黃君墓誌銘》。
〔註14〕《二林居集》卷九《近取堂記》。

有白髮，下遺黃口。不有以周之，而欲其自甘荼苦之死靡他也，難矣！是在恤嫠。」〔註15〕蓋在古代中國婦女意識尚未開蒙，因此喪夫之婦生活艱難，故有慈善鄉紳開創恤嫠之舉。

彭紹升開創恤嫠會，主要針對貧窮的下層知識分子家庭。其云：「古稱窮無告者，惟鰥寡孤獨，而孤寡較鰥獨尤窮。士族之孤寡者，較之小戶又甚焉，遂為會以周之。」〔註16〕彭紹升的恤嫠會，亦帶有佛教色彩。其嘗作《恤嫠會迴向文》，云：

> 弟子際清，願意度有情，同生淨土。故於本縣文星閣舉恤嫠會。
> 凡諸名族，孀居孤苦，既恤其身，重複勸導，俾令念佛求生西方。
> 但恐此等五漏凡夫，信解未具，雖種淨因，難期淨果。際清敬與諸
> 善友等，對如來前，諷誦洪名，代為迴向。〔註17〕

可見，彭紹升恤嫠目的，不僅僅在於周濟貧寒，也有勸人歸信佛教的意圖。

以上四項，乃彭紹升善舉之一二而已。除此之外，彭紹升還勸募資金修繕寺院若干座，重新校刻多部佛經；他亦熱衷於鄉里的公益事業，參與整修書院、祠堂、路橋等；乾隆五十八年水災，其積極賑濟災民；在家族內，創立彭氏潤族田，澤及族人等等。然而，若僅就此而論，彭紹升不過一積德行善之人，不可算是慈善事業家。彭紹升之所以能配稱慈善事業家，在於其將零星善舉詳細規劃，又制定相應的制度來保障其運轉。這一點，集中體現於「近取堂」。

近取堂，位於長洲學宮之東文星閣。近取堂的設立，源於恤嫠會。彭紹升召集當地熱衷慈善的友人，創辦恤嫠會，周濟貧寒，「三年，所散者千金，所周者，百有三十餘家，其費之所出，司事者募金充之。」〔註18〕這種勸募公眾集資的辦法，能行一時，而不能行一世。若要此事能長久，則應有穩定的資金來源。彭紹升經理施棺局時，為了使其長久，曾舉一會：

> 人輸十金，至於百金，其得千八百兩有奇。將以十年為斷，取
> 什一之息償所輸，用其本買田以供用。舉會之日，有願勿償者，得
> 四百金。〔註19〕

〔註15〕《柳弧》，第 52 頁。
〔註16〕《二林居集》卷九《近取堂記》。
〔註17〕《一行居集》卷一《恤嫠會迴向文》。
〔註18〕《二林居集》卷九《近取堂記》。
〔註19〕《二林居集》卷九《近取堂記》。

此法實際上在重整文星閣放生會時也曾用到。彭紹升為圖恤嫠會之長久，再次採用了施棺局的方法。其云：

> 予復謀之李禹定、吳崧蕃，圖所以久遠者，集友十餘人，續舉一會，亦以十年為斷，釀金五千金，其法略如前會，而稍加其息。
>
> 會集長洲學宮之東文星閣，予顏其堂曰「近取」。〔註20〕

彭紹升為之題名為「近取」，蓋受薛起鳳影響，決心治「其近者」。這種頗類似於近代經濟手段的籌資方式，在近取堂成為一種制度。因此，在這種制度的維繫下，之前零星的慈善事業能夠延長其生命，作用自然較之前要大而廣。

近取堂成立之後，惜字會、放生會、施棺局、恤嫠會等等慈善事業都被劃歸到近取堂治下。近取堂也從單一為恤嫠會籌集資金的組織，擴大成一個綜合性的慈善機構。這樣，彭紹升所做的慈善事業，避免了人亡政息的局面。彭紹陞用這種有效的經營方式，將中國古代社會的慈善事業推向了一個新的階段，所以他才能配得上慈善事業家之稱號。

正如以前學者所論及的，彭紹升在江南慈善事業譜系中佔據著重要位置，扮演了承上啟下的角色。他不僅成為彭氏宗族內善行楷模，亦成為後世行慈善之人的楷模。彭紹升本人無子，為教化兄弟之子，嘗作《蓼語示諸兄子》，其中有云：

> 家之所以興，名之所由立。一言以蔽之，曰「諸惡莫作，眾善奉行」爾矣。弗為以小惡為無傷而弗去爾矣。吾設近取堂，不獨為鄉黨推暨之門，亦為吾家保將來之祚。即今規模麤立，諸兄子能踵而成之，俾被其澤者無終窮焉。即吾家之祚與之為無終窮矣。如或垣墉具矣，莫與塗暨茨者，吾恐斯堂之廢亦非彭氏之福也。〔註21〕

彭紹升所興善舉，亦有為家族求福報的心理。然而其教悔諸兄子要廣興慈善事業，無疑推進了江南地區慈善事業的興盛。在彭紹升的影響下，彭氏家族湧現出彭希洛、彭祝華、彭蘊章、彭翊、彭慰高、彭福保等一批熱心善舉之人，並且慈善傳統延續不衰。〔註22〕

〔註20〕《二林居集》卷九《近取堂記》。
〔註21〕《二林居集》卷三《蓼語示諸兄子》。
〔註22〕參見《清代慈善家彭紹升研究》，第32頁。

餘　論

《一行居集》卷首：

　　　（彭紹升）年二十餘，治先儒書，以明道先生為的，而兼通考亭、象山、陽明、梁谿之說。治古文，出入於韓李歐曾，尤長於敘事，儕輩中推為承祚蔚宗之匹。〔註1〕

《國朝宋學淵源記・附記》：

　　　（彭紹升）治古文，言有物而文有則。熟於本朝掌故，所著《名臣事狀》、《良吏述》、《儒行述》，信而有徵，卓然可傳於後世。論學之文，精心而密意，紀律森然；談禪之作，亦擇言爾雅，不涉禪門語錄惡習。〔註2〕

　　彭紹升好為古文，熟知清代掌故，所記史事皆有所考據，故其著述極具史料價值。以《善女人傳》中《劉淑傳》為例，其所注明出處於鄒漪的《啟禎野乘》。《劉淑傳》中稱「劉淑者，廬陵劉忠烈鐸之女也。」是彭紹升以為劉淑籍貫為廬陵，而考諸鄒文則言南昌。廬陵，乃吉安府治所，明清兩代地理區劃大致相同。然無論明清，南昌與廬陵皆非近壤。南昌府和吉安府之間尚間隔著臨江、撫州、袁州等地。李瑤《南疆繹史摭遺》、宋之盛《江人事》卷四《女貞傳略》、陳鼎《東林列傳》等文獻均以劉淑為廬陵人。據此可見彭紹升的記述並非簡單地輯錄，而是有所考證。

　　彭紹升為文，參稽史料十分廣泛。以《二林居名臣事狀》為例，其見載

〔註1〕《一行居集》卷首《知歸子傳》。
〔註2〕《國朝漢學師承記》，第187頁。

於《二林居集》卷十二至卷十八，亦有光緒六年仲春重刊單行本流傳，收於《正覺樓叢書》。《名臣事狀》中包括彭啟豐在內，共收錄十八人事蹟。此十八人，在《清史稿》中皆有傳記。彭紹升在《名臣事狀》後，自云：

> 文獻不足，雖善無徵。予之狀諸公也，征諸文者，則有奏議、書牘、策論之篇，皆當日施於朝廷，達於倫物者，不可以偽為也。征諸獻者，則有諸公朋舊門生子姓之屬，其所撰碑誌行述，聞見既鑿，情實難淯，以視夫道路之風聞，稗官之剽說，不既遠乎？……而家仲兄與修國史，記憶所及，予因得參考異同，折衷一是。雖言之無文，亦庶幾無所苟而已矣。〔註3〕

可見，彭紹升撰寫事狀所採用的史料來源十分廣泛。因此，彭紹升的記述對於研究清史有著巨大的重要性。

再如《儒行述》，見收於《二林居集》卷十九，亦收於《昭代叢書》。其中既載有當世大儒，亦有世人鮮知的儒士。《儒行述》的史料來源，大體與《二林居名臣事狀》相仿，亦十分廣泛。江藩撰《國朝宋學淵源記》與阮元撰《儒林傳稿》，都曾受到彭紹升《儒行述》的影響。特別是阮元，全面採用《儒行述》來梳理清代理學基本面貌。〔註4〕

從以上論述中，足以看出彭紹升著述有相當重要的史料價值，這一點業已被一些學者發現和關注。〔註5〕另外，彭紹升亦雅好金石收藏，有多幅碑帖題識「尺木居士」或「彭二林居士」藏。這些碑帖中的一部分，後來流落於羅振玉等近代大收藏家之手。

總而言之，彭紹升作為清代一個信仰佛教的知識分子，無論其思想，還是其行為，都有著時代的烙印。在思想上他力主調和儒釋、禪淨，在日常生活裏注重實修和踐行。在他的一生中，時刻貫徹著佛教的慈悲精神和儒家的仁愛質量。他的人生幾乎見證了整個乾隆時代的歷史。因此對他的考察，可以從一個側面反映清代社會的某些特質。彭紹升處於民間鄉紳的社會地位上，發揮了其應有的社會作用，也從某些方面促進著中國基層社會由傳統向近代轉型。故而他帶給後人的不僅僅是幾部著作，更多的是一種極其強烈的人文關懷。

〔註3〕《二林居集》卷十八《書諸名公事狀後二則》。
〔註4〕參見戚學民：《〈儒林傳稿〉與〈宋學淵源記〉》，載《社會科學研究》，2010 年第 1 期，第 153 頁。
〔註5〕原擬此處將彭紹升文章中的史料價值詳細考出，然限於規模和才力難以倉促完成，故待日後有機會校讎彭紹升文集之時，詳細理清。

參考文獻

一、著述類〔註1〕

（一）彭紹升著述類

1. 《二林居集》，嘉慶四年初味堂刻本，見收於《續修四庫全書》，上海古籍出版社，2002年4月第1版，第1461冊

2. 《一行居集》，美國舊金山大覺蓮社影印清刻本，1993年6月第1版。

3. 《觀河集》，臺灣：文海出版社，影乾隆末年著者自定手稿本。

4. 《測海集》，寶瀚樓藏版，刊年不計。

5. 《二林唱和詩》，卍續藏，第110冊。

6. 《體仁要術》，卍續藏，第107冊。

7. 《無量壽經起信論》，卍續藏，第32冊。

8. 《觀無量壽經約論》，卍續藏，第33冊。

9. 《阿彌陀經約論》，卍續藏，第33冊。

10. 《一乘決疑論》，卍續藏，第104冊。

11. 《華嚴念佛三昧論》，卍續藏，第104冊。

12. 《念佛警策》，卍續藏，第109冊。

13. 《重訂省菴法師語錄》，卍續藏，第109冊。

14. 《重訂西方公據》，卍續藏，第109冊。

〔註1〕書目中所用大正藏，即日本東京大正一切經刊行會印本；卍續藏，即臺北新文豐出版公司印藏經書院版；嘉興藏，即臺北新文豐出版公司印徑山藏版。不再一一注明。

15.《淨土聖賢錄》，卍續藏，第 135 冊。

16.《居士傳》，卍續藏，第 149 冊。

17.《善女人傳》，卍續藏，第 150 冊。

18.《儒行述》，見收於《昭代叢書》，世楷堂藏板。

19.《良吏述》，見收於《昭代叢書》，世楷堂藏板。

20.《二林居名臣事狀》，見收於《正覺樓叢書》，光緒六年仲春重刊。

（二）工具書、目錄類

1. 羅竹風等編：《中國大百科全書・宗教卷》，北京：中國大百科全書出版社，1988 年 2 月第 1 版。

2. 萬國鼎編，萬斯年，陳夢家補訂：《中國歷史紀年表》，北京：中華書局，1978 年 11 月第 1 版。

3. 敦煌研究院編：《敦煌遺書總目索引新編》，北京：中華書局，2000 年 7 月第 1 版。

4. 丁福保編：《佛學大辭典》，北京：中國書店，2011 年 7 月第 1 版。

5. 星雲大師監修，慈怡主編：《佛光大辭典》，北京：書目文獻出版社，據臺灣 1989 年第 5 版影印。

6. 何英芳編：《〈清史稿〉紀表傳人名索引》，北京：中華書局，1993 年 10 月第 1 版。

7. 臧勵和等編：《中國人名大辭典》，上海書店印商務印書館 1921 年版，1980 年 11 月第 1 版。

8. 葉衍蘭，葉恭綽編：《清代學者像傳合集》，上海古籍出版社，1989 年 7 月第 1 版。

9.〔清〕張之洞著，范希曾補正：《書目答問補正》，見收於《蓬萊閣叢書》，上海古籍出版社，2001 年 7 月第 1 版。

10.〔清〕永瑢等編：《四庫全書總目》，北京：中華書局，1965 年 6 月第 1 版。

11. 復旦大學編：《續修四庫全書總目錄索引》，上海古籍出版社，2003 年 1 月第 1 版。

12. 新文豐編審部編：《卍續藏經總目錄目錄索引》，臺北：新文豐出版公司，1983 年 1 月第 2 版。

13. 王紹曾主編：《清史稿藝文志拾遺》，北京：中華書局，2000 年 9 月第 1 版。

（三）社會史、宗教史、學術史

1. 梁啟超撰：《論中國學術思想變遷之大趨勢》，見收於《蓬萊閣叢書》，上海古籍出版社，2001 年 9 月第 1 版。

2. 梁啟超撰：《清代學術概論》，上海：世紀出版集團，上海古籍出版社，2005 年 4 月第 1 版。

3. 梁啟超撰：《中國近三百年學術史》，長沙：嶽麓書社，2010 年 1 月第 1 版。

4. 〔法〕謝和耐著，耿昇譯：《中國社會史》，見收於劉東主編《海外中國研究叢書》，南京：江蘇人民出版社，1995 年 9 月第 1 版。

5. 胡樸安著：《中華全國風俗志》，上海：科學技術文獻出版社，2008 年 8 月第 1 版。

6. 章太炎，劉師培等撰：《中國近三百年學術史論》，見收於《蓬萊閣叢書》，上海古籍出版社，2006 年 10 月第 1 版。

7. 〔清〕皮錫瑞著：《經學歷史》，北京：中華書局，1959 年 12 月第 1 版，2008 年 8 月第 2 版。

8. 〔清〕皮錫瑞著：《經學通論》，北京：中華書局，1954 年 10 月第 1 版。

9. 徐世昌撰，周駿富編：《清儒學案小傳》，臺灣：明文書局，1985 年 5 月第 1 版。

10. 陳祖武著：《清儒學術拾零》，北京：故宮出版社，2012 年第 1 版。

11. 趙雲田等編：《中國社會通史・清前期卷》，太原：山西教育出版社，1996 年 12 月第 1 版。

12. 杜繼文著：《佛教史》，見收於任繼愈主編《新版宗教史叢書》，南京：江蘇人民出版社，2006 年 1 月第 1 版。

13. 潘桂明著：《中國居士佛教史》，北京：中國社會科學出版社，2000 年 9 月第 1 版。

14. 印順著：《中國禪宗史》，北京：中華書局，2010 年 6 月第 1 版。

15. 陳揚炯著：《中國淨土宗通史》，見收於《中國佛教宗派史叢書》，南京：江蘇古籍出版社，2002 年 11 月第 1 版。

16. 潘桂明，吳忠偉著：《中國天台宗通史》，見收於《中國佛教宗派史叢書》，南京：江蘇古籍出版社，2001 年 12 月第 1 版。

17. 杜繼文，魏道儒著：《中國禪宗通史》，見收於《中國佛教宗派史叢書》，南京：江蘇古籍出版社，1993 年 8 月第 1 版。

18. 蔣維喬著：《中國佛教史》，見收於《蓬萊閣叢書》，上海古籍出版社，2004 年 4 月第 1 版。

19. 葉祥苓：《蘇州方言志》，南京：江蘇教育出版社，1988 年 11 月第 1 版。

（四）史籍、方志

1. 〔漢〕司馬遷著：《史記》，北京：中華書局，1959 年 9 月第 1 版。

2. 〔劉宋〕范曄著，〔唐〕李賢注：《後漢書》，北京：中華書局，1965 年 5 月第 1 版。

3. 〔吳〕韋昭注：《國語》，濟南：齊魯書社，2005 年 5 月第 1 版。

4. 〔晉〕陳壽著，〔劉宋〕裴松之注：《三國志》，北京：中華書局，1959 年 12 月第 1 版。

5. 〔清〕沈藻採編撰：《元和唯亭志》，北京：方志出版社，2001 年 8 月第 1 版。

6. 〔清〕李光祚修，顧詒祿等編纂：《乾隆長洲縣志》，見收於《中國地方志集成》，南京：江蘇古籍出版社，1991 年 6 月第 1 版。

7. 〔清〕李銘皖，譚鈞培修，馮桂芬纂：《同治蘇州府志》，見收於《中國地方志集成》，南京：江蘇古籍出版社，1991 年 6 月第 1 版。

8. 李根源，曹允源著：《民國吳縣志》，見收於《中國地方志集成》，南京：江蘇古籍出版社，1991 年 6 月第 1 版。

9. 趙爾巽等著：《清史稿》，北京：中華書局，1977 年 12 月第 1 版。

10. 佚名：《清史列傳》，北京：中華書局，1987 年 11 月第 1 版。

11. 詹一先主編：《吳縣志》，見收於《江蘇省地方志》，上海古籍出版社，1994 年 2 月第 1 版。

12. 陳輝主編：《蘇州市志》，南京：江蘇人民出版社，1995 年 1 月第 1 版。

（五）宗教典籍

1. 〔曹魏〕康僧鎧譯：《佛說無量壽經》，大正藏，第 12 冊。

2. 〔東晉〕佛陀跋陀譯：《大方廣佛華嚴經》，大正藏，第 9 冊。

3.〔梁〕僧祐,〔唐〕道宣著:《弘明集 廣弘明集》,上海古籍出版社,1991年8月第1版。

4.〔姚秦〕鳩摩羅什譯:《佛說阿彌陀經》,大正藏,第12冊。

5.〔姚秦〕鳩摩羅什譯:《妙法蓮華經》,大正藏,第9冊。

6.〔姚秦〕鳩摩羅什譯:《維摩詰所說經》,大正藏,第14冊。

7.〔印〕龍樹菩薩造,〔姚秦〕鳩摩羅什譯:《大智度論》,大正藏,第25冊。

8.〔姚秦〕佛陀耶舍譯:《長阿含經》,大正藏,第1冊。

9.〔劉宋〕疆良耶舍譯:《觀無量壽佛經》,大正藏,第12冊。

10.〔隋〕吉藏著,韓廷傑校釋:《三論玄義校釋》,見收於《中國佛教典籍選刊》,北京:中華書局,1987年8月第1版。

11.〔唐〕弘忍著:《最上乘論》,大正藏,第48冊。

12.〔唐〕般剌密帝譯:《大佛頂首楞嚴經》,大正藏,第19冊。

13.〔唐〕法海集記:《南宗頓教最上大乘摩訶般若波羅蜜經六祖慧能大師於韶州大梵寺施法壇經》,大正藏,第48冊。

14.〔唐〕玄覺撰,〔宋〕彥琪注:《證道歌注》,卍續藏,第111冊。

15.〔南唐〕靜筠二禪師編撰:《祖堂集》,見收於《中國佛教典籍選刊》,2007年10月第1版。

16.〔宋〕法天譯:《佛說七佛經》,大正藏,第1冊。

17.〔宋〕契嵩編:《六祖大師法寶壇經》,大正藏,第48冊。

18.〔宋〕釋寶雲譯:《佛本行經》,大正藏,第4冊。

19.〔宋〕王日休校:《佛說大阿彌陀經》,大正藏,第12冊。

20.〔宋〕王日休著:《淨土全書》,卍續藏,第109冊。

21.〔宋〕賾藏編撰:《古尊宿語錄》,見收於《中國佛教典籍選刊》,北京:中華書局,1994年5月第1版。

22.〔明〕真可著:《紫柏尊者全集》,卍續藏,第127冊。

23.〔明〕德清著:《憨山老人夢遊集》,卍續藏,第127冊。

24.〔明〕德清著:《憨山老人夢遊全集》,嘉興藏,第22冊。

25.〔明〕袾宏著:《往生集》,大正藏,第51冊。

26.〔清〕愛新覺羅・胤禛著:《御選語錄》,卍續藏,第119冊。

27.〔清〕胡珽編:《淨土聖賢錄續編》,卍續藏,第135冊。

28.《諸經日誦集要》，嘉興藏，第 19 冊。

29. 印光著：《印光大師全集問答擷錄》，臺南：和裕出版社，1998 年 8 月第 1 版。

30. 藍吉富主編：《禪宗全書》，臺北：文殊出版社，1988 年 4 月第 1 版。

31. 楊仁山著：《楊仁山集》，見收於黃夏年主編《近現代著名佛教學者文集》，北京：中國社會科學出版社，1995 年 12 月第 1 版。

32. 楊曾文編校：《神會和尚禪話錄》，見收於《中國佛教典籍叢刊》，北京：中華書局，1996 年 7 月第 1 版。

33. 印順著：《淨土與禪》，北京：中華書局，2011 年 4 月第 1 版。

34. 印順著：《為居士說居士法》，北京：中華書局，2010 年 6 月第 1 版。

35. 周紹良著：《敦煌寫本壇經原本》，北京：文物出版社，1997 年 12 月第 1 版。

36.〔日〕淨土宗宗典刊行會編纂：《淨土宗全書》，明治十四年四月刊。

37. 佚名：《重鐫玉曆至寶鈔》，清光緒十六年刻本，見收於《藏外道書》，成都：巴蜀書社，1994 年 1 月第 1 版，第 12 冊。

（六）古代學者著述

1.〔清〕阮元校刻：《十三經注疏》，北京：中華書局，1980 年 9 月第 1 版。

2.〔漢〕王充著：《論衡》，影印《摛藻堂欽定四庫全書薈要》本，長春：吉林出版集團有限責任公司，2005 年 5 月第 1 版。

3.〔晉〕陶淵明著，逯欽立校注：《陶淵明集》，北京：中華書局，1979 年 5 月第 1 版。

4.〔唐〕韓愈撰：《韓昌黎全集》，北京：中國書店，1991 年 6 月第 1 版。

5.〔唐〕柳宗元撰：《柳河東全集》，北京：中國書店，1991 年 8 月第 1 版。

6.〔宋〕周敦頤著：《周敦頤集》，見收於《理學叢書》，北京：中華書局，1990 年 5 月第 1 版。

7.〔宋〕程顥，程頤著：《二程集》，見收於《理學叢書》，北京：中華書局，1981 年 7 月第 1 版，2004 年 2 月第 2 版

8.〔宋〕張載著：《張載集》，見收於《理學叢書》，北京：中華書局，1978 年 8 月第 1 版。

9.〔宋〕王欽若等編：《冊府元龜》，北京：中華書局影印宋本，1989 年 1 月

第 1 版。

10. 〔宋〕吳淑著：《事類賦注》，北京：中華書局，1989 年 12 月第 1 版。

11. 〔宋〕洪興祖撰：《楚辭補注》，見收於《中國古典文學基本叢書》，北京：中華書局，1983 年 3 月第 1 版。

12. 〔宋〕朱熹著：《詩經集傳》，見收於《欽定四庫全書薈要》，長春：吉林出版集團，2005 年 5 月第 1 版。

13. 〔宋〕朱熹著：《周易本義》，見收於《易學典籍選刊》，北京：中華書局，2009 年 11 月第 1 版。

14. 〔宋〕朱熹撰：《四書章句集注》，見收於《新編諸子集成》，北京：中華書局，1983 年 10 月第 1 版。

15. 〔宋〕朱熹，呂祖謙著：《朱子近思錄》，見收於《天地人叢書》，上海古籍出版社，2000 年 12 月第 1 版，第 135 頁。

16. 〔宋〕陸九淵，〔明〕王守仁著：《象山語錄 陽明傳習錄》，見收於《天地人叢書》，上海古籍出版社，2000 年 12 月第 1 版。

17. 〔宋〕陳淳著：《北溪字義》，見收於《理學叢書》，北京：中華書局，1983 年 8 月第 1 版。

18. 〔明〕王守仁原著，施邦曜輯評：《陽明先生集要》，見收於《理學叢書》，北京：中華書局，2008 年 10 月第 1 版。

19. 〔清〕鄒漪著：《啟禎野乘》，北京：故宮博物院圖書館，1936 刊。

20. 〔清〕王夫之著：《思問錄 俟解 黃書 噩夢》，北京：中華書局，2009 年 8 月第 1 版。

21. 〔清〕蒲松齡著：《聊齋誌異（廿四卷鈔本）》，濟南：齊魯書社，2006 年 8 月第 1 版。

22. 〔清〕胡渭撰：《易圖明辨》，見收於《易學典籍選刊》，北京：中華書局，2008 年 2 月第 1 版。

23. 〔清〕顏元著：《習齋四存編》，見收於《天地人叢書》，上海古籍出版社，2000 年 12 月第 1 版。

24. 〔清〕袁枚著，王英志主編：《袁枚全集》，南京：江蘇古籍出版社，1993 年 9 月第 1 版。

25. 〔清〕袁枚著：《小倉山房詩文集》，上海古籍出版社，1988 年 3 月第 1 版。

26. 〔清〕袁枚著：《隨園詩話》，見收於郭紹虞主編《中國古典文學理論批評專著選輯》，北京：人民文學出版社，1960 年 5 月第 1 版，1982 年 9 月第 2 版。

27. 〔清〕袁枚著：《新齊諧》，濟南：齊魯書社，2004 年 1 月第 1 版。

28. 〔清〕紀昀撰：《閱微草堂筆記》，見收於《中國古代志怪小說四大名著》，上海古籍出版社，2005 年 1 月第 1 版。

29. 〔清〕盧文弨撰：《抱經堂文集》，見收於《中國歷史文集叢刊》，北京：中華書局，1990 年 6 月第 1 版。

30. 〔清〕戴震著：《孟子字義疏證》，見收於《理學叢書》，北京：中華書局，1961 年 12 月第 1 版。

31. 〔清〕戴震著：《戴震文集》，見收於《中國歷史文集叢刊》，北京：中華書局，1980 年 12 月第 1 版。

32. 〔清〕錢大昕著：《潛研堂集》，上海古籍出版社，1989 年 11 月第 1 版。

33. 〔清〕王念孫撰：《讀書雜志》，南京：江蘇古籍出版社，2000 年 9 月第 1 版。

34. 〔清〕羅有高著：《尊聞居士集》，見收於《續修四庫全書》，上海古籍出版社，2002 年 4 月第 1 版，第 1453 冊。

35. 〔清〕潘奕雋著：《三松堂集》，見收於《續修四庫全書》，上海古籍出版社，2002 年 4 月第 1 版，第 1460 冊。

36. 〔清〕段玉裁撰：《經韻樓集》，見收於《清代學者文集叢刊》，上海古籍出版社，2008 年 4 月第 1 版。

37. 〔清〕丁克柔撰：《柳弧》，見收於《清代史料筆記》，北京：中華書局，2002 年 8 月第 1 版。

38. 〔清〕江藩著：《國朝漢學師承記（附〈國朝經師經義目錄〉〈國朝宋學淵源記〉）》，北京：中華書局，1983 年 11 月第 1 版。

39. 〔清〕蘇輿撰：《春秋繁露義證》，見收於《新編諸子集成》，北京：中華書局，1992 年 12 月第 1 版。

40. 〔清〕錢泳撰：《履園叢話》，北京：中華書局，1979 年 12 月第 1 版。

41. 〔清〕沈復撰：《浮生六記》，合肥：安徽人民出版社，2002 年 9 月第 1 版。

42.〔清〕龔自珍著:《龔自珍全集》,北京:中華書局,1959 年 12 月第 1 版。

43.〔清〕張之洞著:《勸學篇》,桂林:廣西師範大學出版社,2008 年 10 月第 1 版。

44.〔清〕康有為著:《春秋董氏學》,北京:中華書局,1990 年 7 月第 1 版。

45.〔清〕小橫香室主人著:《清代野史大觀》,上海書店,1981 年 6 月第 1 版。

(七) 近現代學者著述

1. 何炳松著:《浙東學派溯源》,桂林:廣西師範大學出版社,2004 年 12 月第 1 版。

2. 胡適著:《戴東原的哲學》,長沙:嶽麓書社,2010 年 12 月第 1 版。

3. 錢穆著:《宋代理學三書隨箚》,北京:生活‧讀書‧新知三聯書店,2002 年 8 月第 1 版,2006 年 8 月第 2 版。

4. 蕭一山著:《清史大綱》,見收於《蓬萊閣叢書》,上海古籍出版社,2005 年 12 月第 1 版。

5. 孟森著:《清史講義》,南京:江蘇文藝出版社,2010 年 6 月第 1 版。

6. 張舜徽著:《清人文集別錄》,北京:中華書局,1963 年 11 月第 1 版。

7. 張舜徽著:《四庫提要敘講疏》,見收於《二十世紀學術要籍重刊》,昆明:雲南人民出版社,2005 年 12 月第 1 版。

8. 張舜徽著:《清儒學記》,武漢:華中師範大學出版社,2005 年 12 月第 1 版。

9. 樓宇烈著:《老子道德經注校釋》,見收於《新編諸子集成》,北京:中華書局,2008 年 12 月第 1 版。

10. 樓宇烈著:《中國佛教與人文精神》,見收於朗宇法師主編《中國佛教學者文集》,北京:宗教文化出版社,2003 年 10 月第 1 版。

11. 賴永海著:《中國佛性論》,上海人民出版社,1988 年 4 月第 1 版。

12. 賴永海著:《中國佛教文化論》,北京:中國人民大學出版社,2007 年 7 月第 1 版。

13. 陳榮捷著:《王陽明傳習錄詳注集評》,上海:華東師範大學出版社,2009 年 11 月第 1 版。

14. 余英時著:《論戴震與章學誠》,北京:生活‧讀書‧新知三聯書店,2005 年 1 月第 2 版。

15. 陳銘著：《龔自珍評傳》，見收於匡亞明主編《中國思想家評傳叢書》，1998
    年 12 月第 1 版。

16. 郭延禮著：《龔自珍年譜》，濟南：齊魯書社，1987 年 10 月第 1 版。

17. 劉墨著：《乾嘉學術十論》，北京：生活·讀書·新知三聯書店，2006 年
    11 月第 1 版。

18. 鄧紅編著：《董仲舒的春秋公羊學》，北京：中國工人出版社，2001 年 3
    月第 1 版。

19. 許雪濤著：《公羊學解經方法──從〈公羊傳〉到董仲舒春秋學》，廣州：
    廣東人民出版社，2006 年 10 月第 1 版，嶺南博士文庫。

20. 平飛著：《經典解釋與文化創新──〈公羊傳〉「以義解經」探微》，北京：
    人民出版社，2009 年 12 月第一版，中國哲學青年學術文庫。

21. 陳其泰著：《清代公羊學》，北京：東方出版社，1997 年 4 月第 1 版。

22. 陳維昭著：《帶血的輓歌──清代文人心態史》，石家莊：河北教育出版
    社，2001 年 11 月第 1 版。

23. 張勇著：《傅大士研究》，見收於《中國古典文獻學研究叢書》，成都：巴
    蜀書社，2000 年 7 月第 1 版。

24. 劉長東著：《晉唐彌陀信仰研究》，見收於《中國古典文獻學研究叢書》，
    成都：巴蜀書社，2000 年 5 月第 1 版。

25. 譚偉著：《龐居士研究》，見收於《中國古典文獻學研究叢書》，成都：四
    川民族出版社，2002 年 7 月第 1 版。

26. 〔日〕村瀨裕也著，王守華，於時化等譯：《戴震的哲學：唯物主義和道
    德價值》，濟南：山東人民出版社，1996 年 3 月第 1 版

27. 陳祖武，朱彤窗著：《乾嘉學派研究》，石家莊：河北人民出版社，2005
    年 10 月第 1 版。

28. 黃海濤著：《明清佛教發展新趨勢》，昆明：雲南大學出版社，2008 年 6
    月第 1 版。

29. 陳來著：《有無之境：王陽明哲學的精神》，北京：人民出版社，1991 年
    3 月第 1 版。

30. 陳來著：《宋明理學（第二版）》，上海：華東師大出版社，2004 年 3 月
    第 1 版。

31. 郭良鋆著:《佛陀與原始佛教思想》,北京:中國社會科學出版社,1997年12月第1版。

32. 張立文著:《空境:佛學與中國文化》,北京:人民出版社,2005年7月第1版。

33. 吳江安著:《清代江南望族與社會經濟文化》,上海人民出版社,2001年12月第1版。

二、論文類

(一) 學位論文

1. 葛慧燁著:《清代慈善家彭紹升研究》,蘇州大學,2008屆碩士研究生。

2. 張文彥著:《清世宗的佛學思想》,山東大學,2009屆碩士研究生。

3. 張帆著:《民間善書〈玉曆寶鈔〉圖像研究》,中央美術學院,2010屆碩士研究生。

4. 劉慶宇著:《清乾隆朝佛教政策研究》,東北師範大學,2008屆博士研究生。

(二) 刊物論文

1. 陳居淵著:《清代的王學》,載《學術月刊》,1994年第5期,第60～64頁。

2. 胡豔傑著:《彭紹升佛學思想探微》,載《蘇州大學學報》(哲學社會科學版),2006年第2期,第102～106頁。

3. 趙玉敏著:《乾嘉時期的釋關係研究——以彭允初〈二林居集〉事件為視角》,載《理論界》,2009年第10期,第138～139頁。

4. 王衛平,黃鴻山著:《繼承與創新:清代前期江南地區的慈善事業——以彭紹升為中心的考察》,載《蘇州大學學報》,2011年第3期,第179～188頁。

5. 葛慧燁,王偉偉著:《清代思想家彭紹升》,載《江蘇地方志》,2006年第6期,第41～42頁。

6. 釋慧嚴著:《彭際清與戴震的儒佛論辯》,載《東方宗教研究》,第2期,第231～252頁。

7. 志道著:《歸心淨業:彭紹升與清代居士佛教》,載《寒山寺》,2011年第4期,第28～32頁。

8. 心如著：《融通儒佛歸淨土——彭紹升與清中葉士林佛學新風》，載《寒山寺》，2011 年第 4 期，第 33～36 頁。

9. 陳士強著：《〈居士傳〉採微》，載《法音》，1988 年第 1 期，第 18～21 頁。

10. 戚學民著：《〈儒林傳稿〉與〈宋學淵源記〉》，載《社會科學研究》，2010 年 1 月，第 1 期，第 146～154 頁。

11. 戚學民著：《江藩〈宋學淵源記〉史源考論》，載《文史哲》，2010 年第 1 期，第 49～58 頁。

12. 王豔秋著：《戴震「理」概念的價值和道德內涵》，載《安徽師範大學學報》（人文社會科學版），2003 年第 6 期，第 651～657 頁。

13. 王國良著：《戴震對理學的解構與中國哲學的近代轉向》，載《安徽大學學報》（哲學社會科學版），2003 年第 5 期，第 52～56 頁，第 109 頁。

14. 曾亦著：《戴震對宋明新儒學的誤讀及其思想的時代意義——兼對心之諸能力的闡發》，載《孔子研究》，1997 年第 2 期，第 104～114 頁。

15. 蔡錦芳：《戴震〈某翁頌辭〉〈與某書〉考》，載《上海大學學報》（社會科學版），2004 年第 6 期，第 38～42 頁。

16. 〔日〕野田善弘撰，林章文譯：《袁枚的聖人觀——探索他與彭紹升的往來書簡》，載《江蘇社會科學》，1995 年第 6 期，第 79～83 頁。

17. 王同策著：《節錄的疏漏》，載《史學集刊》，1985 年第 10 期，第 57 頁。

18. 張磊著：《天津刻經處述略》，載《圖書館工作與研究》，1994 年第 1 期，第 58 頁。

19. 潘桂明著：《中國居士佛教與中國傳統文化》，載《佛學研究》，1999 年，第 23～33 頁。

20. 譚偉著：《中國居士佛教之歷史與未來》，載《四川大學學報》（哲學社會科學版），2001 年第 2 期，第 127～133 頁。

21. 黃依妹著：《清乾隆時期江南士大夫的佛教信仰》，載《中興大學歷史學報》，1991 年創刊號，第 113～131 頁。

22. 王廣成，胡豔傑著：《明清江南望族在教育上的轉型——以長洲彭氏為例》，2006 年第 12 期，第 19～21 頁。

23. 范軍著：《佛教「地獄巡遊」故事母題的形成及其文化意蘊》，載《華僑大學學報》（哲學與社會科學版），2005 年第 3 期，第 69～79 頁。

24. 何卯平著：《試論大足「十王」對敦煌「十王」的傳承》，載《宗教學研究》，2011 年第 3 期，第 232～239 頁。

25. 段玉明著：《〈玉曆至寶鈔〉究係誰家之善書》，載《宗教學研究》，2004 年第 2 期，第 31～38 頁。

26. 姜守誠著：《十王信仰：唐宋地獄說之成型》，載《湖南科技學院學報》，2010 年第 9 期，第 81～87 頁。

27. 周雅非著：《從水陸畫看清末四川民間的十王信仰》，載《中華文化論壇》，2009 年第 1 期，第 100～106 頁。

28. 楊鴻源，范鵬著：《論長洲理學別派的儒佛會通思想》，載《甘肅社會科學》，2015 年第 5 期，第 52～56 頁。

（三）會議論文

1. 釋惠敏著：《「心淨則佛土淨」之考察》，第三屆中華國際佛學會議，法鼓山佛學研究所，1997 年。

2. 陸揚著：《論〈維摩詰經〉和淨土思想在中國中古社會之關係》，第三屆中華國際佛學會議，法鼓山佛學研究所，1997 年。

3. 李杜著：《宗教的淨土與哲學的淨土》，第三屆中華國際佛學會議，法鼓山佛學研究所，1997 年。

附錄一：彭紹升家族世系表

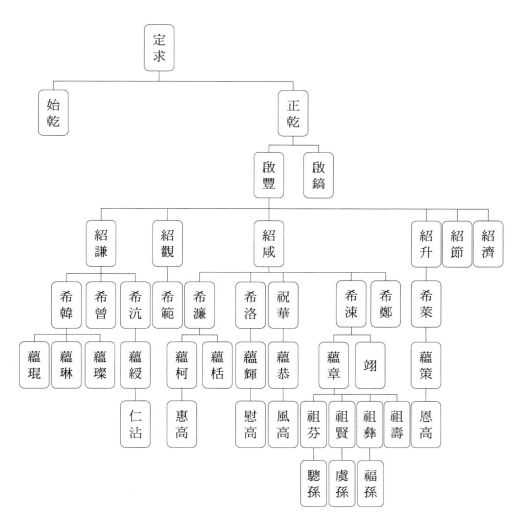

資料來源：《彭氏宗譜》
轉引自萬慧燁《清代慈善家彭紹升研究》。

附錄二：有關彭紹升傳記輯錄

　　尺木居士，又號知歸子，名紹升，字允初，大司馬芝庭公之四子也。八齡，躓於戶閾，損一目。早歲舉於鄉，乾隆己丑成進士[註1]，例選知縣，不就。生性純厚，稟家教，讀儒書，謹繩尺。初慕洛陽賈生之為人，思有以建白，樹功名；後讀先儒書，遂一志於儒言儒行，尤喜陸王之學。及與薛、汪二先生遊，乃閱《大藏經》，究出世法，絕欲素食。久之，歸心淨土，持戒甚嚴。好作有為功德，鳩同人施衣施棺，恤嫠放生，鄉人多化之。修淨業後，一切屏去，惟讀古德書。間作漢隸，收弄金石文字。嘗謂予曰：「朱子亦愛金石碑版，此《論語》所謂『游於藝』，非玩物喪志也。」治古文，言有物而文有則。熟於本朝掌故，所著《名臣事狀》、《良吏述》、《儒行述》，信而有徵，卓然可傳於後世。論學之文，精心密意，紀律森然；談禪之作，亦擇言爾雅，不涉禪門語錄惡習。其解《大學》「格物」，訓「格」為「度量」之意，本之《倉頡篇》。宋以後儒者自撰訓詁，豈知此哉！其《讀古本大學》一首，有裨於經傳。文曰：「《大學》一書，古聖人傳心之學也。傳心之學，『明明德』一言盡之矣。『親民』者，明德中自然之用，非在外也。『民吾同體，親之』云者，還吾一體而已矣。故下文不曰『親民』，而曰『明明德於天下』。心量所周，當然無際，民視民聽即吾視聽，民憂民樂即吾憂樂。如明鏡，物無不鑒；如太虛，物無不覆。是謂『明明德於天下』，故曰：『一日克己復禮，天下歸仁焉。』仁非在外也，亦還吾一體而已矣。『至善』者，明德中自然之矩，所謂『天則』也。見龍無首，乃見天則，聖人以此洗心，退藏於密，所謂『至』也。故道莫先於知止矣。知者，明德之所著察，止外無知，知外無止。止外無知，是謂『知

〔註1〕校：己丑，誤。當作丁丑。

本』；知外無止，是謂『知至』。『知至』云者，外觀其物，物無其物，物無其物，是謂『物格』；內觀其意，意無其意，意無其意，是謂『意誠』；進觀其心，心如其心，心如其心，是謂『正心』。由是以身還身，以家還家，以國還國，以天下還天下，不役其心，不動於意，不㲉於物，是謂『身修』『家齊』『國治』『天下平』。而其機莫切於知本，家國天下以身為本，而身以知為本。故反覆於本末之辨，而終之曰：『此謂知本，此謂知之至也。』知本則知止，知止則知至，不其然乎！雖然，本末易知也，知本矣，而其功莫精於誠意。蓋亂吾知者，意也，意之動而好惡形焉。是不可得而遽泯也。慎之於獨而已矣；慎之於獨，『無有作好，無有作惡』而已矣。『如惡惡臭，如好好色』，言無作也。無作，則無意矣，『心寬體胖』，此其徵也。《淇澳》《烈文》，德之所被，民不能忘，一誠之所貫浹也，所謂『誠於中，形於外』也。何以誠之？反之於獨而已矣。反之於獨，不昧其知，謂之『自明』。『用其極』者，自明之極，本斯在是矣。『緝熙敬止』，其功也；『仁』『敬』『孝』『慈』『信』，一止也，極也；『大畏民志』，通天下之志也。意既誠矣，知斯至矣，『知本』之說也。然則學者宜知所以事心矣。心本無所，有所，不可也；本無不在，有不在，不可也。善事心者，納之於一矩而已矣；所謂『正』也。自身而家，自家而國，自國而天下，納之於一矩，而無不修且齊焉，治且平焉。『矩』也者，所謂『極』也，『至善』也。『絜矩』云者，即本以知末，『止於至善』，『明明德於天下』之實也。君子先慎乎德，反本而已矣。彼好惡拂人之性者，豈其性異人哉！舍本而逐末，卒為天下僇，本其可務乎！故曰：『自天子以至於庶人，壹是皆以修身為本。』居士蓋本陽明之說而推廣之，如「意無其意」，「心本無所」，語近於禪，然其言為學之次第，知所本矣。又有《論語集注疑》、《大學章句疑》、《中庸章句疑》、《孟子集注疑》四篇。居士深於陸王之學，故於朱子不能無疑焉，亦各尊其所聞而已。乾隆四十九年大司馬卒後，往深山習靜，參究向上第一義，自云：「當沉舟破釜，血戰一番，掃盡群魔以還天明。」作《蓼語示諸兄子》。久之，又復家居。尋卒。 （《國朝宋學淵源記》附記）

　　啟豐子紹升，頗傳家學，述儒行，有《二林居集》。然彭氏學兼朱、陸，識兼頓漸，啟豐、紹升頗入於禪。休寧戴震移書紹升辨之。紹升又與吳縣汪縉共講儒學。縉著三錄、二錄，尊孔子而游乎二氏。此後江南理學微矣。 （《清史稿》卷四百八十《儒林傳一》）

　　彭紹升，字允初，江蘇長洲人，父啟豐，官至兵部侍郎。紹升乾隆二十四年進士，選知縣，不就，始讀先儒書，喜陸王之學。及與汪縉、羅有高、薛起鳳遊，乃閱《大藏經》，究出世法，絕欲素食，禮佛不下樓者四十年。嘗與袁枚辯論死生之說，不能勝也。好作盛德事，鳩同人施衣、施棺、恤嫠、放生，鄉人多化之。工古文辭，宗法震川。熟於國朝掌故，所著《名臣事狀》、《良吏述》、《儒行述》，信而有徵。其論學之文紀律森然；談禪之作亦擇言爾雅，嘗謂：「善為文者，莫守一家之書，凝神壹志，句倣而字為之，始得其似，繼得其真。斯為古人之文，而非復吾之文矣。及其久而與之化，斯為吾之文，而不復有古人之文矣。若乃遊談無根，師法蕩然，非鄙則倍，此不足以言文也。」其解《大學》「格物」，訓「格」為度量，本之《倉頡篇》，又作《讀古本大學說》，謂大學為古聖人傳心之學，本陽明之說而推廣之，皆有裨經傳。又有《論語集注疑》、《大學章句疑》、《中庸章句疑》、《孟子集注疑》四篇。詩克承家學，蔣士銓亟稱之，有「刻苦如諸生，曾閔同經營」之譽。汪縉亦謂其束心於規矩之中，遊神於言象之外，肫然至妙，充然有餘。收弄金石文字甚富，間作漢隸。啟豐歿後，習靜深山中，欲參究向上第一義，作《蓼語示諸兄子》。久之，復家居。嘉慶元年卒，年五十七。著有《二林居集》二十四卷，《測海集》六卷，又有《一行居集》、《觀河集》。　　（《清史列傳》卷七十二）

　　尺木考求文獻，大紳兼談經世，台山篤志訓詁，皆非專溺寂滅者。　　（《清儒學案小傳》卷五《南畇學案》）

　　彭紹升，法名際清，字允初，一字尺木，蘇州長洲人。幼聰穎，年十六，為諸生。明年舉於鄉。又明年，捷南宮，以名進士終於家。初不信佛，好世間文字，志存利濟。忽自省曰：「吾未明吾心奈何。」或告以道家修煉法，習之三年不效。後讀佛書，爽然曰：「道之所歸在是矣。」始信向佛乘。慕梁谿高忠憲、廬山劉遺民之為人，故又號曰「二林」，以兩公修學地，同名東林也。性純孝，居母喪，宿殯側者三年。父歿，建念佛道場，又願以平日所誦《華嚴經》十部、《彌陀經》一千部、《金剛經》一千部、佛號一千萬聲，代父迴向西方。已而盡棄所習，專心竺教。好方山永明之書，尤推蓮池憨山，為淨土之前導。年二十九，斷肉食。又五年，從聞學定公，受菩薩戒，自是不復近婦人，以知歸子自稱，嘗言「志在西方、行在梵網」。其《自誓文》云：「若我際清，既受戒已，還復破戒，增長惡法，毀壞善根，唯願護法諸天，速行誅殛，為世鑒戒。若我際清，克勵身心，護持戒品，盡此形壽，必生安養十方三寶，為我

證明。俾我速得念佛三昧，臨命終時，遠離塵垢，親見彌陀，脫然西邁，更無遮障。見者聞者，如我發心，生極樂國，獲無生忍，回入娑婆，普度有情，俱成正覺。」後閉關文星閣，修一行三昧，顏所處曰「一行居」。作閉關詩十首。一云：「福德門頭事執真，腳邊狼籍幾多春。而今迴向無生國，蜨夢龕中瞌睡頻。」二云：「我佛真身徧十虛，塵塵寂滅更無餘。休將知見重分別，一念回光識得渠。」三云：「輪珠一串無頭尾，念念明時粒粒圓。六字打開無盡藏，拈來放去只如然。」四云：「園居深處悄如山，長日何人更扣關。報與諸公勤護惜，休從門外苦追攀。」五云：「堯峰山下雲深處，聞說幽人策短藜。多事東風輕漏泄，經聲又度小樓西。」六云：「一枝梅華破寒林，得意春風枝上禽。聲色堆中休錯過，焚香為爾念觀音。」七云：「舉首低頭放下看，蓮池不隔一毫端。迦陵音裏分明說，常寂光中休自瞞。」八云：「閒話閨中破寂寥，人傳此夕是元宵。法華課罷無餘事，龍井新茶試一瓢（自注時為二女子授《法華經》）。」九云：「重向尼山訪舊盟，鏗然點瑟話無生。蓮華腳下如輪大，沂水春風掉臂行。」十云：「香山老子最清真，每到歧途一問津。莫悵華原消息斷，谿邊依舊十分春。」又令畫工繪極樂世界圖，悉本淨土三經，依正莊嚴。凡四易稾，閱半載乃成。自題偈曰：「若人慾了知，三世一切佛。應觀法界性，一切唯心造。我讀華嚴偈，信入淨土門。由諸佛淨願，成就妙莊嚴。淨願如虛空，不拒種種相。無邊功德水，湧現寶蓮華。一華一眾生，具有如來藏。寶池及寶樹，圍繞寶闌楯。重重妙樓臺，充滿虛空界。或浴香水流，或享上妙味。或趺坐經行，或誦經聽法。或衣裓盛華，供養十方佛。或上善同會，畢入菩提場。眾鳥共天樂，暢發和雅音。從聞入思修，一念總超越。況乃無量壽，安坐寶華臺。慈雲覆人天，諸根普一雨。聞法得解脫，直至次補處。如斯利益事，思議何可窮。亦如彼畫師，一心所轉變。不離毫端量，現此寶王居。非我復非渠，一即徧一切。畫與能畫人，畢竟了無有。願見者聞者，如我所發心。憑茲一念功，自致不退轉。何論萬億程，當處悉具足。」又憫末法眾生，不具正眼，互相牴觸，著《一乘決疑論》，以通儒釋之閡；著《華嚴念佛三昧論》，以釋禪淨之諍；著《淨土三經新論》，以暢從上蓮宗未竟之旨。其《居士傳》《善女人傳》《淨土聖賢錄》，隨機接引，世多傳而誦之。又嘗醵金萬兩，權入出息，以剙佛宮，刊教典，飯僧眾。開近取堂以周窮乏，置潤族田以贍貧族，舉恤嫠會以濟孀居，立放生會以全物命。各有發願文，迴向淨土。於蘇杭僧舍。屏居十餘年，日有課程，預為終制，俾無立後。乾隆六十年秋，下痢，仍

居文星閣。入冬，精神漸耗，將諸善會貲，一一屬付其姪祝華，令以後永久勿替。有僧真清，問曾見瑞應否。紹升曰：「有何瑞應？我大事在來年開印日耳。」至嘉慶元年正月二十日清晨，作辭世偈云：「出沒閻浮塵點身，流離瑣尾竟何因。而今驀直西方去，瞥眼收回萬劫春。」遂西向趺坐，念佛而脫。時果為署中開印日，年五十七。

西史氏曰：余聞「二林不若一林好，就了廬山去錫山」，竊深然其語。及讀一行書，而歎其去就之得宜。讀決疑、念佛兩論，覺非一非二、無我無渠，乃爽然自失矣。　　（《淨土聖賢錄續編》卷二）

彭紹升，字允初，啟豐季子。讀書慕高忠憲、劉遺民之為人，忠憲講學地名東林，廬山遠公社亦名東林，故自題其居為「二林」。中乾隆二十二年會試，與兄紹觀同榜。紹升年未冠，啟豐懷盛滿之懼，故紹觀入翰林而紹升以疾歸，旋丁母憂。二十六年，補殿試，以知縣用，不就選。紹升少負經世志，思有所建樹。既以王路蕩平，庶職受理諸兄任內外，故遂韜伏家衖，一意讀宋明諸儒先書，由程朱而陸王，以其餘力為詩古文辭。久之，折而入佛，斷肉食，嚴戒律，究心於內典最深。既丁父憂，閉關密課。設近取堂以周士族，施衣、施棺、放生次第舉行，又置潤族田若干畝，宗黨賴之。嘉慶元年卒，年五十有七。　　（民國《吳縣志》卷六十八上《列傳六》）

附錄三：彭紹升在佛教文獻方面的貢獻〔註1〕

一、生平傳略

　　彭紹升（1740～1796），字允初，法名際清，號知歸子、二林居士、尺木居士。清乾隆五年（1740），彭紹升生於長洲（今屬蘇州轄），行四。父彭啟豐，雍正五年狀元，理學名臣，仕雍正、乾隆兩朝，官至兵部尚書，政界學界影響頗大。彭紹升少有濟世之志，後潛心佛學，遍覽經藏，立志於彌陀淨土，兼修宗教。紹升非徒閉門念佛不問世事者，其創辦主持放生會、惜紙會、施棺局、恤嫠會等，接濟鄉里，行菩薩道。其曉暢教理，長於作論，作《一乘決疑論》《阿彌陀經約論》《觀無量壽經約論》等篇，〔註2〕指導學者，開顯路徑，弘揚佛法。

　　清代學術於整理舊籍方面成就最大，盧文弨、戴震諸公咸為一代國手。彭紹升與其皆有交，校讎之術亦為匪淺。紹升既為鄉紳，又現居士身，熱衷校刊佛經內典，纂輯名僧語錄。故其校讎之術往往多用諸此處。擇其體用，釐定篇章，撮取大義，考核譯本，其用功如此，一利於經典流通，一冀求弘法利生。而弘法利生者，亦為佛教文獻整理之獨特價值，此尤不可忽視。

　　彭紹升古文練達，晚清張之洞教授諸生嘗以其為典範。〔註3〕至於史傳之

〔註1〕刊於《中國佛學》2019 年第 1 期，有刪節。
〔註2〕參見拙作《彭紹升佛學著作提要》，載於《宜春學院學報》2011 年 11 期。
〔註3〕參看〔清〕張之洞撰，司馬朝軍注《輶軒語詳注》，上海：華東師範大學出版社，2010 年 9 月第 1 版，第 122 頁等。

作,特為紹升所長。其嘗為名臣賢儒作傳,深諳體例,敘事流暢。其作《居士傳》《善女人傳》諸篇,可補佛教史料之不足。而其指導從子彭希涑作《淨土聖賢錄》,親為發凡起例,於淨土宗史功勞甚大。文獻學名家張舜徽於《中國文獻學》中說到,文獻學之目的在於修撰通史。〔註4〕以此言彭紹升之業,即憑佛教文獻疏理教內通史。

二、整理內典

從文獻學學科體系來看,校勘、版本、目錄三部分乃文獻學學科之基礎。而中國傳統學術基本上也是和這三部分緊密聯繫的,佛教亦不例外。從釋道安編纂《綜理眾經目錄》開創佛教目錄先河,到《趙城金藏》《龍藏》《嘉興藏》《大正藏》等經藏的纂集,自然都離不開校勘、版本和目錄等知識。作為虔誠的正信居士,彭紹升盡自己所能來流佈法音,整理刊刻佛教經典則是其中最重要的部分。當然,整理佛教經典與整理世俗文獻相比,最明顯的差異在於「弘法利生」的價值取向。這一點也是彭紹升在佛教經典整理工作中的基本原則。

1. 校刊佛教典籍

如前所述,彭紹升是一位淨土宗居士,其不遺餘力地弘揚淨土經典。另外,淨土宗修持方法簡單,更容易為知識水平有限的普通大眾所接受,因此相比於天台、華嚴等擁有繁雜教理的各宗來說,弘揚淨土經典更有利於達「弘法利生」之鵠。

《無量壽經》《觀無量壽經》《阿彌陀經》合稱「淨土三經」,是淨土宗修行中最基本的經典。彭紹升在整理內典的工作中,對此三部經典特別留心。不僅對《無量壽經》和《觀無量壽經》單獨重校重刻,而且對合刻三經,方便眾生修習。

彭紹升在對佛教經典校理的過程中,重視版本及譯本的考證和選擇。其在《書重校無量壽經後》一文中就討論了關於歷史上《無量壽經》的各種譯本及各自得失。

> 此經自漢迄宋,譯本頗多。今存者有五:漢吳二譯,並傷繁冗;
> 唐宋二譯,矯枉過正,又嫌太略;唯魏譯詳而有要,兼合原指,惜

〔註4〕參見張舜徽:《中國文獻學》,武漢:華中師範大學出版社,2004 年 3 月第 1版,第 4 頁。

其文句時染漢吳餘習，未能竟體完成，故持誦者絕少。龍舒改定之本，多宗漢吳二譯，堂陛秩然。其於奧深之間，未能深入也。予前著是經起信論，既專宗魏譯，惜其瑜不掩瑕，稍加節損，嘗三度拈閱佛前，並蒙印可。歷考大藏諸經，譯語之外，更有潤文，舊錄所登，或加再治。只求精當，豈憚審詳。用是決意流通，第經論相參，誦者未便。因重刊此本，廣布叢林。經云：「遇斯經者，無不得度。」此無量劫中希有難逢之一日也，其可忽哉！〔註5〕

按，《無量壽經》素有「五存七欠」之說。所謂「五存七欠」，即《無量壽經》有十二種譯本，存五亡七。留存的五種譯本分別為後漢支婁迦讖譯《佛說無量清淨平等覺經》，吳支謙譯《大阿彌陀經》，魏康僧鎧譯《佛說無量壽經》，唐菩提支流譯《無量如來會》，趙宋法賢譯《佛說大乘無量莊嚴經》。此五個譯本中成為學者讀誦正本的是魏康僧鎧譯本，即彭紹升所言「魏譯詳而有要，兼合原指」，但他也指出了這個本子「持誦者絕少」。這是因為宋王日休重輯的《大阿彌陀經》（即「龍舒改定之本」）佔據了主流，但彭紹升認為這個本子「未能深入」其「奧深之間」。有鑑於此，彭紹升決心重校魏康僧鎧的《無量壽經》，使其廣泛流傳，同時對其文字進行適當的潤色，以方便修習讀誦。

彭紹升在刊刻佛典的時候，注意體察修行者的需要，為經典釐章定節，撰擬標題。其在《書重刻觀無量壽經後》中寫道：「是經向無分次，今依雲棲《無量壽經》之例，釐其章段，標題於右。」〔註6〕漢傳佛教中對經文進行分章且擬標題的做法起源甚早而且並不罕見，彭紹升在重刻《觀無量壽經》中的做法是沿襲了明末四大高僧雲棲袾宏的體例。這樣做的目的正是「俾誦持者易曉焉」〔註7〕。

彭紹升在《重刊淨土三經敘》中說「三經合而淨土資糧備矣」〔註8〕，認為不讀《無量壽經》「不入願門」，不讀《阿彌陀經》「不入信門」，不讀《觀無量壽經》「不能成就三昧門」。並且再一次指出讀誦魏康僧鎧譯本《無量壽經》的世間學者不多，這與其在重校《無量壽經》時的議論是一致的。其云：「小

〔註5〕《一行居集》卷一《書重校無量壽經後》。
〔註6〕《一行居集》卷一《書重刻觀無量壽經後》。
〔註7〕《一行居集》卷一《書重刻觀無量壽經後》。
〔註8〕《一行居集》卷三《重刊淨土三經敘》。

本（《阿彌陀經》）流通最廣，《觀經》亦代有板行，而大本（《無量壽經》）多尊龍舒王氏所訂，其魏譯古本塵封大藏，自云棲外受持讀誦者蓋尟焉。」〔註9〕從這一段話中，我們不僅能看出當彭紹升之時淨土宗根本經典的流行狀況，也能看出彭紹升受雲棲袾宏思想的繼承。彭紹升嘗作《阿彌陀經約論》《無量壽經約論》《觀無量壽經約論》，根據自己的佛教思想對三經進行詮釋。而對三經合本重刊，也是為了配合自己所作的經論，令其「廣布世間，俾見者聞者，如入寶山，隨意取足，無容軒輊於其間也」〔註10〕。

「淨土三經」的合刊終究是以西方極樂世界為歸宿的。在淨土宗外的人來看，淨土宗修行方法簡單，教義淺顯，單純持名，缺乏哲理。而身處淨土宗內的修行者對本宗的認識自然不同，彭紹升認為淨土宗一樣包含了深奧的教理。他在《合刻圓頓念佛三經敘》中說：「或者以大乘諸經純談實相，即心即佛，非局東西。遂謂念佛法門，權引中下，與上根無與。是則太虛空中橫分經界，一毫端裏自築藩籬。」〔註11〕因此，彭紹升將《文殊師利所說摩訶般若波羅蜜經》《大方廣如來不思議境界經》《大方等大集賢護經》合刊，是為「圓頓念佛三經」。選擇這三部經典合刊念佛三經，旨在糾正般若、華嚴及方等諸部學者輕視念佛法門的觀念。由此可見，彭紹升校刊經典是有一定宗旨的。

除了對淨土宗根本經典的整理刊刻之外，彭紹升也校刊禪、教經典，當然這些工作都是輔翼其佛學思想的。從《一行居集》所錄的序、跋、書後等文獻來看，彭紹升參與校勘、重刻的佛教經典包括「淨土三經」「圓頓念佛三經」《西方公據》《傳戒正範》《淨行品》《梵行品》《金剛般若波羅蜜經》《維摩詰經》《淨土晨鐘》等等。以《維摩詰經》為例，彭紹升認為此經詮釋了「唯心淨土」，是淨土宗人必讀經典。這與彭紹升本人的淨土觀念是相當吻合的。

然而，彭紹升因為當時社會氛圍影響，思想認識上肯定會有一些侷限。最典型的例子就是其著力刊刻《禪宗秘密修正了義經》。

《禪宗秘密修正了義經》出於乩壇，內容駁雜，藏經不收，「其文悉取華嚴法華楞嚴圓覺之成文，並六祖壇經，及合會禪淨語錄中文。」〔註12〕此經之偽，明代便有僧人斷定。彭紹升身為當時顯赫的居士，本不應該傳佈偽經。

〔註 9〕《一行居集》卷三《重刊淨土三經敘》。
〔註10〕《一行居集》卷三《重刊淨土三經敘》。
〔註11〕《一行居集》卷三《重刊淨土三經敘》。
〔註12〕印光：《印光大師全集問答擷錄》，臺南：和裕出版社，1998 年，第 17 頁。

然其不僅刊刻傳播，並提筆為文，作《書重刻〈禪宗秘密修證了義經〉後》。前人多認為此經雜糅靈鬼神仙，但在彭紹升的文章中極力為其迴護。究其原因，大概與他自己三教兼收、調和儒釋的思想緊密相關。

要而言之，彭紹升在整理傳播佛教文獻的工作中有著顯著的特點。他以弘法利生為目的，利用校勘、版本、目錄等手段來弘揚淨土宗經典，並圍繞淨土宗修行刊印其他佛經。當然，其對偽經的刊刻在一定程度上干擾了佛教正信的傳播，但卻為後人瞭解當時的民間信仰以及彭紹升本人的思想提供了寶貴的資料。

2. 搜匯僧人文獻

除了刊刻佛經文獻之外，彭紹升亦致力於保存僧人文獻。現在可考的有其參與纂輯、校刻的《憨山大師文錄》《蓮池大師文錄》《省菴法師遺書》《聞學禪師語錄》《旅亭禪師語錄》等等。這些僧侶既有深刻影響到彭紹升思想的晚明高僧，也有與彭紹升相交的當代名僧。彭紹升參與其文獻的搜匯，其功績是毋庸置疑的。

《憨山大師文錄》乃彭紹升「撮錄」晚明高僧憨山德清大師的文章而成。憨山德清有《憨山老人夢遊集》傳世，初有嘉興藏本和鼎湖樓棲壑禪師藏本兩種。其中嘉興藏本只有法語五卷，後來錢謙益訪求後者，親自校勘，撰次為四十卷。〔註13〕憨山德清大師禪淨雙修，在其生涯中既恢復曹溪法脈，又結社盧山追尋慧遠大師的遺蹤。這種禪淨融合的思想深刻影響到了彭紹升，他「年三十餘讀《夢遊集》，嘗撮錄其文，得若干首」〔註14〕。錢謙益在編輯校勘《夢遊集》時指出：「大師著述，援筆立就，文不加點，字句不免繁芿，段落間有失次。」〔註15〕彭紹升在閱讀《夢遊集》的時候應該也注意到這個問題，因此其在鈔輯的時候「中間字句，亦頗有芟雜。雖無擇乳之能，差免算沙之困」〔註16〕。到了彭紹升五十多歲時，他再次把二十多年前撮錄的憨山大師文章「復校載周，殆無餘憾」〔註17〕，希望「有志斯事者，得是編而熟復之。或參禪或念佛，一門深入可也，兩輪並進亦可也」〔註18〕。彭紹升「弘

〔註13〕 參見《憨山老人夢遊全集·序》，卍新纂續藏經，第73冊，第459頁中欄。
〔註14〕 《一行居集》卷三《憨山大師文錄敘》。
〔註15〕 《憨山老人夢遊全集·序》，第459頁中欄。
〔註16〕 《一行居集》卷三《憨山大師文錄敘》。
〔註17〕 《一行居集》卷三《憨山大師文錄敘》。
〔註18〕 《一行居集》卷三《憨山大師文錄敘》。

法利生」的價值觀和禪淨融合的佛學理念在此一覽無餘。

　　與《憨山大師文錄》相類似，《蓮池大師文錄》是彭紹升對晚明雲棲袾宏大師「要語」的摘輯。雲棲袾宏兼修華嚴和淨土，著述豐富，嘗作《阿彌陀經疏鈔》十多萬言，弘揚淨土法門。雲棲袾宏示寂後，明代王宇春等人編輯法師文集，是為《雲棲法彙》，凡三十四卷。約與閱讀《寒山老人夢遊全集》同時，彭紹升在三十歲左右閱讀《雲棲法彙》，對淨土宗法門有了深刻的認識。在閱讀過程中，彭紹升節錄了《雲棲法彙》中除經疏以外的重要文字，成為《蓮池大師文錄》。在二十多年後，彭紹升將所輯錄的《蓮池大師文錄》重新刪訂校勘，目的是與同修共同參看，如說修行。〔註19〕

　　省菴法師是清代初期著名的淨土宗僧人，嘗謁禮紹曇，聽講唯識、楞嚴、摩訶止觀，通達天台、法相等學說，被尊為淨土宗第九祖。省菴法師身後，其弟子際本編輯其遺稿，由弟子正因刊刻而成《省菴法師遺稿》，而省菴法師生前的《淨土詩》《勸發菩提心文》《涅槃會發願文》等著作別為一錄。彭紹升曾在龍興寺得到省菴法師文章的另一個鈔本，也是其弟子際本所錄，但其中詩偈多是所刻《省菴法師遺書》中所未收集的。從這些信息來看，當初刊刻《省菴法師遺書》時並未將法師文字收集完備。據彭紹升所述，鑒於省菴法師文稿未能彙集到一個集子之中的情況，龍興寺僧「安公屬予會三為一，稍有芟汰，擇其切要者登之」〔註20〕。彭紹升將省菴法師文稿重新組織編輯之後，刻印於世，是為《省菴法師遺書》，並且將法師所注《雲棲發願文》《東海若解》附錄而行。彭紹升讀省菴法師文章敬佩其佛教修為，希望讀到法師文集的後人能夠「志師之志，行師之事，即為師現身說法」〔註21〕。

　　《聞學禪師語錄》和《旅亭禪師語錄》是彭紹升參與編輯的當代高僧語錄。聞學禪師，名實定，號香山老人，是玉琳國師的五世孫。彭紹升向聞學禪師學習佛法，並在其主持下受菩薩戒。聞學禪師示寂之後，其弟子際會等發心編輯刊行禪師語錄，彭紹升參與讎校的工作，並為之作敘。在《聞學禪師語錄敘》中，彭紹升用伯牙向成連學琴而成《水仙操》的典故比擬自己與聞學禪師的關係，可見聞學禪師對彭紹升佛學的影響。〔註22〕旅亭禪師即聞學

〔註19〕參看《一行居集》卷三《蓮池大師文錄敘》。
〔註20〕《一行居集》卷三《省菴法師遺書敘》。
〔註21〕《一行居集》卷三《省菴法師遺書敘》。
〔註22〕參看《一行居集》卷三《聞學禪師語錄敘》。

禪師弟子際會，與彭紹升亦相交頗深，嘗應彭紹升之邀一同住文星閣修念佛三昧。彭紹升記錄禪師言句，於乾隆四十三年刊刻於世，並為之作敘。〔註23〕

綜上所述，彭紹升從事編輯僧人文集和語錄的工作，主要目的是為了使這些高僧的思想能夠流傳於世，並且能夠引導眾生如說修行。同時，這些工作也向後人顯示了彭紹升自身佛教思想的來源脈絡，應當予以足夠的重視。

三、疏理教史

在整理教史方面，彭紹升的主要功績在於編輯《居士傳》《善女人傳》和《淨土聖賢錄》。由於《淨土聖賢錄》主要內容為彭希涑所編輯，故一般署名多為彭希涑。但是《淨土聖賢錄》從選題到確定體例這些提綱挈領性的工作基本上是由彭紹升完成，因此上將《淨土聖賢錄》視為彭紹升的著作亦不為過。在《淨土聖賢錄續編》和《徑中徑又徑》等文獻中，都將《淨土聖賢錄》視為彭紹升所作。

1. 《居士傳》

自古記錄高僧名尼事蹟的史料很多，但是對居士的記述則非常零散。然而列於佛教四眾的優婆塞、優婆夷，對中國佛教發展的影響當然不能忽視。彭紹升就深感自古傳記僧尼之書甚多，而在家信眾能傳者則少。故編纂《居士傳》來收錄古今居士，凡三百餘人。這些居士始自漢牟融，訖於清知歸子。知歸子是彭紹升自號，因此《知歸子傳》可以視為彭紹升之自傳。所錄居士之中有顯名者如劉勰、昭明太子、傅大士、龐居士、顏真卿、王維、白居易、蘇東坡、晁補之、袁黃、李贄諸賢，亦有名跡不顯者。書前有汪縉敘，云：「知歸子現居士身說法，著《居士傳》。」〔註24〕故紹升作書的目的仍首先在於弘法傳教，自度度人。

根據書前發凡：「是書始事於庚寅之夏，削稿於乙未之秋。中間辨味淄澠，商量去取，則吳縣汪子大紳之助為多。瑞金羅子台山往來，過蘇每相切磋，訂其離合。最後書成，婺源王子顧庭諷誦一周，讚歎歡喜，捐金付刻。」可以推測是書成於乾隆四十年秋，編纂過程中藉助了汪大紳、羅有高諸君之力。彭紹升為居士作傳，皆錄其與佛法相關之事，事蹟有長有短。長者自為一卷，

〔註23〕參看《一行居集》卷三《旅亭禪師語錄敘》。
〔註24〕〔清〕彭紹升著，張培鋒校注：《居士傳校注》，北京：中華書局，2014年，第1頁。

短者數人合為一卷。每卷之末，或有「知歸子曰」、「汪大紳云」，蓋紹升與汪大紳評語也。這是仿照中國傳統史書的體例而增加的評論，更是研究作者思想的寶貴材料。由此觀之，《居士傳》書後所錄乾隆四十八年王廷言跋曰：「採其言行，比以史法。……真法門班馬也。」〔註25〕信非空言。楊仁山《書〈居士傳〉汪大紳評語後》：「《居士傳》內汪大紳評語，直截痛快，實具宗匠手眼。但其中每引程朱為契合，似覺不類。度其意無非欲引理學家究明心宗耳。然理學家既程朱，決不信有此事。是汪君援引之意，不能令儒者生信，反令儒者易視禪宗，以為不出程朱心學矣。甚哉！立言之不可不慎也，予願他日重刻此傳，將評語內與儒家牽合者節去，未始非護法之一端也。」〔註26〕汪縉與彭紹升思想大致相同，皆深明理學而欲調和儒釋者，可見彭、汪二人對一些居士的評價雜糅了儒釋兩家的思想，這或許正反映了中國居士佛教的重要特點。

彭紹升在編纂《居士傳》的過程中，廣泛搜集了《弘明集》《廣弘明集》《居士分燈錄》《佛祖統紀》《佛法金湯編》等等多種佛教史料，同時參考史傳文集，考證居士生平事蹟。針對前人對居士事蹟的記述，彭紹升甫一發凡便提出自己的觀點：

> 佛門人文記載，其專係宰官白衣者，故有祐法師《宏明集》，宣律師《廣宏明集》，心泰《佛法金湯》，姚孟長《金湯徵文錄》，夏樹芳《法喜志》。其以沙門為主兼收外護者，則有志磐《佛祖統記》，念常《佛祖通載》，以及《傳燈錄》、《續傳燈錄》、《五燈會元》、《東林傳》、《往生傳》。諸書所錄事言，互有詳略，或失之冗，或失之疎。至朱時恩《居士分燈錄》，郭凝之《先覺宗乘》，李士材《居士禪燈錄》，並本五燈，止揚宗乘，於諸三昧法門有所未備。今節取諸書者十之五，別徵史傳，諸家文集，諸經序錄，百家雜說，視諸書倍之，裁別綴屬成列傳五十餘篇。詳其入道因緣，成道功候，俾有志者各隨根性，或宗或教或淨土，觀感願樂，具足師資。〔註27〕

可見，彭紹升以為以往傳記，或繁或簡，皆不合意。至於專一一宗，而

〔註25〕《居士傳校注》，第 501 頁。

〔註26〕〔清〕楊仁山：《楊仁山集》，北京：中國社會科學出版社，1995 年，第 122 頁。

〔註27〕《居士傳校注》，第 2 頁。

忽略其他法門，亦為所失。因此，其撰《居士傳》，志在救前作之弊。與《淨土聖賢錄》一書專以淨土宗為歸不同，《居士傳》的記述不分宗脈，於諸宗兼收並蓄。

關於對居士所撰護法文字的收錄，彭紹升進行如此取捨：

> 護法之文，須從般若光明海中自在流出，乃為可貴。是書所載，非其真實有關慧命者，概弗列焉。〔註28〕

彭紹升以為，與佛教相關的文字，悉應由性海流出，不應以繁文取勝。這不僅反映了彭紹升的佛教思想，也反映了他的文學觀念。故其云：「王簡棲《頭陀寺碑》，王子安《釋迦成道記》，誠為典贍，然文過其質，於道何有！」〔註29〕至於與教義相違的文字，彭紹升亦摒棄不錄。他舉出柳宗元曹溪碑文，雖然調和儒釋，但於《壇經》一語無涉，故不應收錄。考柳宗元嘗為諸沙門作碑銘，其於《曹溪第六祖賜諡大鑒禪師碑》大贊「其教人，始以性善，終以性善，不假耘鋤，本其靜矣」〔註30〕。此乃以慧能所持眾生皆有佛性比合於孟子之儒，其文字果然著力於儒釋之和而未多關涉《壇經》，足見彭紹升所言不差。

在人物取捨上，彭紹升考慮極為審慎。首先，彭紹升認識到宗門冒濫者眾多，故應詳加辨別，謹慎選擇。其云：

> 宗門冒濫者多，如夏竦、呂惠卿、章惇之徒，既不足道。即白蘇二公其在佛門亦別有長處，與宗門無與，諸書所載機緣，無可取者。他如韓退之、李習之、周茂叔、歐陽永叔諸先生，平生願力全在護儒，一機一境偶然隨喜，不足增重佛門，豈宜附會牽合莊點門庭，反成謬妄。此於教理違背非小，故予是書持擇之間頗存微指，不敢將就影響，以誣古人，以誣自心，以誣教理。〔註31〕

可見，彭紹升撰《居士傳》歸根結底仍以弘法為旨，於教理不敢違背，故選擇人物均應辨別分明。

再者，彭紹升贊同佛門五戒比附儒門五常的理論。故身為居士而品行不合五常者，亦不應收錄其中。他特別指出南北朝諸輩，不宜收入：

〔註28〕《居士傳校注》，第 4 頁。
〔註29〕《居士傳校注》，第 4 頁。
〔註30〕〔唐〕柳宗元：《柳河東全集》，北京：中國書店，1991 年，第 65 頁。
〔註31〕《居士傳校注》，第 4 頁。

　　　　登地證果根基五戒，而五戒者全體五常，不踐五常何有五戒？
　　南北朝諸臣罔明忠孝之義，妄談般若，禪販如來，至如魏收、蔚宗
　　浪附通人，沈約、江總濫塵戒品，以身謗法，視崔浩、傅奕罪有甚
　　焉。清淨海中不受死屍，削而投之豈為刻核。若王摩詰、柳子厚、
　　郭功甫、張天覺之徒，先迷後復，情罪可原，善善從長，亦庶幾春
　　秋之指與。〔註32〕

　　居士群體，雖為佛門之人，然平日亦在俗世生活，故不能不以儒門倫理
為準繩。這一點是維護統治之需要，如果沒有這一點，統治者也不會放任佛
教流行。因此，南北朝動盪時期，身仕兩三朝之輩，被彭紹升視作「罔明忠
孝」，不錄於《居士傳》中。

　　另外，彭紹升以為居士群體大體可分為三種，即禪、教、淨。此三種各
有一位準繩式的榜樣，即龐居士、李長者和劉遺民。其云：

　　　　龐居士之於宗，李長者之於教，劉遺民之於淨土，百世之師矣。
　　三公者各專傳，尊師也。其他立專傳者，大都軼邁等倫，難為匹儷，
　　雖不盡以三公為繩，亦庶幾近之者也。〔註33〕

　　龐、李、劉三人在佛教史上造詣既高超，對禪宗、華嚴宗和淨土宗的發
展起到了重要且深遠的影響。因此，彭紹升推崇此三人為榜樣，為其作專傳，
以示尊師之心。

　　從上面的論述可以看出，彭紹升所著的《居士傳》不單純是一部記錄居
士佛教史的重要史料文獻，更是為在家修行的居士樹立了前輩榜樣，並提供
了修行指導。因此，可以說彭紹升在疏理居士佛教歷史的工作中，同樣融入
了自己弘法利生的宗旨和抱負。

2.《善女人傳》

　　從彭紹升生平可以知道，他只有兩個女兒。自女兒幼小時起，彭紹升就
為她們播種善根，引導其接觸佛法，課讀佛經。在彭紹升詩集《觀河集》中就
留存有數篇詩歌，反映了他在教女兒讀《法華經》及抄寫經文等活動時的感
情。而《善女人傳》的編輯，最初也是出於教導女兒的目的。彭紹升自云：
「予既集《居士傳》，已而為二女子授諸大乘經。因續採古今諸善女人得入法

〔註32〕《居士傳校注》，第5頁。
〔註33〕《居士傳校注》，第5頁。

流者，凡百三十許人，合為傳。授二女子，俾傳而習之。」〔註34〕

　　彭紹升作《居士傳》僅為佛教四眾中之優婆塞立傳，如此則比丘、比丘尼及優婆塞皆有史傳傳世，四眾中惟優婆夷沒有獨立的史傳。因此《善女人傳》的編輯，正好彌補了這一缺失。《善女人傳》收錄一百三十餘人，或為皇后嬪妃，或為凡夫妻女。書中所錄諸善女人，皆為古來婦女篤信三寶且傳有嘉譽者。彭紹升文字尚質，故發凡中云：「諸書所載感應事蹟，每經引用，遞有增加，寖失其本。今一以原書為據，但削其繁文，易其俚句，俾毋傷體要而止。若乃文過其質，以偽亂真，蹈稗官小說之習，吾所不敢。」〔註35〕可見彭紹升在史料文獻的揀擇上重視最初原本，強調有根有據。

　　至於書中史料來源，彭紹升在發凡中云：「傳中所採，如《冥祥記》、《報應記》、《淨土節要》諸書，俱未見完本，雜出於《太平廣記》、《琅環記》中，今悉標原書之名，識所自也。其他可以類推。」〔註36〕彭紹升徵引典籍非常豐富，不僅有佛教內部的感應靈驗記、高僧傳、傳燈錄等文獻，也有世俗的傳奇、小說、稗史、類書等文獻。而如其所言《冥祥記》諸書或不存，但被類書或其他文獻所收錄，彭紹升則下了一番爬梳摘擇之功。

　　除了對文獻爬梳摘擇之功外，彭紹升也對所引文獻進行相關考證且有所取捨，而並不是簡單的搜集謄錄。以對明末劉淑的傳記為例〔註37〕，《劉淑傳》後彭紹升自注輯自鄒漪所撰傳記。鄒漪，明末無錫人，是吳偉業的學生，著有《啟禎野乘》《明季遺聞》等書。《善女人傳》中的《劉淑傳》應該就是從鄒漪《啟禎野乘》中輾轉輯來。《啟禎野乘》為記載明朝天啟、崇禎兩朝的紀傳體史書，共十六卷。前十四卷多記載文人亦間出憨山德清的僧侶，後兩卷則主要記載烈婦烈女。關於劉淑的事蹟，就被記載在第十五卷末尾。

　　對比《善女人傳》和《啟禎野乘》兩書所記載的劉淑事蹟，不難發現鄒文更詳於彭文，但彭文則更有側重。以對劉淑籍貫的敘述來說，彭文稱廬陵，鄒文言南昌。廬陵，乃吉安府治所，明清兩代地理區劃大致相同。然無論明清，南昌與廬陵皆非近壤。南昌府和吉安府之間尚間隔著臨江、撫州、袁州

〔註34〕〔清〕彭紹升：《善女人傳》，卍新纂續藏，第88冊，卷上，第401頁上欄。
〔註35〕《善女人傳》卷上，第399頁下欄。
〔註36〕《善女人傳》卷上，第399頁下欄。
〔註37〕關於《善女人傳‧劉淑傳》與其他文獻所記載的劉淑事蹟考校，詳參拙文《拔劍愧男兒，裙釵悟道歸──〈善女人傳‧劉淑傳〉淺議》，刊於《宜春學院學報》2012年05期。

等地。李瑤《南疆繹史撫遺》卷十五中也稱劉淑是廬陵人，而宋之盛《江人事》卷四《女貞傳略》云：「廬陵王藹妻劉姓名淑英，故揚州守劉鐸女。」清陳鼎《東林列傳》卷四：「鐸，字洞初，江西廬陵人。」據此可以看出，彭紹升的記述絕非簡單地輯錄，而是有所考證。彭紹升的轉錄將鄒文進行相應的剪裁，並且敘述風格上更明快簡潔，省略了若干與主旨關係不大的對話。這樣雖簡略了劉淑生平的偉業，卻突出了她歸心佛教的事蹟。另外鄒文則著眼於儒家的忠孝節義，更多地把視線放在劉淑的大義上。比如在《啟禎野乘》的記載中劉淑幼年便有男兒之志，但彭紹升轉引時就將此略去了。

作為一部單獨為優婆夷立傳的著作，《善女人傳》的價值是不容忽視的。但是由於女性在歷史中的邊緣地位，很多史料對女性的記載都是模糊其詞的。因此彭紹升的著作雖然為後人提供了很多研究女性佛教信仰的史料，卻也有些因循野史小說的材料略顯不經。至於其記述的一些現在看起來頗屬靈異的事蹟，也應該選擇性的看待。但是如果從佛教信仰的內部考察，這些靈驗的現象就很好理解了。這就又回到筆者一直強調的觀點，彭紹升並非單純為書寫歷史而編著傳記，而是抱有弘法利生的宗教目的。所以彭紹升希望通過對《善女人傳》的編輯，引導更多的人，特別是女性，來相信佛教，修行佛教。

3.《淨土聖賢錄》

《居士傳》和《善女人傳》可以視為彭紹升對優婆塞、優婆夷兩個信仰群體歷史的記述，是不分宗派的。而《淨土聖賢錄》則是在一個宗派之內，針對教史進行寫作，它不再區分信仰群體，而是無論僧俗，遍及六道眾生。因此這是一部淨土宗的史料，也是淨土宗信仰者的必讀讀物。

眾所周知，中國佛教對宗派法脈記載最詳細的應屬禪宗，有燈錄、語錄等眾多文獻資料。後人也得以通過這些資料窺知禪宗傳承的脈絡和線索。而早於禪宗法脈記載出現的僧傳，雖然重視對僧人事蹟的記錄，卻容易忽視僧人宗派歸屬。所以《淨土聖賢錄》就是對淨土宗源流的梳理，溯源追本真正構建淨土宗的傳承脈絡。

《淨土聖賢錄》目次分為淨土教主第一、闡教聖眾第二、往生比丘第三、往生比丘尼第四、往生人王第五、往生王臣第六、往生居士第七、往生雜流第八、往生女人第九、往生物類第十。可見此書的記載遍及十法界眾生。在書中，彭紹升推崇阿彌陀佛為淨土宗教主，而以觀世音菩薩、大勢至菩薩、普賢菩薩、文殊師利菩薩、祈婆迦尊者、馬鳴尊者、龍樹尊者、天親論師、覺

明妙行菩薩為闡教聖眾。教主與聖眾同錄於第一卷。自第二卷始訖於第六卷，皆錄往生比丘和往生比丘尼。其中，所錄往生比丘者，始自東晉慧遠、終於清代僧人佛安，凡三百餘人；所錄往生比丘尼者，始自劉宋慧木、終於清代朝音，凡十一人。第七卷錄往生人王與往生人臣。往生人王者，僅烏萇國王一人而已。往生人臣者，凡三十三人，其中不乏文彥博、袁宏道之輩。第八卷錄往生居士，自迦維羅衛國差摩竭至清代王恭，凡七十人。第九卷錄往生雜流、往生女人及往生物類。往生雜流者，自張鍾馗至梁維周，凡十七人，皆荒誕不經之人皈依淨土得以往生者也。往生女人者，自舍衛國王頻婆娑羅夫人韋提希至清朱穎符妻余氏，凡七十九人。往生物類者，錄鸚鵡、鴝鵒、白鸚鵡三者，皆禽獸歸心而得往生者也。因此，揆諸全書可以看出所謂淨土聖賢，都是淨土宗中得以往生者，這無疑是為淨土學人樹立了修行的榜樣。

《淨土聖賢錄》中彭紹升以阿彌陀佛為西方教主，列為第一。再將觀世音菩薩、大勢至菩薩、文殊菩薩、普賢菩薩、祈婆迦尊者、馬鳴尊者、龍樹尊者、天親論師等稱為闡教眾聖。列為第二。在彭紹升之前纂錄淨土宗人物，往往只述震旦事蹟而不談天竺法脈。此則不同於禪宗等宗派。禪宗在推其淵源時，一般推到毗婆尸佛，諸佛之下又有諸菩薩、尊者、高僧等，至中土初祖菩提達摩已是天竺第二十八祖。〔註38〕如此，禪宗法脈之純正則顯而易見。而淨土宗前人述往生事蹟，或推至慧遠，或推至僧顯，此皆為中土的源頭。《淨土聖賢錄》能循導源頭至「西方教主」與「禪教眾聖」，的確能發前人著述所未備處。所以，彭紹升將淨土宗法脈推至教主阿彌陀佛及諸位菩薩、尊者，是極有意義之舉。

在彭紹升之前，已有許多記錄往生事驗之書籍文獻，然《淨土聖賢錄》之成書，乃集以往作品之大成。是書每傳之末，皆注明徵引出處，用以佐證其論。從其徵引文獻來看，其中反映了諸宗與淨土宗，特別是禪淨之間分合關係。書中所引既有淨土典籍亦有與他宗相關典籍，如《景德傳燈錄》諸書乃禪宗燈史，基本與淨土無涉。又延壽《萬善同歸集》等則為唱禪淨合流之書，由此可考見禪淨之間分而合、合而分之趨勢。是書取材不僅包括佛教內部的文獻，也包括世俗的史傳、方志、詩文集等。彭紹升為文長於敘事，故是書敘事有法，長短精當，堪為佳作。並且其對著述體例要求嚴格，甚至連出

〔註38〕參見〔南唐〕靜筠二禪師：《祖堂集》，北京：中華書局，2007 年，上冊，第 1～105 頁。

家眾、在家眾之稱謂,也詳加考慮。關於稱謂,其云:

> 淨土諸書,標指古德,概以師稱,而高僧傳則凡屬二名,但
> 舉一字。此錄前有佛菩薩,後有宰官居士,若不書名,頗難合轍。
> 故於出家二眾,準高僧傳但書一字。其在家者,準前史例,仍書
> 二名。〔註39〕

至於以往諸書中有關淨土往生之人的敘述多有神異不實的,這些彭紹升亦不收錄,只錄其中較為信實的事蹟。此可能與彭紹升廣博經史所形成的認識有關。

在擬定編著體例時,彭紹升提出要對史料進行揀擇和評估,而不是一味的盲從於文獻:

> 歷代高僧傳、《佛祖統紀》、《佛祖通載》諸書,但載諸師事蹟,
> 而議論激揚,概從簡棄。《雲棲往生集》,又唯標事驗,行實罕詳,
> 遂可合張李為一身,涸淄澠而同味。覽未及終,倦而思臥者多矣。
> 茲則該羅細行,圓具全身,綜貫千章,獨標警策。〔註40〕

彭紹升之前所錄往生的典籍,如《往生集》等書,過於依賴事驗,忽略人物品行。然則以事驗為主,容易多有缺漏。而以往所錄,又往往只錄善終之人,不錄捐軀捨命之人。彭紹升則不以此為然,他以為不必憑「臨終十念」的事蹟來判定往生與否,而應該依靠平生願行來判定。對於以往記錄往生者,皆選取善終之人,忽視捨身之人,彭紹升認為善終、捨身宜兼收。歷代僧傳,敘事雖備,議論則略,本錄則彌補了這一缺憾:不僅敘述事驗,而且討論淨土宗理念。如此無疑擴大了淨土宗的影響,也從單純的念佛行為,擴展到諸多善行。這不僅符合教義,更符合中國人的傳統認識。

此外,彭紹升迴護彌陀淨土,因此對於之前輯錄往生之書中一些與教義相違之人一併刪除不錄。如白居易嘗見收於《往生集》,而揣其生平信仰多在彌勒淨土,故彭紹升刪去不錄。又如蘇軾,亦嘗收於《往生集》。其雖然信仰彌陀淨土,卻信心不定,與教義相違,難得往生,因此刪去不錄。

西方彌陀淨土之門廣開,能往生者非僅有人類,一切有情眾生皆可往生。此乃經文明義。然以往所錄往生者,一般都會忽略人類之外往生眾生。這樣往往使得經文明義難以徵信。彭紹升開創體例,將往生物類亦收錄其中。另

〔註39〕《淨土聖賢錄》卷一,第 216 頁中欄。
〔註40〕《淨土聖賢錄》,卷一,第 216 頁中欄。

外，對於一些生平有瑕疵，或是外道之人，彭紹升以為只要一念歸誠一樣可以同生淨土，因此也將其收錄於往生雜流內。這些悉為肯定「一切眾生皆有佛性」發生了重要作用。但是，這些之中有的經典可證，有的則牽強附會。至於雜流、物類之間，又多荒誕之說，如往生雜流以鍾馗為首，往生物類則以鸚鵡為論。此皆近乎無稽之談也。

《淨土聖賢錄》雖為淨土往生事蹟輯錄中集大成者，然也有其不妥之處。最緊要者，在於彭紹升迷信扶乩，時而將俗世迷信與佛教正信混淆。因此，其所徵引書目中亦有不少乩壇之作。如「闡教眾聖」中最末錄覺明妙行菩薩，即為扶乩應驗者。考覺明妙行菩薩明末崇禎年間藉助扶乩之法，下降吳門，作《西方確指》教人念佛，應機說法。扶乩本屬於中國民間占卜之法與佛教無涉，況多冒充仙佛鬼神，無中生有。故以此人比附諸菩薩尊者之後，必有失其當。彭紹升雖兼通儒佛但仍好扶乩，此即印光、章太炎等先輩對其批評之處也。

《淨土聖賢錄》一書，對於宣傳淨土宗，徵驗淨土教義，有著重要作用。此書亦是初修淨土宗之人，入門及堅定正信之作。因此其在淨土宗內有極其重要意義。加之，彭紹升叔侄才華橫溢，文筆又佳，所述事蹟具為簡核，故而影響深遠。其後，清代居士胡珽所撰《淨土聖賢錄續編》，其體例一准此錄。

四、啟示

前文主要從「校刊內典」、「疏理教史」兩大部分對彭紹升整理佛教文獻的工作展開了簡單的論述。實際上彭紹升在佛教文獻方面的貢獻遠遠要超出本文所論述的範圍，但囿於筆者學識暫時無法全面討論。通過對彭紹升在佛教文獻方面的貢獻，我們可以得到相關的啟示：

第一，提及文獻學，大部分人首先會想到目錄、版本、校勘三大部分。這的確是文獻學的基礎，但未必是文獻學科最終的目的。我們整理文獻是為了運用，誠如張舜徽先生為文獻學賦予的最高目的——修通史，在整理佛教文獻的時候也要擁有一個修撰教史的念頭，這樣不僅能充分的利用歷史積累下的佛教文獻，也能幫助我們深刻的認識中國佛教的發展脈絡。

第二，在整理已有佛教文獻的同時，一定要重視當代佛教文獻的編輯和整理。我們的今天將是後來人的昨天，他們也會像我們現在整理前人文獻一

樣整理我們所留下的文獻。因此在佛教文獻工作中一定要有歷史感，切不可厚古薄今。

第三，與其他世俗文獻的整理工作不同，佛教文獻的整理工作有著特殊的宗教價值。佛教文獻不僅記載了佛教教義以及教內人士的生平和思想，更重要的是它要指導信眾修行。所以一定要格外小心，避免造成誤會。同時參與佛教文獻整理工作的同志必須要擁有「弘法利生」的價值觀，這也是佛教文獻整理的重要目的。

第四，佛教文獻的整理過程中要重視對偽經的辨別，但不可輕易廢棄偽經。偽經的存在雖然會竄亂正法，但如果對偽經加以標誌而不是隨意毀棄的話，不但修行者能夠摒棄其害，研究者亦可獲得很多重要的資料。

最後，在對佛經的整理中，可以參照不同譯本釐定字句，為了方便誦讀也可以擬定小標題，但無論如何都要尊重原經。這是對宗教最起碼的尊敬，不應該任意進行節錄。可能一些節錄本表面上看會方便信眾讀誦，但長久來看可能會促成原經的亡佚。這是我們務必要加以重視的。

附錄四：梅枯鶴去人何在，冷徹孤亭月四更——論彭紹升的詩歌藝術[註1]

　　彭紹升長於詩文，其文學上的造詣與佛教對其的影響是密不可分的。在凡夫俗子的眼中，彭紹升的人生似乎有些淒涼：生於世家，成年卻無官無祿，僅有二女，出嫁後膝下無子，從子早逝，晚年孑然一身，最終因下痢病逝。彭紹升早年學習經世之學，漸歸佛門，揀擇淨土法門，致力融合禪淨之諍，消除儒釋之隔。他是一位具有很高知識水準的正信居士，因此他自己並沒有淒涼的感覺，反而從佛教的修行中獲得清涼。彭紹升之詩並非從佛教中習得，但是淨土宗的實修很大程度上影響了彭紹升的詩風。本文試圖選取彭紹升之詩歌為視角，來管窺佛教義理影響下的清代居士文學之一隅。

一、歸心淨土、調和禪儒：彭紹升佛學思想

　　彭紹升作為清代乾嘉時期的江南名士，同時也是居士佛教的代表。彭紹升的佛教思想也具有很深刻的居士佛教特色。總體來說，彭紹升的佛教思想主要是儒釋調和，以及融匯諸宗歸淨土。

　　彭紹升的佛學淵源主要受到了晚明四大高僧：雲棲祩宏、紫柏真可、憨山德清和蕅益智旭的影響。潘桂明在其《中國居士佛教史》中說到：「在讀到真可《紫柏全書》後，彭紹升正式歸心佛法。後又廣覽祩宏、德清、智旭等高

〔註 1〕該文刊於《中國佛學》2017 年第 1 期，有刪節。

僧著作。」﹝註2﹞除受明末四大高僧影響之外，與彭紹升往來之當代僧人亦多諸宗並進之人。其中交往最密者如旅亭禪師、聞學禪師、昭月禪師諸人，皆一代大德名僧。

旅亭禪師，自天目山過蘇州時，嘗應彭紹升之邀住文星閣，「修念佛三昧」。旅亭禪師曾對彭紹升言道：「在西方庵二年，一切風聲水聲鳥聲蟲聲，悉皆作念佛聲。」﹝註3﹞彭紹升也與禪師一同臨池觀魚，他嘗向禪師說：「可知此魚但知經行，不解念佛。」禪師答曰：「居士聞否？」﹝註4﹞可以看出，彭紹升所主念佛、修禪並行，為旅亭所支持。

聞學禪師，即為彭紹升授菩薩戒之香山老人。聞學禪師提倡念佛，並作偈云：

念佛念自心，念體元空寂。當念了無依，心心無別佛。﹝註5﹞

此已顯露禪宗歸心之義，故能攝淨歸禪，即土即心。其嘗云：「君有淨土心，悟心方知土。」﹝註6﹞彭紹升從其學佛，應能承其思想。

昭月禪師，嘗依揚州高旻寺了凡聖和尚，「參不是心不是佛不是物是個什麼」﹝註7﹞，久不能入。一日放香之後，偶舉話頭，身心忽空，覺內外了無一物。大和尚令其坐香，昭月禪師反問坐甚麼香。至其年老，則日誦西方佛名，直至圓寂。昭月和尚與彭紹升過往甚密，嘗令其侍僧寄語彭紹升云：「彭居士弘揚淨土，普利三根，今正是時，勿更他求也。」﹝註8﹞彭紹升將他們之間的關係比作「龐老之參馬祖」﹝註9﹞，其中影響可見一斑。

除僧人之外，彭紹升家學中亦有佛教因子。彭氏以理學名家，眾所周知，理學與佛學之間的關係相當密切。彭定求之父彭瓏，初「好佛，又喜言道家言；至六十餘，得梁溪高顧二家書讀之，始潛心儒術，一以主敬律身」﹝註10﹞。而彭啟豐晚年亦篤信佛教，嘗持《金剛經》。此等皆為彭紹升由儒入佛提供了

﹝註2﹞潘桂明：《中國居士佛教史》，北京：中國社會科學出版社，2000年，下冊，第815頁。

﹝註3﹞《一行居集》卷三《旅亭禪師語錄敘》。

﹝註4﹞《一行居集》卷三《旅亭禪師語錄敘》。

﹝註5﹞《重訂西方公據》卷二，卍續藏，第109冊，第692頁下。

﹝註6﹞《重訂西方公據》卷二，第109冊，第692頁下。

﹝註7﹞《一行居集》卷六《揚州高旻寺昭月禪師傳》。

﹝註8﹞《一行居集》卷六《揚州高旻寺昭月禪師傳》。

﹝註9﹞《一行居集》卷六《揚州高旻寺昭月禪師傳》。

﹝註10﹞《國朝漢學師承記》，北京：中華書局，1983年版，第172頁。

思想基礎。這樣的一個江南理學世家大族逐漸轉向佛教，故《清史稿》於《彭紹升傳》末喟歎：「此後江南理學微矣。」〔註11〕

淨土宗以持名念佛為主要修行方式，乃末法時期「易行道」。然此修行方式容易給人造成「偏重信仰性而少哲理性」〔註12〕的感覺。這種感覺自然不能被佔據文化高地的士大夫所接受，故而彭紹升利用自己之學養，努力為淨土宗注入哲理性因素。

淨土宗重視他力增上。關於自力與他力的問題，禪宗以自悟自度為標榜，而淨土宗以為末法時代自力難行，則以他力為憑藉。彭紹升認為除上根利智之人能見性成佛外，諸多信眾雖應了悟自心，但亦應於佛力有所依怙。

在彭紹升的著作之中，有《華嚴念佛三昧論》專論他力與自覺的關係。是論作於乾隆四十八年冬十二月，乾隆四十九年王文治為之作序：

> 《大乘起信論》云：一切眾生不名為覺。以從本來念念相續，未曾離念。念者不覺也，佛者覺也。念佛者，以覺攝不覺也。念佛三昧者，以覺攝不覺，入於正覺海也。華嚴具諸佛一切三昧，而其間念佛三昧，為一切三昧中王。大莫過於是，方莫過於是，廣莫過於是矣。〔註13〕

《華嚴念佛三昧論》，即於華嚴義理下理解念佛法門。所謂念佛三昧，就是修觀想念佛、稱名念佛時，達到一心不亂之境界，如心入禪定。是論中，彭紹升「略標五義以貫全經」〔註14〕。其一為念佛法身，「直指眾生自性門」；其二為念佛功德，「出生諸佛報化門」；其三為念佛名字，「成就最盛方便門」；其四為念毗盧遮那佛，「頓入華嚴法界門」；其五為念極樂世界阿彌陀佛，「圓滿普賢大願門」。在論文中，彭紹升主張以念佛為統攝，依靠他力修行的同時，並不忽視自覺本性。這正好彌補了淨土宗哲理不足的缺陷。

在淨土觀念上，彭紹升似乎更側重於唯心淨土。唯心淨土，源自《維摩詰所說經》中「心淨則佛土淨」〔註15〕。既然心淨則有淨土，穢土亦可隨緣成為淨土，那麼何必往生？這一點與淨土宗的持論有著根本性的對立，所以為不贊成淨土念佛的慧能所支持。所謂的「心淨」，則是在般若思想基礎之上

〔註11〕《清史稿》，第 43 冊，第 13116 頁

〔註12〕劉長東：《晉唐彌陀信仰研究》，成都：巴蜀書社，2000 年，第 522 頁。

〔註13〕《華嚴念佛三昧論》，卍續藏，第 104 冊，第 168 頁上。

〔註14〕《華嚴念佛三昧論》，第 168 頁下。

〔註15〕《維摩詰所說經》，大正藏，第 14 冊，第 538 頁下。

建立。然而淨土宗何嘗不立定於般若思想之上，又何況維摩詰之教誨與不思議之神通又都可被視作為他力救渡的表現。故唯心淨土與淨土宗所唱的西方淨土在歷史發展中能夠不斷融合。宋代延壽和尚以真俗二諦統一唯心淨土與西方淨土，頗有令淨土宗從事禪宗之意味。對於六祖提出「東方人念佛，求生西方；西方人念佛，求生何國」的質疑，彭紹升作出如下回答：

　　　　此乃一期掃蕩之談，未合圓指。謂西方人往生何國者，同居念佛，生方便土；方便念佛，生實報土；實報念佛，生寂光土。故知一念佛門，豎窮四土，達本之人，覓心尚不可得，豈可於幻化身中，別求淨土？若了此不可得心，徧一切處，乘願往生，如空印空，何礙之有！〔註16〕

由此可見，彭紹升極力調和禪宗與淨土宗之諍。另外，從彭紹升與友人王禹卿的書信中，猶可看出其主張唯心淨土要靠念佛來統攝：

　　　　但提起一句佛名，盡大地無非極樂，遍法界全體彌陀。即有即空，非空非有，從此信入，淫坊酒肆，悉是道場；古木寒巖，依然佛國。〔註17〕

彭紹升以為通過念佛達到一心不亂的境界，從而淨土隨心化現。是故，彭紹升非常讚歎《維摩詰所說經》中的唯心淨土，認為唯心淨土與西方淨土沒有矛盾，二者皆應為大乘信眾所奉持。特別是淨土宗的修學者，更應該將《維摩詰所說經》與唯心淨土的思想領會並弘揚。彭紹升在其《書〈維摩詰所說經〉後》直接以唯心淨土為《維摩詰所說經》「一經之要」〔註18〕，故而提倡「學大乘者，不可以不修淨土；修淨土者，不可以不讀此經」〔註19〕。彭紹升還引孟子之言以解「心外無土」之義，其云：

　　　　至哉淨土之教！其諸聖人所由以踐形者乎？孟子曰：形色，天性也。知形色之為天性，則不容離土以言心。知天性之為形色，則不容外心以求土。離土以言心，是以天性為有外也。其所謂心，一介然而已矣。外心以求土，是以形色為有外也。其所謂土，一塊然者而已矣。是皆不明乎踐形之說者也。〔註20〕

〔註16〕〔清〕彭紹升：《阿彌陀經約論》，卍續藏，第33頁，第724頁下。
〔註17〕《一行居集》卷四《與王禹卿》。
〔註18〕《一行居集》卷一《書〈維摩詰所說經〉後》。
〔註19〕《一行居集》卷一《書〈維摩詰所說經〉後》。
〔註20〕《一行居集》卷三《淨土聖賢錄後敘》。

由是，彭紹升之淨土觀念可見一斑。

至於儒釋調和方面，彭紹升著有《一乘決疑論》強調儒釋無非一乘，針對宋明諸儒對佛教偽教和異端的批判，以「通天眼」、「破法執」為理論武器，判定儒釋之隔本不應該。具體到淨土宗修持方法如何與儒家性理學說結合在一起的問題上，彭紹升提出了「念佛即是性理學問」的命題。

彭紹升嘗作《與諸同學》文，文章起首便云：

> 瞿然發誓，誓於此生歸於淨土，以「南無阿彌陀佛」六字作日用拄杖子。從今以後，不須複道「致良知」，即「南無阿彌陀佛」六字，便是「致良知」；不須複道「存天理」，即「南無阿彌陀佛」六字，便是「存天理」。〔註21〕

彭紹升以「南無阿彌陀佛」一統理學兩大概念「致良知」與「存天理」，此其獨創發明之處。按，南無，乃歸命、歸禮之義。因此，「南無阿彌陀佛」與「致良知」、「存天理」的語法結構相同，皆為「動詞+賓語」的形式。故可知彭紹升以「南無」對應於「致」與「存」，以「阿彌陀佛」對應於「良知」與「天理」。這也印合了「即心是佛」的教義，在心學家的思想裏「天理」和「良知」皆在人心，故可知彭紹升以為阿彌陀佛亦在人心，日常念佛無非是在依止本心、還本來面目而已。

關於「南無阿彌陀佛」六字，乃為淨土宗人常持名號。稱念此六字名號，「乃攝彌陀因位之萬行、果地之萬德，以成就其體義、德用，故功德效驗甚大。」〔註22〕實際上，此六字名號本來帶有咒語的色彩，乃從佛或菩薩禪定所出的秘密語，經常奉頌有息災、增益等特殊靈力。故而常念六字名號，可以得到他力增持，往生淨土。

彭紹升解「南無阿彌陀佛」，避開了佛教神秘之處。其以理學概念來比附六字名號，乃有意將儒釋兩家歸為同流。這樣，不僅能夠消除兩家隔閡，亦便於為淨土宗吸收信眾。

從以上的論述不難看出，彭紹升的居士佛學思想中具有會歸淨土、調和儒釋的特點。這些思想的形成是一個具體的過程。在彭紹升不斷完善自己佛學思想的同時，其詩風也逐漸轉入禪境。

〔註21〕《一行居集》卷四《與諸同學》。
〔註22〕星雲，慈怡等：《佛光大辭典》，北京：書目文獻出版社，影印臺灣1985年版，第3747頁。

二、家風高朋、觀河測海：彭紹升詩學淵源

彭紹升是乾隆朝名宦彭啟豐之子，其曾祖彭定求是康熙朝名宦。彭定求曾任翰林院侍講，後回歸鄉里不再出仕。彭定求是明代王陽明學說的追隨者，也是《全唐詩》的主要輯撰者。彭啟豐進士出身，位高權重，又屢次主持科舉考試，在當時的文化界也是領軍人物。可以想見其詩文應該也很出眾，況且他與當時大文豪袁枚過從甚密。袁枚在彭啟豐八十壽誕的時候曾去書祝賀，其言：

> 伏念尚書福德兼隆，乃文學大臣中之郭汾陽也，少蹤金鰲，壯持玉尺，三貂八座，半是門生。山左江東都持旌節，郭以其武，公以其文，足相抗矣！〔註 23〕

這段話中將彭啟豐譽為文學大臣中的郭子儀，雖然有奉承拍馬之嫌，但還是肯定了彭啟豐在當朝文人中的地位。為了祝壽，袁枚亦賦詩呈上，收於《小倉山房詩集》。

彭啟豐與袁枚常常互相招飲，彼此唱和。袁枚之母逝世，彭啟豐還專門修書以示慰問。彭啟豐歿後，袁枚亦有哀悼詩作。這些足見二人關係之密切，也可以看出彭啟豐的詩文造詣雖非魁首，但頗受當時文學人士的青睞，至少在頗為自負的袁枚眼中這位當朝「司馬公」是有資格和自己煮酒論詩的。

不難想像，彭紹升生長於這樣的一個家庭環境中，自然會「遺傳」到家族詩文創作的基因。這種潛移默化的影響對彭紹升後來的文學成就是至關重要的。青年時期的彭紹升，並不篤信佛教，而是十分崇尚賈誼這樣的「抗直之士」，也嚮往東林君子的學術和氣節。當時彭紹升的理想就是「欲考鏡得失之故，陳治安之書，赫然著功名於當世」。〔註 24〕年輕的彭紹升聰穎練達。乾隆二十二年（1757），十八歲的彭紹升與其兄彭紹觀一同入京會試，同登進士，為時人豔羨。錢泳《履園叢話》云：「本朝同胞兄弟同登進士者：乾隆二十二年丁丑科長洲彭紹觀、彭紹升。」〔註 25〕

但是在官場中如魚得水的彭啟豐懷盛滿之懼，令彭紹升以目疾為由辭以殿試。彭紹升回歸長洲的中途順便探望了為官保定的舅舅宋宗元，並做短暫

〔註 23〕 〔清〕袁枚：《小倉山房尺牘》，見氏著《袁枚全集》，南京：江蘇古籍出版社，1993 年，第 5 冊，第 90 頁。
〔註 24〕 《居士傳》，卷五十六，卍續藏，第 149 冊，第 1009 頁下。
〔註 25〕 《履園叢話》，北京：中華書局，1979 年，下冊，第 353 頁。

停留。也正因為這次保定省舅之旅，彭紹升正式開始學習作詩。彭紹升所作《敘文》，見收於《二林居集》，其中云：「予年十八，會試京師。發榜後，省舅氏光祿公於寓衙齋，兩月。同舍者為從舅瞻菉先生、嘉定張吾山，俱好為詩。予因效為之。其年秋還家。」〔註26〕又其《四子詩敘錄》云：「予年十八九始學為詩。讀漢魏以來諸作者詩，樂之為之。按其音聲，窮其體態，夜以繼日。於己所作，必求如是焉而後止。既而年益大，漸不暇為詩，暇則取古人之詩如己意所欲言者讀之。不知古人之非己也，不知己之非古人也。」〔註27〕

彭紹升十八歲正式開始學習作詩，初為詩以漢魏以來作者為典範。後來與彭紹升往來密切的諸友人亦多好為詩，如汪元亮、薛家三、汪大紳等。尤其是薛家三、汪大紳，不僅與彭紹升關係密切，同時與文壇領袖袁枚相交甚厚，彭紹升與袁枚的聯繫多由二人為中介。薛家三嘗為袁枚《小倉山詩文集》做序，且列為第一。而彭紹升第一次得閱袁枚著作，即是從汪大紳手中獲得。彭紹升初讀袁枚的文章，便十分歡喜，迫不及待地修書袁枚以表達讚歎推崇之意。這篇書信收在袁枚自編的《續同人集》中。另外，當時江南名士王芑孫等人與袁枚的交往，也多與彭紹升有關。〔註28〕

由上述簡單之論，大致可以看出彭紹升詩學的淵源：首先是有家學的影響，其次是朋友之間的影響。彭紹升十八歲開始學詩，詩文創作貫穿一生。而在其詩文人生中，袁枚是一個重要影響因素。袁枚在《隨園詩話》中對彭紹升詩歌的評價也是具有真知灼見的，是今天了解彭紹升詩歌成就的重要資料。

彭紹升的詩作，主要結集為《觀河集》《測海集》《二林唱和詩》，還有一部《儒門公案拈題》也是以詩偈的形式撰寫。其中《觀河集》和《測海集》都有節鈔本，收於卍續藏。

這幾部詩集中，筆者以為《觀河集》最具價值。《二林唱和詩》雖然吟詠性情、禪趣，但絕大部分詩作《觀河集》都有所收錄。《觀河集》所收古今體詩，大都彭氏生平感物興懷之作，可見真情。彭紹升自序云：

予年十八，始為詩。積二十餘年，所作既多，編為二集：一為
《測海集》，專錄列朝聖德詩，及思賢諸詠；一名《觀河集》，大都

〔註26〕《二林居集》卷三《敘文》。
〔註27〕《二林居集》卷五《四子詩敘錄》。
〔註28〕參見睦駿：《王芑孫年譜》，上海：華東師範大學出版社，2010 年，第 58 頁。

感物興懷，詠言成韻。其間天倫之離合，人事之進退，道術之縱緯，
具可考而知焉。

又云：

> 佛在祇桓精舍，為波斯匿王說法，問：「汝今觀此恒河，與昔童
> 時觀河之見。有童耄否？」答言：「不也。」佛言：「變者受滅，彼
> 不變者原無生滅。云何於中受汝生死，且奚獨童之與耄哉？由是而
> 百年千年，一劫十劫，乃至無量阿僧祇劫，見性不遷，非童非耄，
> 不離當念，直證菩提。」是詩之作，無作者，無無作者。其為觀也，
> 若是而已矣。子在川上曰：「逝者如斯夫，不捨晝夜。」其為觀也，
> 亦若是而已矣。〔註29〕

彭紹升所述譬喻故事，見於《首楞嚴經》卷二。清趙翼亦有「觀河性自
空」詩句。故「觀河」之名，蓋本於斯。同時，據彭紹升自序，《測海集》則
多為對古今聖德人物的歌詠，而《觀河集》更多抒發個人的感情，或許更有
利於研究彭紹升的「見道之言」。袁枚等文人對彭紹升詩歌的品評，也多以《觀
河集》中所錄為基礎。因此，在討論彭紹升詩歌藝術的時候，筆者主要以《觀
河集》中所錄詩歌為研究對象。

三、見道之言、不著煙火：彭紹升詩歌佛趣

清代文豪袁枚在《隨園詩話》卷十四中有一則云：

> 彭尺木進士，為大司馬芝亭先生之子。生長華腴，而湛深禪理；
> 中年即茹素，與夫人別屋而居。每朔望，即相勖曰：「大家努力修
> 行。」彼此一見而已。後閉關西湖，恰不廢吟詠。嘗作《錢塘旅舍
> 雜句》云：「處士當年百不營，偏於梅鶴劇多情。梅枯鶴去人何在？
> 冷徹孤亭月四更。」「結跌終夕復終朝，眼底空華瞥地消。尚有閒情
> 消不得，起尋松子當香燒。」「酸蘊薄粥少人陪，雪霽南窗晝懶開。
> 不是一枝梅破萼，阿誰與我報春回？」《病起》云：「簾深蠅自進，
> 花盡蝶無營。」皆見道之言，不著人間煙火。〔註30〕

按，《錢塘旅舍雜句》凡十二首，作於丁未年（1787），見收於《觀河集》

〔註29〕〔清〕彭紹升：《觀河集》，臺灣：文海出版社，影印清乾隆末年作者手定底
稿本，卷首，第1頁。

〔註30〕《隨園詩話》，第3冊，第483頁。

卷四，有敘稱是年秋八月彭紹升閉關錢塘金牛頂彌勒院，禪坐之餘吟成諸首。《病起》凡二首，亦作於同年，見收於《觀河集》卷四。從袁枚的評價中可以看出，彭紹升之詩歌頗得佛教旨趣，清麗可愛，不著煙火。實際上彭紹升之詩風並非與生俱來就是這般模樣，而是擁有著一個較長的轉變形成過程，這個過程和他的思想轉變幾乎同步。隨著思想轉變程度的加大，佛學思想的不斷完善，彭紹升詩歌中佛教的旨趣越來越濃，庶幾佔據其詩主流。

1. 彭紹升詩風的轉變

在前面已經討論過，根據彭紹升自述，他是十八歲從京師參加完科舉考試，來到保定娘舅家中拜訪逗留時開始學習作詩的。事實上，目前《觀河集》中所存最早的詩歌的確是丁丑年（即乾隆二十二年，公元 1757 年）彭紹升十八歲時所作，但是最早一首詩歌的內容是奔赴京師參加科舉考試之前的「臨發書事」。這就與保定宋宗元寓所始學作詩之事有一些時間上的出入，推測其原因可能有二：第一，《觀河集》開卷第一首《將之京師臨發書事》是科舉之後學習作詩時所補作；第二，即彭紹升很有可能在去舅氏宋宗元處之前就已經練習作詩，只是未成體系，故而自己不言，僅有斷篇殘簡保留。不過，《將之京師臨發書事》創作時間終究是在彭紹升十八歲那年，因此或早或晚幾月的誤差對其詩風的形成並沒有太大的影響。

縱觀彭紹升學詩之初和接觸佛教之後的詩歌風格不難看出，彭紹升的詩風是有著明顯轉變的。彭氏最初學詩，是以漢魏古詩的風格為追求的。其在《四子詩敘錄》中云：

> 予年十八九始學為詩。讀漢魏以來諸作者詩，樂之為之。按其音聲，窮其體態，夜以繼日。於己所作，必求如是焉而後止。既而年益大，漸不暇為詩，暇則取古人之詩如己意所欲言者讀之。不知古人之非己也，不知己之非古人也。〔註31〕

這一點我們可以從彭紹升早期的詩作中再舉出實例，如「舉言顧阿兄，前途慎扶將」（《將之京師臨發書事》）、「殷勤謝東風，風吹不結子」（《惠施榜發獲雋引疾不與殿試》）等等，這些詩句有著很明顯的漢魏詩歌的痕跡。

《觀河集》在編排方式上是繫年編撰，因此其詩歌創作時期一目了然。通過考察《觀河集》，可以發現一些長篇歌行體詩歌主要集中在彭紹升學詩的

〔註31〕《二林居集》卷五《四子詩敘錄》。

前幾年，也就是「讀漢魏以來諸作者詩」這個時期。因此能夠從這些敘事詩作中找出漢魏風格的作品。比如彭氏在乾隆二十三年（1758）為生母之喪所作《苦哉無母兒行》就很明顯有著漢魏時期歌行體詩歌的風格。

> 苦哉無母兒，乃如萬里行。絕塞間嵯峨，冰雪高如山。足無扉行，行十步，九步顛。四無人聲，號泣呼天。無母兒，泣下不能止。我生無母，誰恃彳行，寢門跪薦晨餐。慘慘永晝，但聞悲風正酸。褰帷叫阿母，阿母不能言。阿母在時，汝抱、汝絜、汝誨、汝恤、汝長、汝室。逮汝今日兮母力竭，忽窈冥兮魂馳，見阿母兮夜臺。上不睹日與星，下不識徑與遠。兒前抱母，問母何不歸。憶昔兒病病且死，阿母謂當死殉兒。母今何處去，不令兒相隨。母聽兒言，及今歸來。嗟嗟阿母忍忘我，為天泛愛群生詵。蚑行蠢蠢，百卉羅羅。我生何罪，邁此療瘵。上堂拜阿爺，阿爺謂兒善事我，勿復長苦嗟。兒生不樂，願從阿母早去地下。苦哉無母兒！高飛無羽，伏不得哺。噫嘻乎籲嚱！秋聲肅肅烏夜啼。
> 黃泉無路，兒當安之。〔註32〕

乾隆二十三年彭紹升之母宋氏歿，這對剛剛成人的彭紹升來說無疑是巨大的打擊。因此他寫了這首歌行體詩歌，以抒發這份悲慟之情。從這篇詩歌中我們不難看出，句式長短變化，用字造句皆有古法，抒情樸實，追敘歷歷在目，家庭生活的場景片段信手拈來，皆能入詩。這些特點正好展示了彭紹升學習漢魏詩歌的成果。

此外，在彭紹升早年的詩歌中還有很多為表彰貞潔烈女所作的長詩、歌行，這些詩歌的敘事手段都很有漢魏詩歌的味道。可以說彭紹升早期的詩歌是模仿著漢魏詩歌來創作的，其語言古樸，抒情直接，都具有漢魏古詩的風格。已經知道，彭紹升早年仰慕賈誼這樣的抗直之士，因此早期詩歌學習漢魏古法也是有一定思想基礎的。然而，彭紹升的思想最終還是發生了轉變，由少懷經世之志轉而皈依佛陀。思想的轉變進而帶來了詩歌風格的變化，彭紹升的詩風逐漸從漢魏風格轉向吟詠空靈之性的風格。

彭紹升的詩風轉變，不是一蹴而就的，而是在相當長時間內的發展過程。這個過程很難在有限的篇幅中完全體現，最好的體現方式就是隨著對彭紹升詩歌的編年整理箋注來展示。當然，在有限的篇幅裏也未必不能論證其詩風

〔註32〕《觀河集》，第8頁。

的轉變，還是可以選取彭紹升在不同時期同樣題材的詩歌來進行比較分析，從而管窺其詩風轉變的一些線索。

乾隆二十九年（1764）清高宗巡狩木蘭圍場，彭啟豐扈駕北行，時彭紹升隨父同行。乾隆三十六年（1771）冬，彭啟豐北上京師為皇太后祝壽，彭紹升再次侍父北征。乾隆四十一年（1776）清高宗巡視山東，彭啟豐往泰安迎駕，彭紹升又隨父北上。在這三次隨父北上過程中，彭紹升都有詩作抒懷。乾隆二十九年，彭紹升做《北行書興》十首、《熱河寓館雜句》六首；乾隆三十六年，彭紹升做《北行即事》十首；乾隆四十一年，彭紹升做《北行書感》十首。從題目和創作背景來看，這四組詩歌應該有著相近的題材，那麼通過比較三者之間風格的差異，或許能夠看出彭紹升詩風的轉變。

從乾隆二十九年的詩歌中，我們很容易看到這樣的句子「別酒從人勸，天涯未覺賒」、「蓬窗感別離，夜雨又淒清」、「我懷何所往，倚棹一傾壺」，這顯示了作者旅途中孤獨寂寞之感。跟隨聖駕巡狩木蘭圍場，也使彭紹升創作了一些帶有諷諫性質的詩歌，如「枯毫懶續長楊賦，願誦卷阿第一章」就是規勸高宗巡狩木蘭圍場的豪奢。當然，此時彭紹升接觸了道教，並且也已經接觸到佛教和一些學佛的人士，但並沒有實際意義的皈依。在這一年所作的北行諸詩中也體現了彭紹升此期的思想特點，如「閒持古佛偈，儉學腐儒餐」、「人生固有初，風行無轍跡」、「神歸天地始，照眼死生浮」等。這些句子不僅有一些佛教的趣味，也有一些道教的趣味。儘管有宗教色彩出現在這些詩歌中，但總體說來這一時期的詩歌還是以正統士大夫的情趣，如離別、諷諫、玄思等，為核心內容的。

乾隆三十六年，彭紹升已經真正皈依佛教了，並且在此後兩年內受了菩薩戒。因此這一時期的詩歌風格開始主動融合佛教趣味，寫景也好，談理也好，都多了幾分空靈之氣。比如北行諸詩中有「薄身同處士，忍辱亦金仙」、「有情成世界，寂寞向西風」等，這些都有意在詩中增加佛教特徵，融入佛教哲學。然而，此時的彭紹升接觸佛教還沒有真正深入，其佛學造詣也沒有達到日後的成就。所以雖然有意識加入佛教文化因素，但總體來說表達的還是傳統士大夫的審美情趣，如「勞勞亭畔路，客夢不須驚」、「平生空自許，袖手只長歎」、「行看殘潦盡，綠野起人煙」等等。

乾隆四十一年，彭紹升已經受過了菩薩戒，而且在鄉里開辦了放生池、施棺局等慈善機構，其佛學造詣逐漸提高。因此這次北行所作諸詩佛學趣味

最濃，如「冷淡生涯愛日長，隨身經卷伴爐香」、「龐家佛法無多子，共話團圞水一方」、「輪珠一轉隨他去，不向途中問死生」、「銷盡英雄無限恨，黃河依舊向東流」、「櫪馬群中警鐸聲，依然蓮漏六時清」等等。這些佛教色彩很濃的詩句，實際上顯示了佛學素養在彭紹升生活中的影響。正是因為佛教給予的這些積極豁達的生活格調，才讓彭紹升了脫生死，能夠在鄉里開創真正的慈善事業。這種情懷也隨之反映在詩作當中。

通過這三次北行所作詩歌的比較，我們可以簡單勾勒出彭紹升詩歌風格的轉變歷程。彭紹升的詩歌從最初尊崇漢魏風骨，到最終充滿佛理禪趣風格，實際上走了很長一段道路，佛教的影響也一點一點由淺及深。早期彭紹升詩歌中充滿了傳統士大夫的情緒，對景賦離愁；而在其後來融合佛教的詩歌中，這種情緒逐漸變淡，一種豁達的禪境不斷湧出，從而完成了詩歌風格的轉變。

2. 彭紹升佛詩的特點

一般來說，詩歌的風格有佛教趣味，大概可以從兩個方面來考量：第一是字面上用了很多關於佛教的典故，或者其描寫的對象、記敘的故事就是佛教的內容；第二是詩歌的內涵在闡揚佛教的義理，或者描寫一種佛教獨有的境界。當然，字面上的工夫自然要和內涵緊密相連，二者永遠是統一的整體。當我們在評論一首詩歌有禪趣的時候，並不是著眼於組成詩歌的漢字，而是漢字背後所傳達的並且遠遠超越這些漢字的信息。

彭紹升中後期的詩歌從早期詩風中蛻變，不斷深化詩歌中的佛學特點。這些特點實際上也可以分為兩個大的層次，第一是字面上的，第二是內涵上的。

字面上的佛教特色，主要停留在佛教典故的運用，和針對佛教事物所進行的吟詠。從彭紹升的後期詩作中不難看出，他自覺地運用了不少佛教典故來充實詩歌意境。試舉若干例以說明之，如「袈裟託暮年」、「法乳尋臨濟」、「無量光中湧白蓮」、「海潮音裏親聞得」、「三千諸佛一毫吞」、「趙州茶罷意翛然」、「到處江山長寂滅」、「火屋架來兼塑佛」、「山家封為在朱門」、「極樂諒非遠」等等。這樣的詩句還有很多，不勝枚舉。但從所舉的幾句中，可以看出袈裟、法乳、臨濟、無量光、白蓮、海潮音、三千諸佛、趙州茶、寂滅、火屋、山家、極樂等詞語，都是很明顯的佛教用語。彭紹升大量在詩中運用這些佛典，就使得其詩作染上了濃厚的佛學色彩。

對佛教事物的吟詠，在彭紹升的詩作中主要體現為針對僧人、佛具、法

寶以及自己修行事件、同修道友的創作。這樣的詩歌在彭紹升的詩作中佔有很大的比例，比如《題懶珙和尚所書妙法蓮華經》《龐居士》《李長者》《過法雲菴贈杲堂上人》《題蓮池大師像》《題淨土莊嚴圖》《過高旻寺晤昭月和尚》《過文殊禪院訪聚用律師》《讀釋迦應化錄》《唯然上人示寂》等等，這只是這一類型詩歌的一小部分而已。其他一些常被彭紹升拿來作詩的佛事，還包括他每日的課誦，修行的念佛法門，轉動佛珠，課二女抄寫經文等，在對這些佛教事物的吟詠上，也體現了彭紹升的旨趣所在。

如果從內涵上來探討彭紹升詩歌中的佛教特色，仍然可以兩個方面入手：闡揚佛教義理，描繪佛教境界。關於佛教義理的闡揚，彭紹升還是圍繞其佛學思想來進行的。彭紹升將自己悟得的佛教道理，用詩歌的語言闡發出來，頗類偈語。如《題孫慎旃望廬圖圖為悼亡作》中的「瞥爾情生，幻塵成色。色色空空，了真斷惑」義理高玄，獨具一格。這樣直接闡揚佛教義理的詩句在彭紹升的詩作中還有很多，如「是香非香色非色，色香遍處誰能得」、「佛心即是眾生心」、「極樂諒非遠，贈我西歸糧」、「輪迴本無根，一念為之轂」、「願與飛蚊其懺悔，常依香火念觀音」、「大文本無文，歸根原不二」、「可憐捉影人，未解唯心作」等等。尤其是「可憐捉影人，未解唯心作」一句，出自彭紹升《讀釋迦應化錄》一詩，明確體現了彭紹升唯心的淨土觀念，認為不解「唯心淨土」則與「捉影」這樣舍本逐末的行為沒有什麼差別。

彭紹升弘揚淨土，不捨禪教，其佛學思想中處處以心念為要旨，「隨其心淨則國土淨」，因此能夠在修行和日常生活中發現禪境。彭紹陞用詩歌來描繪禪境，也使得其詩歌關於景物的描寫禪趣盎然、空靈清靜，比如「從今種下蓮華種，月度長空影在波」這樣的句子就在弘揚淨土修行的同時，勾勒出清淨無滯的空靈境界。這種境界是憑藉文字展現，卻高超於文字的。如同此類禪意具足的詩句，可以從彭紹升的詩中拈出很多，如「老樹空庭下夕陽」、「寒崖古木證同心」、「一水空人境，孤帆直到門」、「春來一雨無差別，何處山華不弄妍」、「由來腳下無絲線，明月清風任去留」、「遠岫排空入，輕雲帶影沉」等等。

眾所周知，佛教三學為戒、定、慧，由戒生定、由定生慧。《阿彌陀經》在弘揚念佛法門之處，強調「一心不亂」，也是一種禪定。因此，修持念佛法門求生西方淨土，同樣是以禪定為基礎的。然而，中國雖然曾經出現「家家阿彌陀，戶戶觀世音」的局面，但能夠切實把握住念佛法門中禪定精神者甚

少。彭紹升是智識階層的信仰者，他對法門的揀擇和研究是有一定深度的，所以他的念佛修行並不是簡單地持名而已，更是在追求一種禪定的境界。於是彭紹升往往有閉關專修的活動，也往往能夠悟到一些禪的境界，他在杭州金牛嶺之彌勒院閉關專修時，就寫下過「雁過長空不可呼，偶將子影落江湖」、「跏趺終夕復終朝，眼底空華瞥地消」、「是山是水都夢幻，非山非水亦言詮」以及「一片湖山長寂寞」等詩句。讀到這些落入禪境的詩句時，就無怪乎袁枚會評論其作「皆見道之言，不著人間煙火」了。

除了袁枚曾給彭紹升這些「見道之言」給予過很高的評價，清代著名藏書家吳翌鳳也曾在其著作《懷舊集》中評論彭紹升的詩歌：「吟詠無多，一洗浮豔。」〔註33〕這與袁枚的「不著人間煙火」實際上是同一種趣味。可見彭紹升這些頗具佛理禪趣的詩歌，在當時江南文人之中，的確有過一些影響。

疏理彭紹升吟詠性情的《觀河集》，可以試圖為其佛教詩歌大致區分一下類別。如果從詩歌的內涵及意境等角度劃分，似乎可以分為三類：弘揚淨土、標榜心旨、描寫禪境。

首先弘揚淨土的詩歌，是根據其詩中所講的義理和法門來考量的。比如《課二女阿環、阿瑩誦〈阿彌陀佛經〉〈地藏經〉〈普門品〉並令各寫一通得詩三首》這一類詩歌，就明顯是在弘揚淨土宗，而且其詩句之中也繼承了其在《淨土聖賢錄》等淨土宗教史文獻中的某些觀點。如「長慟慈悲教主前，死生無盡願無邊」一句中以西方阿彌陀佛為淨土宗的教主，這種思想就集中體現在《淨土聖賢錄》對法脈源流的疏理中。《淨土聖賢錄》中，彭紹升列阿彌陀佛為西方教主，因此詩中也稱「慈悲教主」。這是彭紹升對淨土宗史的一貫認識，但實際上也從某種程度上確立了一種「淨土教」，這無疑對弘揚淨土宗極為有利的。此外，其他一些詩句如「單提六字絕言詮」等等，也都含有弘揚淨土宗、念佛法門的意圖。可以說彭紹升的佛教詩歌中，弘揚淨土的思想占得比例最大。

其次，標榜心旨。這是和彭紹升心學基礎、禪淨調和的思想以及唯心淨土觀分不開的。透露這樣理趣的詩句在彭紹升的詩作中並不難發現，嘗試略舉一二：「凡夫一念心，不用從佛乞。持鏡取鬚眉，鏡中本無物」、「報與諸公勤護惜，休從門外苦追攀」、「冷眼乍看雲起滅，平心徐驗月盈虛」、「幡然收

〔註33〕〔清〕吳翌鳳：《懷舊集》卷五，轉引自眭駿《王芑孫研究》，復旦大學中國古典文獻學博士論文，2007年4月，第48頁。

視聽，靜監水一泓……渺哉此心法，萬古常圓明」、「一輪影現三千色，真原寂湛誰能測」等等，都是以「歸心」為思想宗旨。

最後，描寫禪境的詩歌，也就和前面所探討的彭紹升詩歌空靈境界相關。彭紹升在寫修行、閉關、遊覽的詩歌時都或多或少的描寫了禪的意境，這些詩歌在前面已經淺作討論，在此點明即可，不再贅言。

以上對彭紹升佛教詩歌的三分法，只是從內涵義理和意境的角度所作的粗略區別。其實還可以從彭紹升的創作緣由來仔細劃分。比如有專寫修行和閉關的，有遊賞時觸景生情的，有贈答僧侶朋友的，有歌詠前輩名人的，有題跋書畫典籍的，有悼念亡人的。這樣的分類相對細緻，但過於繁瑣，而且與其他文人詩歌的區別度不大，特徵不太明顯，因此在此不做過多討論。然而需要指出的是，在一些悼亡詩中，有著明顯的扶乩色彩。

彭紹升早年出入蘇州玉壇。玉壇最早是一個祭祀道教神靈的宗教場所，後來成為三教合一的道場，並且融入了很多民間信仰。扶乩是一種占卜方式，彭紹升對此深信不疑，這一點印光大師等人早已經指出。彭紹升曾在彭啟豐死後，去玉壇扶乩問其父身後所往。他得到的結果是「彭子來自天宮，一世為僧，三世富貴，今仍反天宮矣」〔註34〕，之後，彭紹升又自以為得到了證驗，認為此次扶乩結果不誣，於是作詩憑弔其父：

> 緣生何所住，來往未嫌煩。劍去曾無跡，華開別有春。天人同
>
> 聚沫，緇素偶分身。會得歸根處，千江月一輪。〔註35〕

從詩中可以看出，雖然這是一首和扶乩有關的詩歌，但是其趣味仍然飽含佛教之意境。可見彭紹升詩歌中佛教的影響已經根深柢固了。不過其在佛教信仰的同時夾雜了很多民間的世俗信仰，是研究其居士佛教思想時值得注意的。

除了詩歌，彭紹升在古文上也頗有造詣。其詩歌意境空靈，其古文宗法歸有光，可謂皆有一定的成就。彭紹升與王芑孫等江南文人交好，常常有詩文交往。以王芑孫為例，其「與紹升家巷相連，每作一文，互相點勘」〔註36〕，實際上本文所據《觀河集》就是王芑孫所點勘過的版本。乾隆四十七年，王芑孫撰寫了《讀賦巵言》，考鏡賦學源流以及創作心得，並將這部著作交給彭

〔註34〕《觀河集》，第110頁。
〔註35〕《觀河集》，第110頁。
〔註36〕眭駿：《王芑孫研究》，復旦大學中國古典文獻學博士論文，2007，第49頁。

紹升指正,彭紹升讀後便回信給王芑孫。從這封信中可以看出彭紹升的一些文學思想:

> ……唯是中間二則,一斥空元(玄),一排閒適,反之鄙見,殊謂不然。屈子《遠遊》之篇,賈子《鵬鳥》之賦,固已超然遠覽,脫落牢籠。班張以降,下逮興公,或祖述孔聃,或翹思仙釋,並喜風於皓白,匪途附乎丹青。至若太白《大鵬》,即是逍遙之怡;子瞻《赤壁》,乃明解脫之因。豈宜以緣情之教,而掃稱性之談乎?且夫廊廟山林,義無偏舉;蕭涼烜爛,詞不一宗。必尚廊廟而薄山林,則《衡門》《泌水》不當列太師之風。必謂蕭涼不如烜爛,則《歸田》《閒居》何以入昭明之選?……庶使子雲小技,不礙談元(玄);魯直空華,未妨聞道。……〔註37〕

這一篇文字中,不難看出,彭紹升對文學作品中義理空玄、境界閒適的嚮往和追求,並且舉出實例論證中國正統的文學作品也是有這兩種意境的,不應該盲目排斥。藉此我們可以大膽認為彭紹升的文學主張是以崇尚空玄的意境、書寫閒適的感受為宗旨的。如此看來,彭紹升文學思想與佛教之關係仍然密不可分。

〔註37〕〔清〕彭紹升:《二林居集》卷四,第十三葉左。

後　記

　　余幼承庭訓，雅好讀書。惟生性散漫，智力駑鈍。故遍覽難竟，精進無成。此余之所困頓者也。庚寅暮春，自成都試歸。遊鄉里新舊書肆，得《孟子字義疏證》。挑燈夜讀，通宿乃畢。於其義理處未嘗大明，而彭戴往來書頗為關切。又檢《宋學淵源》，留心彭傳；香帥《勸學》，贊及彭文。

　　至皈禮佛宗，揀擇法門。於淨土一門，多見言彭氏者。蓋彭氏出入佛儒，貫通內外。余亦欲以內修心，緣儒經濟。惟古者少懷天下，漸歸禪境；今人志本濟世，肯出山林。今古殊途，而志趣相近。故心念萌生，課題選定。

　　於是裒輯文獻，搜尋典籍。清儒近賢，攻研不能卒畢；僧筆俗言，網羅難免有疏。然治書猶如理絲，作論並非坦途。端倪初見之時，雖有欣喜；亂緒肇生其際，遂墮茫然。幸賴子開師求實創新，立德樹人；感恩諸先生相為指點，助之增刪。又蒙同門多聞兄弟披校尋讀，精討細論。一寢之直友，頻頻建議；同年之諒朋，屢屢扶持。其三友之難得，余畢生之所幸！而寒夜送暖，感雙親之孳乳；紅袖添香，謝愛侶而銜環。天倫之樂，維斯恩重！

　　苶而無盡，過如秋草之繁茂；積之不高，學似春冰其淺薄。德行不敏，愧對祖宗靈廟；學問未達，忝列嘉定旁族。又籍河間王邑，文獻名區。獻王劉德，開昌源流於漢；文達公昀，辨章學術於清。鄉黨以修學好古為務，實事求是明德。一睹喬木，知今物其有故；每考文獻，念舊邦之維新。少課《左傳》，見趙盾弒晉，董狐直筆載

書；崔杼害齊，三史前仆後繼。未嘗不掩卷喟歎：良史之難得也！
章實齋云：有一代之史，一國之史，一人之史。今作此文，願求其
是，誓為其良，以不愧人史之論也。

斯文發心於庚寅，亂章至壬辰。雖歷三年，然其間庸碌斷續，
不可勝言。為時倉促，疏漏不能盡免；治學未嚴，舛誤間出何絕？
於是學力不殆，赧對賢彥；感受方深，強撰衷心。是為記。

癸巳初春錢寅記於蓉城寓所

以上這篇小文作為「後記」，寫於當年學位論文答辯前夜。如今看來它既
算不上四六，亦稱不起古雅，但好在還算真實反映了學位論文的寫作因緣和
大致經歷，因此我想保留它。學位論文寫完至今已經八年過去了，我也從成
都輾轉到過天津、北京、名古屋等地讀書研學，然而我無論如何也無法忘掉
在成都的那段歲月。2010 年的九月是我第二次來到成都，第一次是當年的清
明來川大參加復試，第二次便是入學。這次一來就待了整整三年。以前只是
聽說天府之國的巴適和安逸，這次浸入的體驗讓我真正的喜歡上了這座城：
喜歡在川大校園裏漫步，喜歡在圖書館後的書店裏淘書，喜歡在望江公園的
竹林裏發呆，喜歡在寬窄巷子拉上好友喝茶聊天，喜歡在文殊院看香煙繚
繞……可以說，那三年是我人生中最歡愉的時光，安逸地讀書，巴適地生活。

來四川大學讀古文獻專業的研究生，是影響我今後人生的要事。在此之
前，我在華中師範大學讀本科學習社會學。由於華中師範大學曾受到過張舜
徽等先生學養的滋潤，我漸漸接觸到了文獻學這個專業，並且跟著中文系的
老師和同學學習了一個學期的「中國古典文獻學」課程。於是，我便開始發
願要在這個專業裏繼續學習。考入四川大學後，我見到了張勇老師。初見張
老師時，他操著一口「川普」，精明的眼神半隱在眼鏡後熠熠發光。身量不大
的他，看上去總是精力充沛。剛到四川生活，很多時候聽不太清「川普」講了
什麼，但隱約能夠感覺到張老師的「川普」中沒有遮掩與假意，蘊含著坦蕩
和磊落。進入張門，首先是確定下來每週周會的時間。按照門內慣例，師生
每週都要碰一次面，聊聊這周的情況。現在想來，周會應該是每週最期盼的
時光了。在會上大家可以聊聊讀了哪些書，有哪些疑惑和想法，也可以聊聊
這周的生活與愛情，甚至社會熱點。張老師被我們圍在中間，隨時回應大家
的話，氛圍輕鬆極了。在這樣的周會上，大家都覺的受益匪淺，很多想法能

－206－

夠在導師的建議下繼續思考下去，甚至形成學位論文。我這篇論文選題正是在這樣的狀態下敲定的。

　　早先我讀過戴震的《孟子字義疏證》，並十分佩服這位乾嘉考據學魁首。剛進入川大學習時，我是立志要好好研究這位學術偶像的。今天回過頭來看，當初真算的是初生牛犢不怕虎啊，放到眼下我可不敢想這樣的志向。有一次周會時我向張老師提到《孟子字義疏證》中的《與彭允初居士書》，我意是彼時彭紹升的研究並不多，是否可以查查資料做篇年譜來瞭解一下彭紹升的生平。編年譜是古文獻學學術訓練的基礎，我也是想由此來進一步窺得堂奧。張老師當時回應是很積極的，他認為不僅可以做年譜，更可以對其進行更深入的研究。於是關於彭紹升的研究開始了。為了更好的了解這位居士，我不僅閱讀了他的著作，而且參加了文殊院的禪修體驗營，切身感受了佛教信眾和僧侶的生活。這對我理解彭紹升的生平與思想有著積極的作用。在張老師的指導和鞭策下，我漸漸理清了彭紹升的生平，也疏理出其思想的梗概，最終形成了關於彭紹升思想研究的一篇「報告」。當然，這其中的研究有些內容很膚淺，有些重要的部分尚未涉及，但是這仍不失為是一篇較早對彭紹升進行專門研究的學位論文。雖不中，亦不遠矣。

　　此時，電腦時間已經顯示到 23：58，忙碌的一天即將結束。在整理完這部書稿之際，沉吟於舊作，頗有所思。於是，在八年前的論文後記之下，再潦草地補充一些文字，聊慰深夜之懷。

2021 年 7 月 26 日零點

於沽上五之書房